Ladislao Landa Vásquez

Los Caminos de la Música

Géneros populares andinos en la segunda mitad del siglo XX

Lima-Foz de Iguazú, 2022

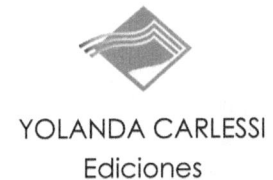

YOLANDA CARLESSI
Ediciones

ISBN: 9798363112720

Sello: Publicación independiente.

Primera Edición: noviembre 2022

Copyright ©

Autor: Ladislao Landa Vásquez

Edición y Diseño Gráfico:

Yolanda Carlessi.

Fotografías y Gráficos:

Ladislao Landa con excepción de la foto de la página 135 de Jorge Espinoza.

*A los queridos amigos que
participaron de este conocimiento:
Isaac Vivanco Tarco (+)
John Cohen (+)
y Lucy Núñez Rebaza.*

Índice

Presentación	9
Prólogo	13

Primera Parte

Los caminos de la música (1960-1990)	17
1.- Introducción	19
1.2.- Algunos aspectos sobre la investigación musical peruana	21
2.- Los debates sobre las categorías y definiciones en la música popular	26
2.1.- De lo folklórico a lo popular	26
2.2.- La cultura popular	30
2.3.- El pueblo	34
2.4.- El wayno como género musical del mundo andino	36
3.- La música y la migración	38
3.1.- Arguedas como propulsor del folklore	40
3.2.- Artistas del folklore con carnet	43
4.- El wayno en los discos	50
4.1.- Breve historia del disco en el Perú	52
4.2.- Las empresas disqueras	57
4.2.1.- Compañías disqueras grandes	58
4.2.2.- Compañías disqueras medianas	59
4.2.3.- Empresas disqueras pequeñas	61
4.3.- Los artistas y el disco	62
4.4.- Los artistas y la radio (los radio-programadores)	67
4.5.- La piratería en casetes	68
5.- Arquetipos generacionales en la música peruana	70
5.1.- La generación del acordeón	72
5.2.- La estandarización de la música	74
5.3.- Los marcos musicales y las grabaciones	75
5.4.- El wayno en parranda	76
5.5.- El wayno criollo	81
5.6.- Variaciones sobre los arquetipos	85
6.- Escuelas regionales en la música: los estilos	87
6.1.- Escuela cajamarquina	92

6.2.- Escuela ancashina	93
6.3.- Escuela huanca	94
6.4.- Escuela cajatambina	96
6.4.1.-Los waynos con arpa	97
6.5.- La escuela ayacuchana	99
6.6.- La escuela cusqueña	102
6.7.- La escuela arequipeña	105
6.8.- La escuela puneña	106
7.- La irrupción de las nuevas formas en la composición de la música ayacuchana	107
7.1.- *Guitarrita compañera*	110
7.2.- *Piedra tirada en el camino*	112
7.3.- *Plegaría* (wayno)	115
7.4.- *Mi propuesta* o *Amor, amor*	117

Segunda Parte

Variaciones sobre la música popular contemporánea	121
Introducción	123
1.- El charango y sus peripecias en el mundo andino	125
1.1.- Variaciones sobre la historia del charango	127
1.2.- ¿Una creación en movimiento?	128
1.3.- Los ejecutantes de Charango en la historia	131
1.4.- Estilos	133
1.5.- La identidad del charango parinacochano	137
1.6.- El estilo dialogal y el *tremolo* de los charanguistas parinacochanos	139
1.7.- El charango como patrimonio y disputa	145
2.- La influencia interandina	146
2.1.- La influencia boliviana	148
3.- La amplificación de los instrumentos de cuerda y las transformaciones de la música popular andina	153
BIbliografía	159

Anexos

Entrevistas a importantes músicos peruanos	163
Entrevista a María Alvarado Trujillo	165
Entrevista a Floresnilo Flores	173
Entrevista a Simón Rojas Vidal	182
Entrevista a Jaime Guardia	192
Entrevista a Agripina Castro	200
Entrevista a Manuel Ac osta Ojeda	211
Entrevista a Juan de La Cruz Fierro	236
Entrevista a Edwin Montoya	253
Entrevista a Máximo Ledesma	263
Músicos Influyentes en la Música Popular Andina. 1970-1990	275

Presentación

Conocí a Ladislao en los pasillos de la Facultad de Ciencias Sociales de la Universidad de San Marcos hacia inicios de la década de 1990. Rápidamente congeniamos debido a que a los dos nos interesaba aproximarnos a conocer los vericuetos de los caminos de la música. Nuestros intereses académicos coincidían y hablar con él para mí, un estudiante de los primeros años de Antropología era sumamente enriquecedor pues en aquellos tiempos no había muchas personas con quienes se podía hablar sobre los diferentes aspectos de la llamada "música popular". Recuerdo clara y vívidamente las conversaciones con profesores y estudiantes que abordaban temas importantes y decisivos orientados a comprender los vaivenes de la política, de la economía, de la densidad de la teoría social entre otros aspectos. Pero ninguno de los brillantes compañeros podía concebir la posibilidad de dar cuenta de un país tan rico y milenario como el Perú desde la Música, de esa estructura tan profunda, efímera por definición, tan corporal y cotidianamente presente tanto en los individuos como en los grupos humanos. Seguramente imaginar que los diferentes aspectos implícitos en la Música podían servir como un pretexto para reflexionar sobre los sujetos y conductas sociales era, y creo que continúa siendo, algo que inspira desconfianza y, obviamente, carente del rigor propio que desde sus orígenes se les reclama a las Ciencias Sociales. Cuando alguien en nuestras conversaciones planteaba dichas dudas y temores, sus razones al fin y al cabo para no tomar en cuenta a la Música para sus reflexiones sobre la sociedad humana quedaba flotando en el ambiente de los pasillos de la Facultad el fantasma que frecuentemente nos susurraba en sueños y en vigilias que tratar de estudiar la Música desde la Ciencias Sociales en el Perú no pasaría nunca de ser afición para llegar a ser una profesión. Afortunadamente los tiempos han cambiado un poco esa percepción y en la actualidad estos aspectos simbólicos, superestructurales, discursivos o como se los conciba según las diversas tradiciones intelectuales y sus anclajes teóricos están siendo tomadas en cuenta para tratar de comprender la plenitud del pensamiento y obra de la especie humana.

Las largas conversaciones con Ladislao que siempre terminaban en recomendaciones de lecturas y de discos despertaron en mí el profundo interés por tratar de comprender esas múltiples dimensiones implícitas en la expresión del fenómeno musical del ser humano en el área cultural andina, tan diverso y vital. Si bien mi interés se orientaba por conocer los procesos de las músicas que se difundían en Lima como la Salsa, la Chicha y el Vals peruano, las conversaciones con Ladislao, tan informado sobre los distintos aspectos de la escena musical de la Lima de aquellos momentos, su gran capacidad crítica y su claridad teórica aplicada a la comprensión del wayno siempre fueron esclarecedoras y motivadoras, y siempre me permitían tener la plena convicción que no era tan descabellado pretender convertir un tema del que todos tienen una opinión o que no le interesa a nadie en lo más mínimo como objeto de estudio, de reflexión y que puede dar luces para comprender aspectos decisivos del comportamiento colectivo de los seres humanos.

El texto básico que compone la publicación de "Los Caminos de la Música. Géneros populares andinos en la segunda mitad del siglo XX" es la tesis presentada por Ladislao en el año 1992, debo confesar que volver a leer el texto después de algunas décadas ha sido un viaje en el tiempo, ya que volví a recordar tanto algunos conceptos que se mantienen vigentes y ciertos debates teóricos hoy olvidados, así como también el contexto social de nuestro país durante aquellos años. Aunque han pasado casi tres décadas desde que fuera escrito, creo que el texto y los diversos planteamientos de Ladislao mantienen su novedad y fuerza. Si bien actualmente el conocimiento de la música peruana ha crecido, aún no existen muchos estudios publicados. Tal vez esta situación se deba a que la música popular se aprecia de formas distintas, unas veces se canta, otras se baila, o simplemente se escucha, pero muy pocas veces se habla o se discute sobre ella, por esta razón auguro que los importantes aportes de Ladislao contribuirán a incrementar el caudal de estas reflexiones sobre la práctica musical en los Andes durante las últimas décadas del siglo XX y de las primeras del siglo XXI.

Brevemente quisiera destacar lo que creo que es un aspecto importante en el trabajo de Ladislao, está relacionado con la introducción/participación del wayno en la industria cultural musical peruana y planteó la "adecuación" de todos los aspectos del género a los requerimientos del mercado, cuyo principal requerimiento es ganar/fidelizar a más y más consumidores para lo cual fue necesario generar un *star system* dinámico y sólido, que a su vez provocará la aparición de los fieles "guardianes de la tradición" quienes buscarán salvaguardar los "auténticos valores del wayno y sus intérpretes" pero que paradójicamente terminarán siendo asumidos por el público como los "críticos" que dirigirán y motivarán el consumo musical y, por ende, que terminarán sustentando la dinámica de la industria cultural musical que combatieron. En este mismo sentido, es muy interesante la forma en que se trata de la re-localización del wayno como producto de los procesos migratorios ocurridos en el Perú durante la segunda mitad del siglo XX y que hicieron posible el surgimiento/aparición de cambios, hibridaciones, fusiones, enriquecimientos y pérdidas en este género musical, proceso que se replica en muchos géneros musicales del mundo, o por lo menos del Tercer Mundo, que son asumidos por el *music business* pero que para muchos consumidores y críticos se manifiesta como una eterna confrontación entre lo nuevo y lo viejo, entre lo tradicional y lo moderno, la disputa entre conservadores e innovadores. Luchas de "gustos" e identidades socio-culturales que dinamizan el constante avance de la industria musical global.

Particularmente, considero que el texto de Ladislao invita al lector a reflexionar y profundizar en la historia del disco fonográfico en el Perú, lo cual es una necesidad imperativa pues hará posible conocer y reconocer aspectos y personajes cuya existencia y aportes han sido olvidados, silenciados o distorsionados al momento de tratar de escribir las historias musicales del Perú. Por otra parte, el texto también invita a explorar las diversas formas de trabajo planteadas por las empresas discográficas que generaron prácticas específicas, con códigos de pertenencia y prestigio definidos, relaciones de producción dirán algunos, surgidas a partir de la década de 1970, que Ladislao registra a inicio de la década de 1990, que mantienen su vigencia hasta el momento y que buscarán que el disco fonográfico (o actualmente la producción audio-visual) se convierta en un poderoso medio de promoción de "una trayectoria artística", en el camino para ser famoso (y tal vez rico) y para tentar la posibilidad de formar parte de algún *star system*, aunque ello implique ingresar al negocio de la música en condiciones asimétricas y no muy beneficiosas.

Otro aspecto del mercado musical que el texto de Ladislao nos incita e invita a revisar es el de la "representación electrónica del sonido" y que pasa desapercibido para cualquiera de los consumidores de música pues creemos que únicamente se trata de "amplificación de volumen y ecualización" pero que es fundamental al momento que el músico, intérprete, cantante o compositor quiera articularse en el mercado artístico y vivir de la música, hacer de su vocación una profesión. He aquí un gran tema que seguramente los lectores acuciosos del trabajo de Ladislao desarrollarán, en ese continuo trajinar por los caminos de la música.

"Los Caminos de la Música. Géneros populares andinos en la segunda mitad del siglo XX" es un texto lleno de esperanza, de cariño, de acuciosidad y de reflexión, pero sobre todo de Música y debe ser leído, comentado, escuchado, cantado y bailado por toda aquella persona que al igual que su autor también crea que a través de la Música se puede conocer a la sociedad peruana actual, que cada día niega menos su condición milenaria, pluricultural y multilingüística.

Lima, 24 de junio, 2021.

Carlos Leyva Arroyo

Prólogo

La música es un campo de observación y participación en la que estoy involucrado desde que tengo memoria. Con frecuencia al realizar trabajos de campo en el ámbito de la antropología casi siempre vuelco mi interés en canciones y formas musicales que me permiten pensar en la complejidad de la música popular. No obstante, la práctica cotidiana de compartir con músicos amigos y la participación en diversos grupos musicales, me ha permitido disfrutar y conocer el universo de la música andina. El 1983, cuando era estudiante en la Universidad de San Marcos, escribí un breve trabajo monográfico analizando un número determinado de canciones ayacuchanas. En 1985 presenté una ponencia al Primer Congreso de Antropología, en el que discutí la situación de la música en el medio urbano a la luz de algunas definiciones en boga en ese entonces. A finales de la década de 1980 había reunido alguna información que me permitió escribir la base del presente texto para presentar como tesis de bachillerato que fue sustentada en 1992 en la Universidad de San Marcos.

En términos formales este texto proponía comprender los modos de adaptación de los migrantes y sus cambios en las ciudades. En ese entonces trataba de explicar dichos cambios a través de la música, no solo desde el aspecto del contexto social, sino sobre todo desde lo que considero esencial en ella: su estructura, es decir, el análisis de su contenido como melodía, que pasa desapercibido a las miradas académicas. En este sentido, esta investigación transita tanto el ámbito sociológico e histórico de la música peruana, así como propone la necesidad de observar el mundo de la composición musical y sus transformaciones.

Decía en 1992, que este trabajo "tiene por objeto "provocar" a los músicos, musicólogos y especialistas en estos temas, para que se inicie una discusión con materiales demostrables y que no se sigan postergando los estudios de la música popular contemporánea. Posiblemente desde la perspectiva de algunos músicos profesionales estas propuestas sean discutibles puesto que no soy experto en teoría musical, no tengo formación académica en música; sirva pues esta "herejía" para llamar la atención sobre estos temas.

Este texto está dividido en dos partes, la primera corresponde a la tesis de Bachillerato escrita entre 1989-1990, que he revisado para la presente edición con objeto de su publicación y su mejor comprensión; la segunda parte reúne artículos redactados en los últimos 20 años para distintos eventos, son algunas reflexiones que fui formulando en foros musicales, así como en ambientes académicos. Siento que los podría haber mejorado, pero los he dejado ex profeso para que sirvan como testimonio de una época. Tengo algunos párrafos algo naif o telegráficos. Pienso que estos textos pueden ser leídos básicamente como la memoria de un militante de la música y no de un especialista.

*****

Ha pasado mucho tiempo desde cuando fue escrito este texto. Los músicos han cambiado, los consumidores de música se han consolidado y habría motivos para seguir escribiendo sobre estos temas. Pensar en la música popular peruana contemporánea significaría analizar a nuevos grupos musicales y cantantes que se consagraron en estas dos primeras décadas del siglo XXI. Desde 1990 ya se observaba ciertos procesos que avanzaban hacia lo que hoy se identifica como industria cultural, lo cual implica una maquinaria compleja de marketing que permite "profesionalizar" a los músicos. Antes de los años 90 la mayoría de los músicos y cantantes actuaban solo parcialmente. Muchos eran comerciantes, empleados, obreros que los fines de semana realizaban presentaciones en distintos escenarios, a veces sin remuneración. Con John Cohen, aún a fines de 1989, íbamos a mercados y pueblos jóvenes a visitar a músicos y cantantes que tenían muchos de ellos otros tipos de trabajo. Hoy la situación es muy diferente, una gran mayoría de músicos y cantantes afirman con cierto entusiasmo que "viven de la música". En los años 90, junto con la dictadura fujimorista, prácticamente desapareció cualquier inquietud social o política entre los artistas. La tecnocumbia fue apropiada para el dictador. Arrinconaron a la chicha hasta transfigurarla en cumbia. Pero esta cumbia de siglo XXI ha perdido el sabor andino peruano para convertirse en una especie de fusión entre sanjuanito y salsa, y sobre todo bajo el dominio de músicos de la costa norte. Ha ocurrido también la consolidación del wayno-balada con instrumentación de música latinoamericana. En la segunda parte de este trabajo reflexionamos un poco más sobre la influencia de la música boliviana en este proceso de baladización. La saya al estilo de Los Kjarkas, sumado al "huayno romántico" se convirtió en un ritmo muy pegajoso que marcó los modos de tocar y a veces de componer (o desear componer) de muchos músicos peruanos y generar experimentos (a veces muy originales) como el de Pelo D´Ambrosio. El escenario del wayno sureño fue dominado por los waynos balada de grupos como Antología, Los Gaitán-Castro, William Luna, Dúo Ayacucho y otros. La industria de las cantantes con arpa cajatambina (y sus variantes) es la más dinámica en este proceso de transformaciones. Este trabajo queda anclado hasta 1990 y considero que es pertinente aún conocerla.

Agradecimientos

Este trabajo no hubiera sido posible sin la ayuda de personas e instituciones que contribuyeron en su realización. En primer lugar, debo agradecer al CEPES (Centro Peruano de Estudios Sociales) en las personas de Mariano Valderrama y Leo Casas, ellos permitieron que utilizara sin ninguna restricción sus archivos donde pude revisar el riquísimo material que tenía el programa de radio "Tierra Fecunda".

Un capítulo de este trabajo lo escribí para un proyecto del Instituto Riva Agüero de la PUCP, bajo la dirección de John Cohen en el verano de 1989, en el que participamos Lucy Núñez Rebaza, Isaac Vivanco (+) y quien escribe, cuyas informaciones he utilizado en este trabajo, por tanto, va mi agradecimiento para estas personas.

En 1986, en la Escuela Nacional Superior de Folklore "José María Arguedas", el maestro Jaime Guardia y la directora de ese entonces Mily Ahon de Iriarte aceptaron amablemente que utilicemos los archivos de esta institución.

La trascripción de la música en partituras fue posible gracias a la gentileza de Flor Canelo Marcet —música graduada en el Conservatorio de Lima, quien se ha acercado con mucho cariño a la música andina—, le debo a ella muchos aportes en el proceso de análisis, la re-formulación de algunos términos que se utilizan en el lenguaje musical; a ella mi más profundo agradecimiento. Félix Ceneviva Eid transcribió la cuarta canción, "Mi propuesta", también para él mi agradecimiento.

Realice entrevistas a don Máximo Alanya, a Manuelcha Prado, David Sandoval, a los hermanos Humala, a María Alvarado Trujillo ("La Pastorita Huaracina"), a Edwin Montoya, a Máximo Ledesma. Todos ellos aceptaron gentilmente mis preguntas.

Los profesores de San Marcos Héctor Martínez y Blas Gutiérrez tuvieron conocimiento del proyecto inicial y de algunos rudimentos de esta investigación, las conversaciones con ellos fueron muy fructíferas

Finalmente, debo un gran agradecimiento a mi asesor de tesis de Bachillerato, el profesor Roberto Arroyo que tuvo la paciencia suficiente para leer y releer los textos, gracias a su apoyo y a que pudo "comprarse el pleito" de este trabajo. Otro gran agradecimiento a Angélica Moreno Usaquin e Ivonne Duran Landa por la digitación y transcripción del texto para esta edición. Y por supuesto a Yolanda Carlessi que con su gran amabilidad permite la publicación de estos escritos como libro.

Primera parte

Los caminos de la música (1960-1990)

1.- *Introducción*

La música como cualquier otro arte es un movimiento muy dinámico que está sujeto a diferentes cambios. El Perú no puede substraerse a esta situación. La serie de innovaciones a la estructura de las melodías de origen serrano es un hecho innegable. El wayno como el género más difundido está siendo renovado constantemente, bajo influjos de muchas experiencias individuales (solistas) y colectivas (grupos o conjuntos). Comprenderla implicaría abordarla con seriedad, puesto que cada tipo de música o género tiene su correspondiente ámbito desarrollado, tiene su "público", y se trata de estudiarlos en su permanencia y no en sus éxitos temporales, ni en su importancia pasajera en los medios de comunicación.

En este estudio trataremos de explicar principalmente sobre lo que entiendo como estructura musical del wayno, referido exactamente a la organización básica de los sonidos y melodías de este género. En particular me interesa explorar las formas tradicionales, que luego fueron transformándose en ambientes citadinos bajo la influencia de diversos factores. La confluencia de diferentes variantes que se juntan en la capital limeña; la profusión de música extranjera y el encuentro con diversos géneros y melodías de origen rural produjo cambios muy perceptibles en la música andina.

La condición del músico en los medios urbanos, donde el mercado es uno de los factores esenciales es inevitable. Se debería decir que en las sociedades donde impera la mercancía es ineludible trajinar con la naturaleza comercial de su producto, donde el artista, es un "artesano" o es un "obrero" frente a las "empresas", y a partir de esto se relaciona con la sociedad. Reflexiones en este sentido puede remitirnos a Walter

Benjamín, a Theodor Adorno e incluso a escritos de Marx y Engels, por ejemplo, cuando afirman: "...otro tanto podemos decir de los directores de teatros, empresarios de conciertos, etc. El actor es un artista para el público y un obrero productivo para su director. Sin embargo, estos fenómenos de la producción capitalista representan episodios insignificantes si los comparamos con el panorama de conjunto" (Marx y Engels, citado por Bozal, 1976, p.22).

En efecto, el mercado reestructura las formas de creación artística: la producción (composición), distribución (difusión) y consumo de las canciones ya tienen que pensarse en los planos de la "realización de la mercancía". Así pues, sí la Musa de los músicos campesinos serranos personificada por Sirenas que habitan los ríos y cataratas[1] era una de las tantas inspiraciones míticas del pasado; luego en Lima con el proceso de masificación se ven involucrados en otra lógica como la fama, la competencia, el incentivo del escenario, el renombre y los "bonos" que se tienen que acumular para tener el mejor cartel.

En ocasiones los teóricos del arte se preguntan acerca de ¿Cuál es el papel del individuo como creador en música? Unas veces se habla de la genialidad de un artista que ofrece composiciones admirables, esto es verdad, en la medida en que representa creaciones interesantes. Así, la música como cualquier otra creación humana, donde el individuo creador no puede ser percibido solamente como "recopilador" sino que añade a veces un giro a toda esa información que el tiempo ha acumulado. Vallejo decía con respecto a la creatividad que "solo ese puede crear un poema auténticamente socialista, en el que la preocupación esencial no radica precisamente en servir a un interés de partido o a una contingencia clasista de la historia, sino en el que vive una vida personal y cotidianamente socialista (digo personal y no individual)" (Vallejo, 1973, p.29).

---

1 En un trabajo de campo que realizamos en la zona del Río Tambo (Junín) en 1987, un Maestro nativo nos confirmó que también los músicos de nuestra amazonia, selváticos como "Juaneco" llevaban sus instrumentos musicales a los ríos para que las Sirenas los afinaran.

1.2.- Algunos aspectos sobre la investigación musical peruana

Las investigaciones sobre la música peruana revelan informaciones valiosas sobre sus orígenes prehispánicos y coloniales; disciplinas como la Historia (con la lectura casi obligatoria de los cronistas), la Arqueología con el hallazgo de restos materiales ha ofrecido información para describir acerca de instrumentos musicales (Bolaños, 1993; Valencia, 1982). La recopilación de canciones ha sido fructífera, sobre todo en los géneros tradicionales con raíces prehispánicas: se han hecho antologías regionales (Escobar, 1981; Maguiña, 1980); se han publicado grandes libros que recogen canciones y música de todo el país (D' Harcourt, 1925; Montoya, 1987). Otro tanto trata sobre las expresiones de la música costeña o criolla, abordando el lado historiográfico como el contemporáneo (Vásquez, 1982; Miranda, 1989; Llorens, 1983)[2]. La mayor parte de los textos señalados, inciden en el lado histórico, es decir recogen lo que "fue" de la música; en cambio se han hecho pocos análisis sobre lo que está ocurriendo actualmente con los diferentes movimientos musicales en nuestro país, y si lo han intentado, es muy superficial, solo se han limitado a estudiar el aspecto literario, esto es, las letras y su mensaje, dejando de lado ángulos que podrían indicar aportes sustanciales de la creatividad, en este caso me refiero a las formas melódicas que vale la pena considerar.

Consideramos que, para explicar los fenómenos musicales de una sociedad, no basta con señalar los contornos sociales en los que la música se desenvuelve, sino, más bien procurar penetrar en lo que concierne a la estructura interna de la música, esto es, a un análisis de las melodías. Los cambios a nivel social, por ejemplo, también están reflejados, entre otros, en la música por lo que debemos explicarla técnicamente y en este caso recurriendo a alguna descripción precisa. La transcripción en partituras puede ser de gran utilidad para estos menesteres de manera que sea "palpable" esta demostración. Por tanto, este trabajo intenta hacer un desarrollo atendiendo a estos aspectos.

Esta investigación aborda cuatro temáticas: Un primer punto corresponde al análisis del Sistema de Registro de Intérpretes que una institución estatal realizó desde la década de 1960 (a veces de manera inter-

---

[2] Ciertamente hasta el 2021 han aparecido interesantes estudios sobre la música popular, pero que no corresponden al objetivo de análisis de este texto en estricto.

mitente). En esta investigación nos hemos concretado en estudiar desde 1978 (año del reinicio del Registro de Artistas Intérpretes en la Escuela de Folklore José María Arguedas) hasta 1988. Un segundo tema se refiere a algunas de las características de los waynos para que se puedan identificar o distinguir en su relación con lugares determinados. El tercer tema se refiere a la renovación en los modos de composición, tratando de detectar la aparición de nuevos fraseos musicales. Finalmente, el cuarto punto (correspondiente a la segunda parte), son reflexiones sobre las características del charango y los procesos de la música popular en relación con la tecnología y las influencias internacionales.

Con respecto a las fuentes que nos han permitido desarrollar este trabajo, corresponde a la revisión de discos editados por instituciones reconocidas, por empresas disqueras comerciales, así como los editados independientemente. En esta investigación descubrimos que las ediciones comerciales, tanto de disqueras grandes como de pequeñas (informales) no son tomadas en cuenta. En realidad, existe mucha variedad de producción musical, de manera "informal", aunque la calidad no sea la más adecuada. Pero, es importante destacar que ya no es necesario recurrir exclusivamente al "trabajo de campo" para recoger la "música popular auténtica"; toda la producción discográfica artesanal y comercial en general puede ser una valiosa fuente para un estudio musical en el Perú.

Para esta investigación he realizado un análisis en los archivos de discos de acetato o vinilo y casetes del Programa "Tierra Fecunda" del CEPES (Centro Peruano de Estudios Sociales), los cuales hemos fichado y escuchado, escogiendo los más representativos, para determinar en base a ellos las características de las corrientes musicales. En la selección del material, hemos considerado a aquellos Conjuntos que han editado un mayor número de discos representando a la música de la región de origen, así como el reconocimiento que les otorgan otros artistas como los más representativos, según su opinión. En la década de 1980, el archivo de Música Tradicional de CEPES consistía en una colección de discos y casetes que tenían como objetivo apoyar la producción de su programa radial para los campesinos: Tierra Fecunda (*Ruruq Allpa*)[3]. El equipo que

---

3   Este programa radial se grababa en las oficinas del CEPES y se transmitía en un espacio de Radio Unión FM a las 5 de la mañana. Para este estudio hemos analizado los materiales que utilizaba durante la década de 1980 (año de su fundación) hasta 1990.

trabajaba en el programa era un grupo de experimentados comunicadores con una larga experiencia en temas campesinos y sobre todo con un gran conocimiento de la lengua quechua. Leonidas Casas, Isaac Vivanco y Hugo Carrillo eran los conductores de este programa y se caracterizaban por un fluido manejo de este idioma. El programa era transmitido exclusivamente en quechua. Para estos menesteres habían logrado coleccionar discos de vinil con música muy variada y sobre todo con un gran conocimiento de las regiones del Perú. Por otro lado, la mayoría de los casetes era un material original grabado por los propios campesinos que lo enviaban al programa. Fue en este ambiente donde se me permitió trabajar, juntamente con los programadores, con quienes además mantengo una larga amistad.

Del archivo de más de 600 discos comencé con la selección de un grupo de ellos que me permitiera concentrarme en lo más representativo del género wayno de todas las regiones. Escogí cerca de 150 discos, para luego concentrarme en unos 80, la mayoría eran discos Long Play y unos pocos de 45RPM, y otros MLP (Mini Long Play). Finalmente pude elegir 54 de ellos, los cuales analicé con mayor detenimiento, escuchándolos por largas horas en una de las cabinas de grabación del programa Tierra Fecunda. Estos discos corresponden a grabaciones realizadas entre 1960 y 1988, algunos de ellos reediciones de grabaciones pasadas. La mayor parte de la música de estos discos la había escuchado antes y conocía a los grupos que la interpretaban. Esta música se podía escuchar por las radios y mi experiencia como músico me había permitido ejecutar varias de estas canciones y alternar con algunos de sus músicos.

He organizado la música en tres tipos de discos: 1) de música tradicional; 2) de música grabada exclusivamente con carácter comercial (Parranda); 3) de música de rituales. Considerando que el objetivo de mi análisis es el wayno, los dos primeros son, por cierto, grabaciones de waynos con una u otra inclusión de otros géneros. El tercer bloque (que no analizamos en esta investigación) tuvo por objetivo evidenciar solamente la existencia de un interés por parte de los músicos y provincianos por "cultivar" ciertas tradiciones correspondientes a sus pueblos, en su gran mayoría son danzas cuya música está grabada en discos; se podría decir que se trata de un material muy interesante a manera de un registro autoetnográfico y de ayuda para la ejecución de danzas, así como también una especie de memoria.

Otro aspecto que debería señalar respecto a los discos sería que los vinilos de larga duración (Long Play) ofrecen datos importantes para la investigación (sin ser tan exhaustivos como los editados por especialistas); puesto que en la funda de estos está consignado el nombre, los géneros musicales y el año de grabación[4]. Lo óptimo hubiera sido que existiera una política de las disqueras para que en toda grabación se ofrezca una mejor información, por ejemplo, los instrumentos utilizados, los nombres de todos los músicos que ejecutan los instrumentos, la relación de los aparatos de grabación y de efectos de sonido utilizados, todo esto ayudaría a una historiografía más precisa sobre la música peruana.

Otra fuente de información valiosa fueron las entrevistas a diferentes personas con el fin de testimoniar sus experiencias en el campo de la música popular[5]. En este caso, a los informantes los hemos dividido en dos tipos: los testigos y los creadores. Los testigos son aquellos que han estado constantemente observando y participando en los vaivenes de la música, fueron ellos los que nos dieron información acerca de los éxitos y dificultades por los que transitó el wayno y los otros géneros nacionales. Sobre los creadores debemos decir que son los compositores que tienen en sus manos la experimentación de la "arcilla musical" que la van modelando de acuerdo con sus vivencias y proponiendo nuevas obras a través de concursos musicales y ediciones de discos, son ellos los que en la actualidad están cambiando la fisonomía de la música.

---

4 Respecto a la fecha de grabación de discos LP, debe aclararse que uno de los defectos de la discografía peruana ha sido el descuido de no consignar el año de grabación, hecho que solo ha ido corrigiéndose a partir de mediados de la década del setenta, por otro lado, los discos de 45 RPM ofrecen menos información, carecen en su mayoría de fecha.

5 Las entrevistas que realizamos John Cohen, Lucy Núñez y yo a los artistas y productores de discos me parecen muy valiosas porque testimonian una memoria. Algunos de ellos ya fallecieron. Revisando mis archivos he logrado rescatar los nombres de la mayoría de ellos, ahora los incluyo en el Apéndice para que pueda servir a otras investigaciones.

La información escrita sobre música sigue siendo limitada, aparece de vez en cuando en algún libro[6], o en uno que otro artículo que puede considerarse como "crítica musical". Lo que si existen son biografías de Intérpretes y Conjuntos que ayudan a formar una idea sobre el recorrido de esta actividad artística. Por ejemplo, en los años 80 el diario "La República" editaba interesantes reportajes a músicos; el desaparecido diario "La Voz" en su suplemento "Altavoz" recogió artículos valiosos sobre investigadores y músicos que participaban en la vida artística.

Como se podrá observar, este trabajo pretende explicar algunos rasgos del fenómeno musical urbano de origen provinciano que se han ido desarrollando en Lima desde las primeras grabaciones en el Perú (1949) hasta la crisis de las disqueras (1989); comprende unos cuarenta años, durante este lapso el género que ha jugado un papel gravitante en la identidad musical peruana ha sido el wayno.

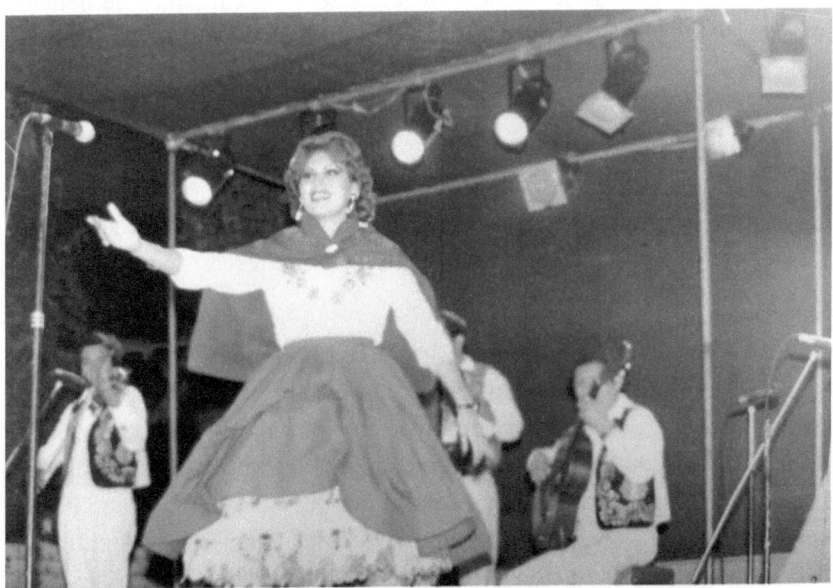

Amanda Portales con el marco musical del Conjunto "Bordones del Perú" en un espectáculo típico para migrantes. Foto: L. Landa V.

---

6   Libros recientes como el de Claude Ferrier, *El Huayno con Arpa* (2010); el de Thomas Turino, *Music in the Andes* (2008); el de Zoila Mendoza, *Crear y sentir lo nuestro: folclor, identidad regional y nacional en el Cuzco, siglo XX* (2006), entre otros, ayudan a pensar sobre la música folklórica y popular.

2.- Los debates sobre las categorías y definiciones en la música popular

Las categorías que se utilizan frecuentemente para entender la música son muy variadas y disímiles, y para los géneros populares, no existe uniformidad cuando se habla sobre este tema, además de ello se van creando nuevos términos para explicarla. Lo que proponemos en esta parte es hacer un recuento y balance de algunas definiciones y categorías utilizadas por los estudiosos de este fenómeno.

2.1.- De lo folklórico a lo popular

Es interesante observar la vigencia de un concepto tan controversial como Folklore. Esta palabra es utilizada de manera descriptiva, pero también es usual que tenga una significación estigmatizante, como a veces la prensa y algunos comentaristas de radio y televisión muestran con expresiones como "la folclórica" al referirse a los cantantes de géneros andinos. Por cierto, el concepto de Folklore ha pasado por un continuo debate en el mundo académico: enunciado por el británico William J. Thoms en 1846, e instituido en 1878 al crearse la "Folklore Society" en Londres, ha transcurrido por diversas definiciones y ha sido utilizado de mil maneras. Carlos Vega, el estudioso argentino más interesado en este tema, fue quizá uno de los que mejor ha perseguido minuciosamente los vericuetos de este concepto, tanto en los ambientes europeos, así como en nuestro continente (Vega, 1960).

José María Arguedas también ha ofrecido algunas propuestas sobre temas de Folklore, quién asumiendo las posiciones de la antropología culturalista expresaba, por ejemplo que: "...el folklore 'como el estudio de la literatura oral de un pueblo cualquiera sea su grado de evolución social'". Y luego agrega: "...y el Folklore, por ello, se ha especificado, se ha clarificado o restringido a un marco muy preciso: el estudio de la literatura oral de las naciones cualquiera sea su grado de 'civilización', y el estudio de las artes relacionadas directamente con la literatura oral, como la música y la danza" (Arguedas, 1978, p.46).

Estas afirmaciones deben entenderse como parte de la discusión entre los especialistas en folklore peruano y de los de países vecinos como Argentina, Chile, Brasil y Uruguay, quienes planteaban, siguiendo a los europeos: que el folklore estudiaba todo el "saber del pueblo" tanto material como espiritual. El autor de "Agua" argumentaba que nuestros países andinos tenían una tradición muy amplia, "acaso alcanza hasta el 70%." del total de la población que no ha concluido la instrucción básica, de manera que tendrían una rica información en cuanto al "saber oral"; mientras que en los países vecinos mencionados no existe tal población que sustentase una tradición folklórica, por tanto, el folklorista asumiría el papel de recopilador y rescatador de la poquísima información existente en ellas.

Así, restringido el concepto de Folklore para nuestro país, hacia el estudio de la "literatura oral" (mitos, leyendas, cuentos, canciones, adivinanzas, etc.), y las artes muy relacionadas con la literatura oral (principalmente, la música y las danzas…) podemos encontrar una serie de textos escritos por Arguedas -gran parte de sus trabajos etnológicos- donde hay referencias, por más pequeñas que sean, en las que describe mitos, cuentos, leyendas.[7]

En segundo lugar, vemos en el pensamiento de Arguedas una evolución en la conceptualización de este fenómeno: donde lo folklórico deviene en lo popular, es decir, tiene la necesidad de analizar el "saber del pueblo", ya no solo en ambientes originales, sino en otros más amplios en los cuales cambian algunas de sus características, superando el alcance inicial; entonces escribirá una serie de artículos con el objetivo de analizar las innovaciones del folklore en los ambientes urbanos, cambios producidos por la situación de la migración indudablemente.

En 1952, aún decía "La música folklórica de la sierra peruana es de origen antiguo, especialmente del tipo **popular** bailable…" (Arguedas, 1981, p.6, lo destacado es nuestro), donde lo popular aparece como sinónimo de folklórico; debe entenderse también que dentro de un contexto "cerrado", en un grupo social determinado, una expresión puede ser popular siendo a la vez folklórica; en este caso lo popular está siendo usado en su acepción más elemental: "común a todos", "simpatiza a

---

7   De Arguedas véase por ejemplo "Canto Quechua" (1938), "Puquio, una cultura en proceso de cambio" (1956), "Notas elementales sobre el Arte Popular Religioso y la Cultura Mestiza en Huamanga" (1958). Esta forma de argumentar en el Perú posiblemente fue el legado del antropólogo Ralph Steele Boggs quien fue muy influyente en la Universidad de Cusco en la década del 40.

todos"⁸. Pero en 1957 al escribir sobre los cambios en la sierra central, dirá:

> *Las danzas indígenas características del valle como el 'Pachahuara', la 'Chonguinada', el 'Huaylas', la 'Pandilla', el 'Huayno', se bailan con acompañamiento de modernas orquestas integradas por músicos profesionales que componen nuevas melodías para estas danzas. <u>Lo folklórico se ha hecho popular</u>... (Arguedas, 1981, p.124; el subrayado es nuestro).*

La evolución del folklore es fundamental para este autor, pues considera claramente que el advenimiento de lo popular significa el rompimiento de barreras regionales, de lo étnico a lo nacional, y ese es precisamente el subtítulo de un artículo escrito por este autor, que significativamente lo titula: "De lo mágico a lo popular, del vínculo local al nacional", en una palabra, de lo folklórico-local a lo nacional universal. Y concluyendo sus observaciones, dirá en 1968 lo siguiente:

> *...algunas danzas y cantos folklóricos han evolucionado de tal modo que ahora son **populares**, y fueron de tipo mágico o ceremonial no hace más de treinta años. Esas danzas y cantos constituían la expresión de vínculos culturales entre pueblos y zonas muy claramente delimitadas y, por la composición de nuestra sociedad, ni siquiera era expresión de vínculos que comprendían a toda la población sino a los sectores denominados indios. El **huaylas** del valle del Mantaro, por ejemplo, se convirtió primero de danza de carnaval en baile popular, pero, inicialmente, solo del valle del Mantaro. Luego, con el ascenso de la música folklórica andina a las fábricas de discos, a la radiodifusión y a la T.V., ganaron rápidamente la predilección de los serranos que residen en las ciudades de la costa y en sus pueblos nativos. Finalmente, el huaylas, como el huayno, ganó a una buena parte de las clases populares "criollas". Hay indicios que muestran que todas las clases populares del país han sido infiltradas por las danzas huancas y algunas otras de la música folklórica andina. (Arguedas, 1977, p.27; negritas del autor).*

---

8   Josafat Roel decía también: "Pues bien, como sucede en casi todas las ciudades de la sierra, el wayno es tan popular en el Cuzco que cada una de estas clases sociales... tienen repertorios más o menos determinados;" (Roel, 1959, p. 153).

En la perspectiva de Arguedas, entonces surgirán artistas de la música como el Jilguero del Huascarán, Pastorita Huaracina, Picaflor de los Andes, Flor Pucarina, que no solo son conocidos por sus coterráneos, sino que se convertirán en símbolos de una "canción nacional", se dirá andina, pero universal; son ellos pues la expresión de lo popular nacional en la acepción arguediana.

¿Cuál es la coyuntura en que surge esta música **popular**? Precisamente, Arguedas desarrolla esta idea, habiendo observado atentamente y teorizado sobre los procesos de cambio de un gran sector de habitantes en nuestro país, y el ejemplo más adecuado se encuentra precisamente en el Valle del Mantaro. Los cambios que él denomina mestizaje, y que estaban ocurriendo desde comienzos de este siglo, fueron parte de su percepción como antropólogo; y algo parecido ocurriría también desde los años cuarenta en la sierra sur, sus referencias de estudio son concretas: Huancayo, Huamanga y Puquio. Un mestizaje que no es exclusivamente racial, sino, principalmente "cultural", donde el componente andino asimila de diferentes maneras lo que viene de un mundo exterior a lo andino.

Según Arguedas, históricamente en el centro del Perú (Junín) la presencia fuerte de comunidades habría permitido que no haya una frontal agresión colonial, ni una reacción entre las culturas en encuentro (la española y la andina). En cambio, en el sur la dominación brutal de los indígenas que devinieron en *haciendarunas*, llevó a los nativos a aferrarse a su cultura y a rechazar la extraña (Arguedas 1977, p.23-33).

La música y las artes asociadas a la sociedad andina serrana habrían transcurrido también por procesos sociales: el mestizaje, que estaría presente en la mayor parte de la sierra, sería un patrón que debe considerarse para comprenderlas. La cultura explicada inicialmente como folklore, deviene en un arte con perspectivas nacionales[9]. Así, en los contextos de este cambio, aparecen compositores populares en un mercado nacional, a la vez, aparece el wayno con autor conocido como una etapa subsiguiente al wayno anónimo. De modo que Arguedas, una vez definido los alcances del concepto de Folklore, "para cualquier nivel de desarrollo de las so-

---

9 El mestizaje ha sido analizado en los años cincuenta y sesenta por sociólogos bajo la denominación de "proceso de cholificación", mencionaremos a Aníbal Quijano y François Bourricaud.

ciedades", luego prefiere llamar popular a las expresiones urbanas, tanto musicales como de las otras artes.

La evolución del objeto y contexto del Folklore y la Cultura Popular se podría graficar también partiendo del esquema evolutivo que propuso el musicólogo Josafat Roel (Roel,1959).

COLONIA			REPÚBLICA
Provincias			Ciudades modernas
Wayno	Wayno indígena		Wayno campesino (Folklore)
	Wayno mestizo		Wayno urbano (Cult. Popular)
FOLKLORE			CULTURA POPULAR

2.2.- La cultura popular

Las propuestas sobre Cultura Popular aparecen en el Perú como fruto de las publicaciones de la Izquierda, interesada en explicar los fenómenos sociales relacionados con el arte. Las teorías que subyacen en estas propuestas provienen principalmente de raíces gramscianas que fueron afincándose primero en países como Argentina (previo al golpe de estado de Videla en 1976) y en Chile antes de Pinochet. Contribuyó también a esta reflexión en estos dos países la teoría de la dependencia, que tuvo un papel importante en el análisis de los sectores subalternos. Un concepto clave de estas teorías es el concepto de "clases sociales" que está fundado en la teoría marxista, que permite distinguir sectores sociales con sus respectivas culturas.

En el Perú, Aníbal Quijano esbozó alguna definición de lo que sería la coexistencia de culturas en una formación social determinada, esto es, la presencia de substratos a los cuales corresponde una subcultura, donde: "... subcultura popular... se refiere a los campos culturales comunes que, dentro de la 'cultura dominante' son patrimonio del conjunto de los grupos dominados de la sociedad" (Quijano, 1980, p.29).

Por su parte el sociólogo Mario Margulis publicó un interesante artículo en 1977, *La Cultura Popular*[10], donde se puede leer lo siguiente: "La cultura popular es cultura de los de abajo, fabricada por ellos mismos, carente de medios técnicos. Sus productores y consumidores son los mismos individuos: crean y ejercen su cultura." (p. 44) Y ampliando esta idea, reafirma en un párrafo seguido, "la cultura popular auténtica, dentro de un contexto social de dominación y explotación, es el sistema de respuestas solidarias, creadas por los grupos oprimidos, frente a las necesidades de liberación." (Margulis, 1982, p. 44).

En oposición a la Cultura Popular, la burguesía o clase dominante produciría una "cultura de masas", que "...implica un cambio cualitativo -continua Margulis- en la forma de creación de productos culturales: ya no son producto de la interacción directa de grupos humanos. Una de sus características principales es su poder de difusión. Es justamente el asombroso poder de difusión el que otorga la facultad de crear formas culturales dominantes a grupos pequeños de especialistas." (Margulis, 1982, p. 46), donde otra de las características es la elaboración industrializada, los "obreros" de esta industria son "artistas profesionales" que utilizan "laboratorios especializados"[11], Mientras que las clases subyugadas producen y distribuyen artesanalmente, son muy poco "profesionalizados", tienen una ligazón más directa en los componentes de su clase con el pueblo.

En una nueva versión de su trabajo Margulis va a pluralizar el concepto de cultura popular y acentuar su cualidad de resistencia como central.

> *Por lo tanto no habría una sola cultura popular que se opone a la cultura ilustrada o a la cultura de los sectores dominantes o a la cultura de masas, sino* **"culturas de los sectores populares"** *que responden a las necesidades de los diversos sectores caren-*

---

10 El original, Margulis, Mario. "La cultura popular". En revista Arte Sociedad Ideología. México D.F. 1977

11 Armando Mattelart al referirse a la cultura de masas dice: "La cultura de masas no puede definirse históricamente. Los modos de producir esta cultura y sus contenidos están ligados íntimamente a los cambios y adecuaciones que se operan en la estructura del polo imperialista y su proyecto expansionista. En el universo donde no se sabe quién es quién, quién fabrica la serie de TV y quién el cohete, es difícil seguir definiendo la industria cultural como industria ligera." (Mattelart, 1974, p. 17).

> *ciados y diferenciados, elaboradas por esos sujetos colectivos en respuesta a sus necesidades, sobre todo dirigidas a resolver las condiciones de precariedad, carencia y falta de recursos característicos de la pobreza estructural. Pueden considerarse como recursos culturales, que elaboran y comparten grupos sociales determinados, generalmente pobres y a veces segregados, para ayudar a su supervivencia y reproducción social en las condiciones actuales. (Margulis, 2010: 13-14)*

Cada uno de estos productos culturales tiene objetivos divergentes: La cultura de masas conlleva una reafirmación de la ideología de superioridad del capital sobre el trabajo; para el caso imperialista "Todos los mensajes culturales plasman necesidades concretas e históricas de la metrópoli, en un momento determinado, tanto en su empresa de participación interna como en su proyecto expansionista." (Mattelart, 1974, p.11).

Néstor García Canclini, a diferencia de Margulis, propone, "que existen culturas populares porque la reproducción desigual de la sociedad genera: a) una apropiación desigual de los bienes económicos y culturales por parte de diferentes clases y grupos en la producción y el consumo; b) una elaboración propia de sus condiciones de vida y una satisfacción de sus necesidades en los sectores excluidos de la participación plena en el producto social; y c) una interacción conflictiva entre las clases populares con las hegemónicas por la apropiación de los bienes." (García Canclini, 1935, p. 49). Según García Canclini, la cultura popular estaría entremezclada con la cultura de masas, precisamente por esta apropiación desigual de los bienes tanto económicos como culturales.

La crítica más coherente a García Canclini fue hecha por José Joaquín Brunner, quien manifiesta que el concepto de Cultura Popular es eminentemente descriptivo, que no tiene el nivel para ser considerado teoría[12], puesto que una cultura ha de ser un corpus coherente, sistemático y completo. Si Gramsci es uno de los sustentos teóricos de García Canclini,

---

12 "O sea, suele manejarse una noción puramente descriptiva de cultura popular a la que, luego, se le sobreimpone una teoría (en el sentido de un aparato conceptual relativamente institucional). Así, por ejemplo, como "explicación" de esa cultura popular, empíricamente descrita (por sus rasgos, carencias o latencias) se identifica un principio de dominación, de relativismo cultural, o de continuidad local de tradiciones, así en adelante" (Brunner, 1905, p.79-80).

Brunner considera que éste no es un buen gramsciano, porque Gramsci prefiere utilizar el concepto de Folklore para describir lo que García Canclini denomina Cultura popular (Brunner, 1985).

Rodrigo Montoya también cuestionaba el carácter autónomo y supuestamente teórico del concepto de Cultura Popular; "Puede hablarse de fragmentos culturales de resistencia como elementos distintos a la imposición y a la dominación, pero una cultura popular: en si no existe. Se llama "cultura popular a una serie de fragmentos que algunas personas de las capas urbanas querrían que se extendieran y que fueran una alternativa. Hay una angustia grande por encontrar una alternativa. La noción de cultura popular no resiste ningún análisis." (Montoya, 1984: 183).

En este periplo de comprender el concepto de cultura popular, sería incongruente no considerar que esto ha implicado un proceso complejo de discusiones y debates en distintos ámbitos, en el académico, en el político y en la administración estatal. En el ámbito político, las contribuciones fundamentales fueron de Antonio Gramsci, Louis Althusser y Stuart Hall. En el ámbito académico (que estuvo cercanamente asociado al político) la corriente de Estudios Culturales de la famosa Escuela de Birmingham, la Escuela de Estudios Poscoloniales (o de la Subalternidad) son hoy las fuentes de reflexión más acabadas sobre este tema. Por lo mismo, la lectura de autores como Raymond Williams, Edward Thompson, Ranajit Guha, Gayatri Spivak, entre otros, son fundamentales. De otro lado, no debemos olvidar que existe un numeroso ejército de investigadores que realizaron pesquisas en distintos lugares del planeta como son el propio Mario Margulis, José J. Brunner, Armand Mattelart, Néstor García Canclini, Rafael Roncagliolo, Fernando Reyes Matta, entre otros.[13]

Aún con todo, Cultura Popular no parece ser un concepto que pueda sustituir completamente al Folklore, las manifestaciones de los grupos sociales al interior de las sociedades, en donde uno de los sectores ejerce el control y dominio de las actividades culturales-superestructurales no pueden ser comprendidas en su totalidad si es que se recurre unilateralmente a cualquiera de las categorías mencionadas. La tradición o la mo-

---

13 Para una revisión del debate sobre Cultura Popular podría revisarse el libro de John Storey *Teoría cultural y cultura popular* Ediciones OCTAEDRO, Barcelona, 2002.

dernidad necesitan de categorías que puedan dialogar, y tal parece haber sido la perspectiva de Antonio Gramsci al iniciar sus reflexiones sobre subalternidad.

2.3.- El pueblo

Posiblemente la categoría más controversial en las argumentaciones de la cultura popular sea precisamente la definición de ese sector al cual queremos referirnos. La retórica política contemporánea ha abusado muchas veces del vocablo pueblo. Cuando se habla de lo popular, utilizado más como adjetivo, ¿a quiénes se refieren estas expresiones?, ¿por quiénes está constituido el pueblo?; sin duda la categoría pueblo es difícilmente aprehensible, mas es necesario hacernos entender.

Carlos Vega partiendo desde algunos principios sociológicos y antropológicos definía como pueblo a un sector claramente diferenciable: los que se encuentran entre las poblaciones aborígenes y los del grupo moderno, es decir habría un sector intermedio que no son "primitivos" ni "superiores", sino que, se encuentra entre ellos; reproducimos su esquema:

GRUPOS
Superiores
Pueblo
Primitivos

y precisamente sería el pueblo el depositario del folklore (Vega 1960, p. 31 -51).

En cambio, en nuestro país Arguedas y Roel entienden como pueblo a casi toda la población, ya sean grupos étnicos, aborígenes, mestizos, campesinos, clases medias, en general, exceptuando a las clases dominantes; así, si retomamos el esquema de Vega, según Arguedas y Roel, se dirá que, pueblo es representado por los grupos "pueblo" y "primitivos".

Pero al definir pueblo no debemos olvidar que, detrás de cualquier comprensión sobre ello, está el de la perspectiva política, es decir, quién utilizare este término tiene de una u otra manera que manejar una visión política, muchas veces depende de la coyuntura política del momento; por tanto, diremos que pueblo correspondería al gran sector de una sociedad que propugna la liberación de la dominación de una clase social sobre otras. Cada uno de los componentes del pueblo serán más o menos consecuentes con este principio, de acuerdo con el papel que juegan en este proceso de liberación.

A manera de síntesis podemos proponer que:

- Los autores que utilizan la categoría Cultura Popular, no se preocupan en definir y, es más, recurren a ella como una alternativa diluyente para evitar complicaciones en determinar los alcances de su objeto a estudiar.
- La categoría Folklore es evitada por los que usan la concepción de Cultura Popular, la sustituyen por esta para no precisar su marco de referencia.
- Folklore y Cultura Popular podrían ser equivalentes al tratar temas de música y otros fenómenos artísticos. Si se profundiza un poco, se diría que son sinónimos. Si se tradujera literalmente la palabra Folklore del inglés al castellano seria "saber del pueblo", que no está muy alejado de Cultura Popular. "Saber del pueblo" puede interpretarse como conocimiento acumulado. ¿Y qué es Cultura sino es eso?: saber acumulado para poder adaptarse y socializarse en una sociedad determinada.
- Cuando hablamos de Folklore, hacemos una fotografía del "hecho" o "fenómeno" estudiado bajo esta denominación, y al compararlo con otros hechos, entonces este folklore sirve de modelo estático e inalterable al que nos debemos remitir y reproducir para considerarnos "folkloristas". La realidad muestra lo contrario: todo hecho esta propenso a cambios influenciados por dentro y por fuera, desde dentro por la decisión y la práctica de los mismos herederos de este "saber"; desde afuera por la presencia de elementos similares, esto es, si se trata de música será por la presencia de melodías extrañas a la matriz.
- Para entender los fenómenos descritos como Cultura Popular y Folklore no debería prescindirse de categorías más amplias como Superestructura, Conciencia de Clase, Ideología, Alienación (Fetichismo).

Por lo señalado hasta ahora, se debe constatar que ambas categorías (Cultura Popular y Folklore) no tienen fronteras específicas ni objetos de estudio predeterminados que excluyan a uno de ellos; por tanto, provisionalmente, a lo largo del texto las usaremos, en contextos muy específicos: El Folklore aplicable para el contexto rural-campesino que mantiene con más fuerza las costumbres musicales y artísticas en general. Y Cultura Popular para el medio urbano-mestizo que adquiere influencias y desarrolla nuevas formas de expresión.

2.4.- El wayno como género musical del mundo andino

El principal género musical del Perú sin duda es el wayno, y éste será nuestro objeto principal de análisis. Su universalidad en territorio peruano y boliviano proviene de su raíz prehispánica. La fuente más recurrente para esta afirmación es el Vocabulario del jesuita Diego González Holguín:

> ***Huay nunaccuni, o huaynuni.*** *Baylar de dos en dos pareados de las manos.*
>
> ***Huaynuyccuni.*** *Sacar a baylar él a ella, o ella a él cruzadas las manos.*
>
> ***Huaynuccuc maciy.*** *El compañero pareado en el bayle.* (González Holguín, 1608 142)

No obstante, debemos comparar con las versiones en aymara que presentan semejanzas. El diccionario aymara de Ludovico Bertonio indica también:

> ***Huayñu:*** *Amigo, compañero, familiar, y combiene a hombres y mujeres que fe tratan familiarmente.*
>
> ***Huayñu:*** *Dança, bayle o sarau*
>
> ***Huayñufina:*** *ídem*
>
> ***Huayñufitha:*** *baylar en medio de vna rueda de mujeres folas, o folos hombres*
>
> ***Huayñucatha:*** *que. Sacar a baylar, y la perfona que saca haze defpues algún prefente a la compañera o compañero*

Huayñunacafitha: *andar afsi danfando en medio de la rueda"* (Bertonio, 1612: 157)

Como se puede ver, en quechua y aymara las raíces coinciden en denominar un baile con esta expresión y se prolonga en la historia colonial y republicana hasta quedar básicamente como música. Existen algunas variantes regionales como veremos más detenidamente. Incluso en términos nacionales parece tener algún parentesco con el Sanjuanito ecuatoriano; en Bolivia por cuestiones lingüísticas se pronuncia *wayñu*. Otra forma de identificarlo sería como qashua que estaría asociada también con un ritmo. En el periodo colonial, al parecer fue común alternar entre wayno o qashua como sinónimos. A veces se ha aludido a que el waynu proviene de la palabra wayna (joven = amante) como puede hallarse también en las variantes mencionadas por Holguín y Bertonio.

El gran musicólogo peruano Josafat Roel Pineda, observa algunos detalles sobre las características del wayno en el Perú, pero sobre todo del wayno cusqueño que varía en el plano rítmico:

> *"Pero lo que caracteriza especialmente a este wayno, que en su mayoría parece haber sido compuesto más para ser bailado, es que usa otros sistemas tonales que le son propios tanto como el pentafónico. Estos otros sistemas tonales están basados a nuestro juicio en el pentafónico al que se le agrega algunas notas, particularmente la sexta mayor (**Fa#** considerando **La** como tónica). Es una escala hexafónica muy diferente a las escalas menor antigua, melódica o armónica europeas, razón por la que creemos que todos los sistemas tonales que usa el wayno cusqueño, que como veremos son varios, son de origen cusqueño o peruano. Pues bien, la escala con sexta mayor se presenta en la especie musical que Carlos Vega llama de **Ternario Colonial** y que tiene formas derivadas en la Argentina, Chile, Bolivia y Perú, y como su nombre lo indica, su ritmo es ternario, su tesitura únicamente de una sexta y tiene la cadencia final muy particular: la línea melódica termina en Do#, Re o Mi y finalmente Do natural. Es muy frecuente en el wayno cusqueño; sin embargo, constatamos que la escala en cuestión se presenta en el Cusco con ritmo binario, que es el propio wayno de esta ciudad, y su tesitura es frecuentemente mayor a la del ternario colonial."* (Roel, 1990: 39).

En efecto, el wayno se diversifica según las regiones donde se desarrolla, lo cual implica su colisión con música europea colonial y ahora la intromisión de las composiciones mestizas. En este sentido, queda mucho por investigar lo cual implica mejorar los mapas que ya existen por cierto (Roel Pineda, 1990; D'Harcourt, 1990).

3.- La música y la migración

El wayno en las ciudades no puede entenderse si no lo explicamos en un contexto más amplio, y sobre todo en un sistema social determinado. Los intérpretes y el público de la música en la segunda mitad del siglo XX son pues la gran población que ha transitado procesos complejos de migración. La Antropología Urbana es la rama que se ha especializado en estos temas de traslado de poblaciones hacia las ciudades. Pero, también, debemos recordar que son varias las disciplinas que han tratado de explicar este fenómeno. En el Perú recordamos, por ejemplo, los estudios realizados por Psiquiatras de la Facultad de Medicina de San Marcos, que estuvieron orientados a explicar los problemas de adaptación de las personas que llegaban hacia la costa, donde según ellos, se presentaban cambios fisiológicos y psicológicos (Véase, Seguín, Carlos A.: Psiquiatría y Sociedad, 1962). Por el lado de los antropólogos peruanos, existe ya una larga tradición en investigaciones sobre migración como las del profesor Héctor Martínez Arellano, y las de José Matos Mar, aún en la década de 1950. Pero es en los años sesenta cuando se entra de lleno a estudiarla desde diversas perspectivas teóricas.

Teófilo Altamirano proponía en los 80 dividir las corrientes sobre migración en cuatro vertientes teóricas: 1) La Modernización, 2) La Marginalidad, 3) La Migración y Aculturación y 4) El Análisis Histórico Estructural; cada una aún con variantes a su interior. (Altamirano, 1980). Bien es cierto que la explicación de estos problemas se debe basar en los aspectos económico-estructurales, y en esto ha habido un desarrollo suficiente, especialmente la corriente de la Marginalidad que ha ofrecido esta visión, pero también, es necesario abordar los problemas culturales, lo que el marxismo en general ha explicado como Superestructura.

La migración precisamente ha sido expresada en canciones, en sus diversos géneros; en el libro de los hermanos Montoya Rojas, *La sangre de los Cerros*, los autores le dedican dos capítulos a este tema: "Emigración" y "Desarraigo" con un total de 27 canciones. En 1983 escribimos un breve trabajo sobre las canciones de Parinacochas en donde señalamos que una "...forma de la ausencia se explica en las canciones de despedida, tema muy común... que consigna versos como: 'cuando me vaya lejos de este lugar', 'doblen las campanas/ para retirarme...', *'pitaraq llantupayanki/ ñoqallay pasapuptiy...'* (a quien le darás tu sombra/ cuando yo me vaya)"; y así un sin número de testimonios que corroboran esta afirmación.

En la medida que esta investigación trata básicamente sobre la difusión de la música en Lima de los años de 1980, recuperaremos información correspondiente a esta época. La juventud de los migrantes evidenciada en el siguiente cuadro, indicaría, por ejemplo, la aceptabilidad del wayno en sus diferentes variantes y su desarrollo en los ambientes urbanos, donde el mayor porcentaje se encontraba, en el Censo de 1981, entre los 15 y 34 años; ellos son pues los que contribuyeron a su difusión y consumo, tanto en su medio de vida actual como en sus retornos temporales a sus lugares de origen:

NO NACIDOS EN LIMA

Grupos de edad	TOTAL	Hombres	Mujeres
TOTAL	100.00	100.00	100.00
(Cif. Absolutas)	(1.794,389)	(879,229)	(915,158)
0-4	2.3	2.4	2.2
5-14	9.2	9.1	9.2
15-24	24.9	23.9	25.8
25-34	23.5	23.8	23.3
35-44	16.3	16.9	15.8
45-54	11.4	11.8	11.0
55-64	6.7	6.8	6.5
65-más	5.7	5.3	6.2

FUENTE: Censo Nacional de 1981 (Cuadro N° 9)
Volumen A, Tomo I (Julio de 1983, pág. XXXII.)

3.1.-Arguedas como propulsor del folklore

En varias ocasiones que tuvimos la oportunidad de dialogar y entrevistar a artistas del denominado mundo del folklore, escuchamos también referencias a José María Arguedas como una de las personas importantes en la gestación de este fenómeno cultural. Aparte de su actividad literaria y antropológica, él tuvo un papel trascendente en la difusión del Folklore, ya sea a través de los cargos administrativos, como también en su relación con los cantantes y artistas en general en los coliseos y hasta en la vida cotidiana. En estas diferentes entrevistas, por lo general se le evocó como un *padre* frente a los artistas; así por ejemplo el charanguista Jaime Guardia se refiere a él al momento de conocerlo:

> ...*cuando estaba cantando en el Coliseo de Lima, se me acercó Arguedas, y me felicitó por lo que había estado escuchando que yo tocaba y cantaba; me pidió que no cambiara de estilo, que no dejara de tocar tal como es del pueblo, también que trate de aprender más canciones de las que se tocaba en el lugar... (Entrevista de L. Nuñez, 10-1-89)*

y en ocasión del homenaje que la Universidad Nacional Mayor de San Marcos le tributó al escritor Arguedas, a 20 años de su muerte (diciembre de 1989), don Jaime Guardia reafirmaba muy emocionado "Tal como me aconsejara Arguedas en 1954 hasta el momento lo sigo practicando".

Julia Peralta, otra de las artistas, entrevistada en 1989, cuando tenía 73 años, nos relata su encuentro con Arguedas:

> ...*En el tiempo que me conocí con el doctor José María, me felicitó y me dijo que "dónde había aprendido a cantar y bailar", y yo le conté que soy del Cusco, que he visto a la india, y me preguntó ¿de dónde era mi vestimenta?, y yo por no saber le dije de ningún sitio, porque había copiado adornos de los demás, y en verdad en ningún sitio de Cusco se vestían así; entonces me dijo: "como cusqueña Ud. tiene que enseñar de distinta manera"... (Entrevista de L. Núñez, 8-3-89)*

Agripina Castro, otra de las pioneras de la difusión de las danzas folklóricas en Lima, también nos cuenta sobre la actitud de Arguedas:

...todos le teníamos el debido respeto que él merecía, en esa época se hacía el folklore con mucho cuidado... Él iba a los espectáculos con su esposa, en primera fila para ver de comienzo a fin a la compañía, solista o cantante que destacaba, al día siguiente salía en los periódicos en forma oficial en la Sección (Ministerio de Educación) donde él era presidente... (Entrevista L. Núñez. 3-3-89)

Como se puede apreciar, en estos testimonios, puede afirmarse que Arguedas ejercía una actitud paternal con los artistas, les daba consejos, les llamaba la atención cuando observaba alguna tergiversación en las vestimentas; correspondiendo los artistas le mostraban respeto. El papel administrativo como jefe de la Sección de Extensión Cultural del Ministerio de Educación le permitía un control más estricto de las actividades de carácter folklórico, si a esto le sumamos que esta sección se encargaba de calificar y otorgar el carnet de artista, entonces se puede entender los alcances de su labor.

Entre los años 1946 y 1950 se desarrollaron las Compañías Folklóricas, periodo al cual Arguedas denominó "Época de Oro del Folklore", (aún lo siguen denominando así sus seguidores); pero con el transcurso de los años, a este período le siguen los años de las grabaciones de discos de carbón, que han colaborado con la culminación de la "Época de Oro", y si a esto le agregamos, lo que señalamos en otro capítulo, se inicia el desmembramiento de las Compañías Folklóricas.

La aparición de la Asociación de Artistas y Conjuntos Folklóricos marca una nueva etapa en la que JMA tuvo también un papel importante, él consiguió que el señor José Castellares (guitarrista huancavelicano y promotor) les alquilara una casa para que los artistas ensayaran. Pero en 1959 se formó el Sindicato de Artistas Folklóricos, en cuya conducción estuvo el señor Máximo Alanya (hermano de Emilio Alanya) que había estado participando en el arte como bailarín (según sus propias expresiones). Don Máximo nos comentó sobre la necesidad de una organización gremial entre los artistas del folklore, y nos dijo en esa ocasión:

> ...Al correr los años, esto implica una inquietud y una inconformidad en los artistas, hasta que en el año 1959 se forma el Sindicato de Artistas Folklóricos del Perú —gestión que me pertenece, del cual fui su primer Secretario General— formado con la finalidad de unir a los artistas, defender sus intereses, porque habíamos atravesado una etapa de explotación, porque (en esos años) la única que recibía beneficios, y la que celebraba su aniversario era la empresa, el Coliseo Nacional. Todos los artistas teníamos que trabajar gratis una vez al año en homenaje a esta empresa a cambio de un diploma o de un premio que se llamaba "Inti Raymi". Al formarse el Sindicato de Artistas Folklóricos, se inicia una lucha tenaz, aunque la empresa del Coliseo Nacional con otro empresario del Coliseo Cerrado, buscaron que esto no diera sus frutos, de manera que la lucha ha sido ardua, hasta el año 62 en que llega a consolidarse, cuando era Secretario General del Sindicato don César Villanueva, cineasta huancaíno... con él llegaron a sindicalizarse artistas de la talla de Jesús Vásquez, el Dúo Oswaldo Campos y Javier González, Los Trovadores del Perú, Los Quipus, Alicia Lizárraga, Luis Abanto Morales... Pastorita Huaracina, Jilguero del Huascarán, todas las figuras llegaron al seno de esta organización, hasta que en una infeliz intervención, una noche, don Ernesto Sánchez (que en paz descanse) corrió a los criollos cuando se pronunció, al decir, "qué tenían que hacer lo folklórico", ahí se rompió la unión entre todos los artistas nacionales, sin distinción de ninguna clase, que queríamos formar una poderosa fuerza de artistas andinos, criollos y todos aquellos que cultivaran la música nacional...
> (Entrevista de L. Landa, 2/04/89).

Así vemos el papel de Arguedas también, participando constantemente al lado de los artistas, apoyándolos frente a los empresarios de coliseos. Cuando los empresarios empezaron a contratar individualmente a los artistas, les preguntaba a éstos sobre sus salarios y exigía a los empresarios que les remuneraran adecuadamente. Así como también insistía en el control de las planillas de trabajadores en los coliseos, y por supuesto exigía que todos los artistas poseyeran su respectivo carnet para actuar en estos escenarios. Al ofrecerles los carnets, Arguedas contribuyó a hacer sentir a los artistas folklóricos como profesionales.

3.2.- Artistas del folklore con carnet

En efecto, en 1948 a iniciativa de José María Arguedas y Luis E. Valcárcel se inició la inscripción de los artistas en la Sección de Folklore del Ministerio de Educación. La intención de estas inscripciones, según Arguedas, fue para evitar la continua distorsión que estaba ocurriendo con la aparición de artistas y compañías que trataban de hacer un espectáculo híbrido y sin referente regional concreto, es decir como un reflejo de la etapa en que se quería reconstruir el arte incaico. A mediados de los años cincuenta, Arguedas como director de la Sección de Folklore, ya había fijado un reglamento que normaba las inscripciones, y por ese entonces era una obligación de los artistas estar inscritos para participar y organizar eventos públicos. Don Jaime Guardia, testigo de todos estos avatares, nos comentaba que había una estrecha relación entre el Ministerio de Educación y los Municipios, éstos últimos encargados de controlar sí los organizadores de estas actividades estaban cumpliendo con los requisitos de presentar un espectáculo con participación de artistas profesionales con carnet. Las compañías y coliseos tenían pues el deber de acoger, solamente a los artistas carnetizados.

En 1964 al crearse La Casa de la Cultura, la Sección de Folklore pasó a depender de ésta, con lo cual también se modificó el reglamento anterior y además se realizaron una serie de cambios en la administración, puesto que La Casa de la Cultura era una institución que incluía varias secciones más. Además del registro de intérpretes, en esta institución se había propuesto nuevos objetivos como el de la Investigación. En estos años es cuando el flujo de inscripciones aumentó.

En 1972 al cambiar la denominación Casa de la Cultura por Instituto Nacional de Cultura (INC), ya habían registrado 6,050 intérpretes, de los cuales la mayor parte provenía de Ancash con 20.02%, Lima con 18.03%, Junín con 12.43% y Ayacucho con 9.77% (Véase: Vivanco, 1973; Romero, 1985).

La Escuela Nacional Superior de Folklore "José María Arguedas" (antes Instituto José María Arguedas) posee los archivos de La Casa de la Cultura y ha clasificado las fichas de los artistas inscritos desde esas épocas en: Conjuntos, Compañías, Bandas de Músicos, según departamentos. Para una idea general consignamos la siguiente información:

NÚMERO DE AGRUPACIONES ARTÍSTICAS POR DEPARTAMENTO

Ancash	135
Junín	75
Apurímac	25
Huánuco	36
Huancavelica	13
Lima	53
Pasco	18
Puno	21
Arequipa	12
Ayacucho	64
Cusco	38
Ica	1
Piura	1
Lambayeque	1
Otros	7
TOTAL	**500**

FUENTE: Archivo de la E.N.S.F. José María Arguedas: Elaboración: L. Landa V.

Este cuadro ofrece una idea de la cantidad de grupos que se inscribieron hasta la desaparición de la Casa de la Cultura. Debido a cambios en la administración se detuvieron las inscripciones, dando lugar a una nueva modalidad de registro.

Desde 1978 el Instituto "José María Arguedas" (Ahora Escuela Nacional Superior de Folklore "José María Arguedas") volvió a registrar a los artistas, y es donde hemos podido obtener alguna información, como una muestra aproximada del movimiento de músicos en nuestro país. No es una información que cubre todo el universo de artistas, porque indudablemente no todos los cantantes ni instrumentistas se han registrado, algunos incluso no estuvieron enterados de la existencia de este sistema para acceder a ciertos niveles de trabajo como artistas; pero sin embargo estos cuadros nos ofrecen una entrada a este fenómeno en Lima.

En el cuaderno manuscrito de registros de la ENSF-JMA hay 1,954 personas inscritas entre los años 1978 y 1983, siendo Junín el más numeroso con 24.26%, seguido por Ayacucho con 17.99% y Ancash con 14.85%.

Han existido dos formas de inscribir a los artistas: la primera de manera colectiva (integrando conjuntos, orquestas, dúos, tríos, compañías, embajadas y otras denominaciones) y por otro lado, están las inscripciones individuales como intérpretes (cantantes, instrumentistas, en forma solista). En total, en diez años (1978-1988) se contaba con 299 intérpretes, 8 dúos, 7 tríos, 107 conjuntos, 30 agrupaciones folklóricas, 10 orquestas, 11 bandas y 5 compañías.

Las agrupaciones folklóricas, embajadas y compañías son generalmente grupos de danza que están conformados por bailarines y músicos. El resto de los inscritos que se presentan en otras denominaciones son músicos en su mayoría[14].

A partir de la información que obtuvimos de los cuadernos de la ESNF-JMA, nos hemos permitido hacer los siguientes gráficos para tener una imagen sobre la evolución del registro de artistas en esta institución.

Para elaborar este primer gráfico, hemos tenido en cuenta solamente la cantidad de inscripciones colectivas (conjuntos, agrupaciones, etc.) que están consignadas como unidades.

---

14 Por supuesto, hay casos como el de Elisa Pinto Jara que se inscribió individualmente como "bailarina, especialidad Costa y Sierra".

GRÁFICO A. **Inscripciones en EF-JMA**

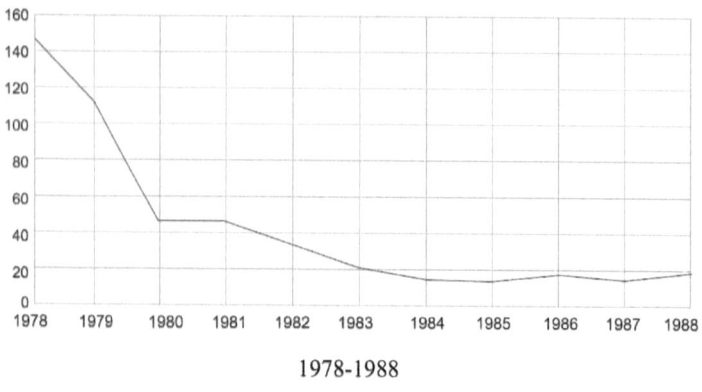

1978-1988
-- Flujo de Inscripciones

Fuente: Archivo EF-JMA / Elab. L. Landa.

Como se observa en este gráfico, se produce un descenso en las inscripciones al entrar a la década del 80, hasta llegar cerca de 10 por año, especialmente en 1987.

En el Gráfico B presentamos el número total de personas que habían sido inscritas, ya sea integrando conjuntos, agrupaciones, etc. como también intérpretes.

GRÁFICO B. **Personas inscritas EF. JMA**

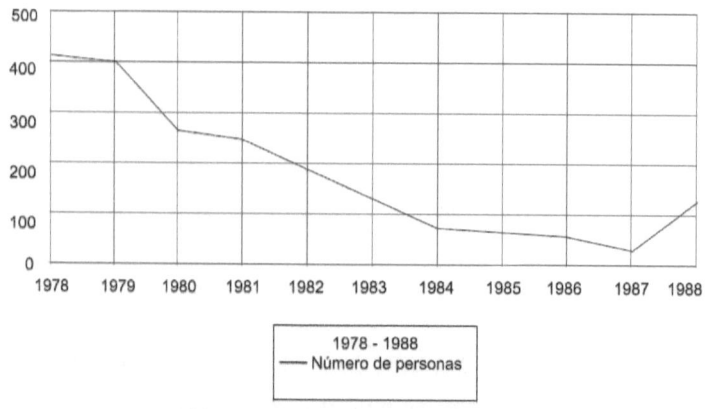

1978 - 1988
— Número de personas

Fuente: Archivo EF-JMA / Elab. L. Landa.

Si en 1978 habían más de 400 personas inscritas se produce una baja en el flujo de inscripciones hasta llegar a menos de 20 personas en los tres últimos años.

En el gráfico C vamos a mostrar comparativamente el flujo de inscripciones de dos de los rubros más importantes de artistas, es decir de aquellos intérpretes individuales y de las agrupaciones colectivas.

GRÁFICO C. **Inscripciones de intérpretes y conjuntos**

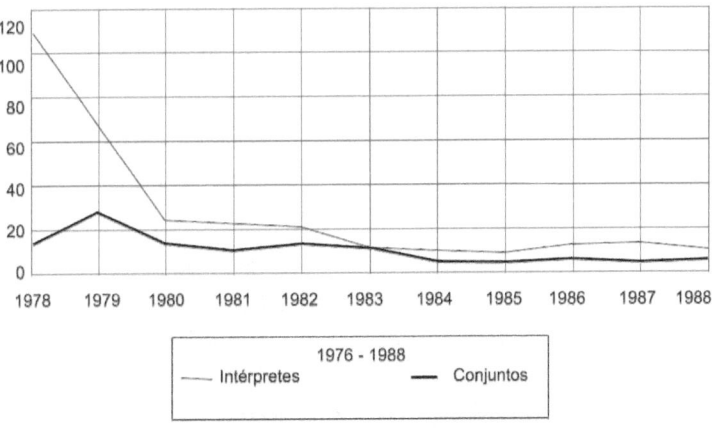

Fuente: Archivo EF-JMA / Elab. L. Landa

A primera vista, pareciera que ha habido más intérpretes individuales que grupos, por ejemplo, en 1978 la distancia es enorme entre intérpretes y conjuntos; aquí estamos denominando conjunto a todo tipo de agrupación o colectivo que se inscribiera.

El gráfico D es más claro en cuanto a la real inscripción de personas, pues muestra el número de personas por grupo en comparación con la cantidad de intérpretes.

GRÁFICO D. Personas por grupo e intérpretes

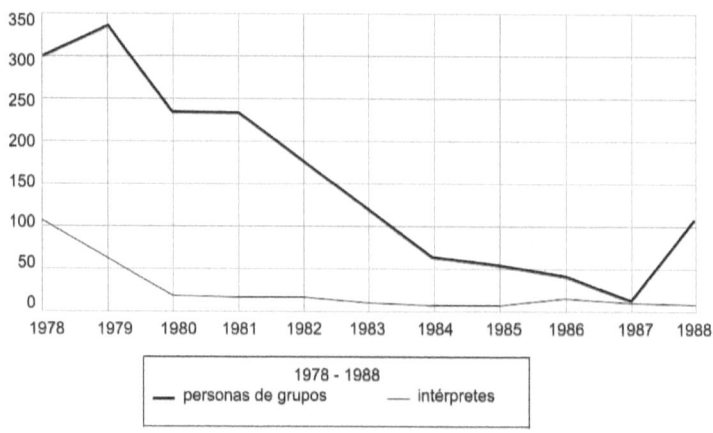

Fuente: Archivo EF-JMA / Elab. L. Landa.

Como se puede observar, había más personas integrando un colectivo que intérpretes individuales. Entonces no debe engañarnos la cantidad de intérpretes que darían la sensación de ser los más interesados en obtener su "licencia", puesto que en general hay también una gran presencia de artistas agrupados que desean obtener su "carnet".

En seguida, también, presentamos los flujos de inscripciones de dos de los departamentos que más han accedido a la carnetización en la Escuela de Folklore JMA, estos son Junín y Ayacucho.

Para el caso de Junín la comparación entre Intérpretes y Conjuntos se da de la siguiente manera:

GRÁFICO E. **Intérpretes y Conjuntos: Junín**

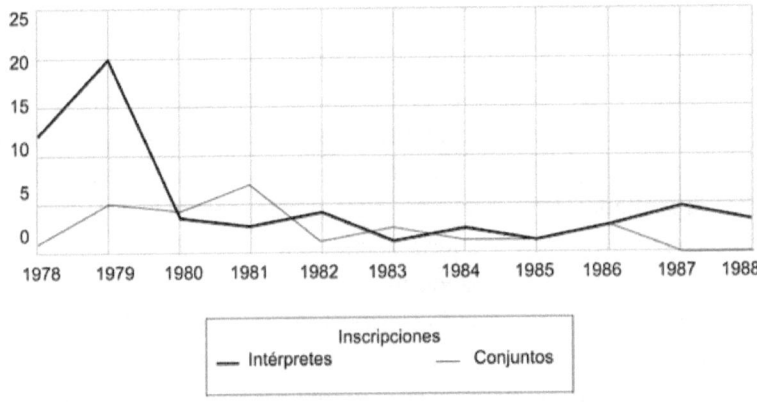

Fuente: Archivo EF-JMA / Elab. L. Landa.

De esta manera, el departamento con más cantidad de intérpretes, también decae en la cantidad de inscripciones en la década del 80.

Ayacucho, otro de los departamentos con más artistas ofrece la siguiente variación:

GRÁFICO F. **Intérpretes y Conjuntos: Ayacucho**

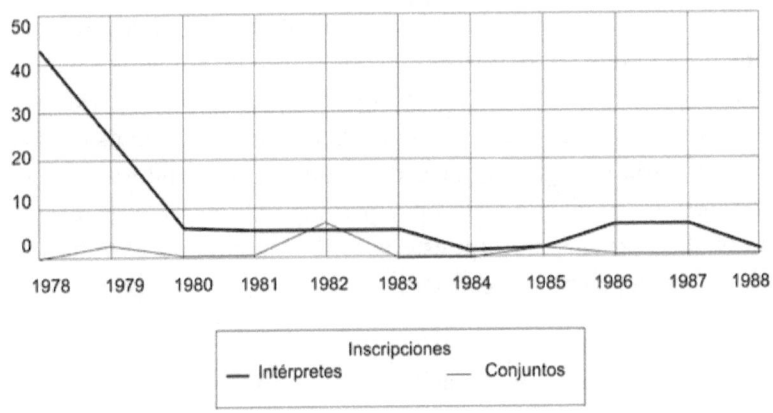

Fuente: Archivo EF-JMA / Elab. L. Landa.

Como se puede observar, desde 1980 en que la inscripción baja fuertemente, en adelante, el flujo de inscritos de este departamento va a tener muy poca variante.

Alguna explicación hemos de dar respecto al gran declive en cuanto al registro de artistas en la ENSF-JMA. Se podría imaginar, que se debe a que ya existe una gran cantidad de artistas en el "mercado", por lo tanto, una persona nueva que intentara introducirse en este ambiente tendría muchas dificultades. O tal vez, podría ser que ha ido cambiando la actitud de los posibles aspirantes y podría decirse que ya no es muy atrayente el arte musical. Pero, la explicación más plausible es que la "licencia", "el carnet" hoy ya no es necesario; en casi ningún espectáculo se exige la presencia de artistas con "carnet"[15]. Don Jaime Guardia (principal evaluador en el Registro de Artistas en la actual ENSF-JMA) y Manuel Prado, entre otros, nos reafirmaron que efectivamente, antes era más estricto, había que presentar una planilla de artistas con carnet (incluso en las Peñas) para que ni la policía, ni la municipalidad los intervenga; pero ahora todo eso se ha dejado de lado, el control se limita al pago de impuestos y los artistas ya no son importantes para las autoridades. En conclusión, el arte también se ha estado desplazando por los caminos de la marginalidad o sencillamente: es un oficio informal como muchos otros.

4.- *El wayno en los discos*

El disco ha sido un complemento importante en la difusión del wayno, con la ayuda de éste han podido surgir estrellas que han impuesto la música andina en un floreciente mercado compuesto por inmigrantes del interior del país, esto a pesar de la presencia de variados géneros de música extranjera que proliferaban con mucha más ventaja. Ha habido cantantes vernaculares que han tenido impresionantes récords de ventas de discos desde la segunda mitad del siglo XX, ubicándose en lugares importantes en el mundo artístico y por supuesto en la simpatía de un vasto público provinciano. En este acápite resumiremos el proceso por el cual el wayno como representante de la música andina peruana, junto

---

15 Por más que un evento se realice en el Teatro Municipal, el organizador o empresario escogerá de manera personal a los artistas y se guiará solamente por el "cartel" de los artistas; como "fondo" incluirá a uno que otro grupo de aficionados que tengan posibilidades de ascender en este "mundo".

a otros géneros menos difundidos, han tenido acceso a la grabación de discos; ofreceremos una retrospectiva desde los inicios de esta actividad, hasta la actualidad, en que se debate en una aguda crisis a raíz del llamado "pirateo en casetes".

Una periodificación preliminar que comprenda las formas como apareció y se desarrolló la industria discográfica, se puede dar a base de determinadas etapas marcadas. Desde la llegada de esta técnica al Perú y su evolución posterior, han ocurrido varios cambios, desde el disco de carbón de 78 RPM hasta los discos de 45 RPM de acetato y la posterior proliferación de cintas de casetes. Las formas como se grabaron, como se procesaron, o como se copiaron, podemos dividirla según el siguiente esquema:

1920-1948	Presencia de los discos de carbón de 78 RPM de música extranjera, utilizados en fonógrafos manuales, con una que otra grabación de música nacional[16].
1948-1951	Primeras grabaciones sencillas en el Perú para su procesado en Chile y Argentina (discos 78 RPM).
1959-1960	Aparición de compañías disqueras, grabación para el comercio, continúa el procesado en Argentina.
1960-1980	Aparición de discos de acetato duros. Gran industria del disco, hechos totalmente en Perú.
1980-....	Proliferación del casete, decadencia del disco; surgimiento del "pirateo" y crisis de las disqueras.

Antes haremos un breve alcance, sobre los términos que utilizan los productores para designar los diferentes géneros musicales, esto es, los subtítulos que ponen al margen derecho o junto al título de los discos, para clasificar las canciones o melodías.

La mayoría de las grabaciones fueron del género wayno; pero en los casos en que se trataba de melodías específicas, de regiones determinadas, encontraremos denominaciones como: Santiago, Waylarsh, Muliza (Junín y todo el centro del país); Pun Pin, Araskaska, Ayla, Danzante

---

[16] Recordemos que en 1911 Montes y Manrique habían grabado valses en EE.UU. a lo cual alude un vals en su intento de historiar.

(Ayacucho); Chuscada, Pasacalle (Ancash), etc. A todas estas variedades específicas los "entendidos" en música andina la reconocían de forma general como "costumbrista" o "típica". Entonces, observamos la presencia de asesores en las disqueras grandes[17], quienes se ocupaban de organizar la edición de dichos discos folklóricos.

Por otro lado, también debemos tener en consideración que se percibirán ciertas variaciones en las melodías originales de los géneros tradicionales (costumbristas), debido a que la mayor parte de las grabaciones se realizaban en la capital, hacia donde llegan los músicos a grabar; el hecho mismo de preparar una pieza musical para una sala de grabación, adecuar el tiempo de duración de tres minutos en promedio por cada canción, trastocará la autenticidad de una pieza tradicional, si es que se observa desde la perspectiva de un etnomusicólogo que pretende hallar fuentes adecuadas.[18] Pero, aun así, ya es posible hallar todo tipo de música tradicional, de casi la mayor parte del Perú. En discos de vinil en los años 80 se podía hallar desde las canciones ceremoniales del "Apu Inka" de Pomabamba (Ancash) hasta los Waylarsh modernos para los concursos anuales.

4.1.- Breve historia del disco en el Perú

Para comprender mejor el proceso de registro musical del folklore peruano creemos pertinente anotar brevemente algunos datos sobre la historia del disco de vinil en nuestro país. Recordemos los inicios del siglo XX, el Festival de la Pampa de Amancaes, fue instituido por el entonces presidente Augusto B. Leguía en 1928, al año siguiente de aquella fecha importante, llegaron al Perú técnicos de la "RCA Victor" de los Estados Unidos a grabar la música de los conjuntos participantes en dicho evento.[19]

---

17 Wilfredo Quintana, integrante del Trío "Los campesinos" trabaja en El Virrey como especialista en Folklore; Gilberto Cueva de "Los Errantes" trabaja para IEMPSA, entre otros.

18 Según Juan de la Cruz Fierro, los tres minutos de duración de las canciones en el disco, fue una transposición del tiempo que ya existía en las grabaciones de Valses y también en música extranjera. Véase también al respecto la opinión de los hermanos Montoya en "La sangre de los Cerros", 1987, p.18.

19 Alejandro Vivanco señala que tuvo la oportunidad de hojear un catalogo de la "RCA Victor" perteneciente a don Francisco Rivera, (músico que participo como quenista en ese festival de "Amancaes") en donde estarían indicados los nombres de las canciones y

Precisamente, Manuel Acosta Ojeda comentaba a este respecto, señalando que al Perú llegó el disco entre los años 20 y 30, juntamente con el fonógrafo, trayendo así música extranjera como el "Charleston", el "Foxtrot", el "Paso Doble"; y este fenómeno durará hasta los años cincuenta.

En la segunda mitad de la década del cuarenta, cuando José María Arguedas ejercía la Jefatura de la Sección de Folklore, se realizan algunas grabaciones a los artistas que actuaban en los coliseos[20]. El escritor llevó algunas de estas grabaciones, a la casa ODEON para que las editaran en discos. El señor Juan de la Cruz, asistente en esta sección recuerda: "Bueno, llegamos a terminar en la casa Odeon, fuimos llevando doce muestras, cuatro del Cusco, cuatro de Maullapoma y cuatro de Palacios del norte; con lo cual fuimos allí. Eso fue en el mes de abril de 1949" (Entrevista de Lucy Núñez, 17.1.89).

Según el mismo comenta, al inicio el gerente de ODEON no aceptó grabar Waynos, temía que estos discos no se vendieran; pero a insistencia de Arguedas enviaron este conjunto de matrices a Chile, donde se procesarían; luego de un lapso de tres o cuatro meses retornaron en discos de 78 RPM. Aparecieron entonces en 1949 discos de carbón con música del "Conjunto Lira Jaujina" de Junín dirigido por Tiburcio Maullapoma; las canciones de Jacinto Palacios de Ancash; y de Julia Peralta (Qosqo Llaqta) de Cusco[21].

Contrariamente a lo que pensaban los empresarios de ODEON, (según versiones de don Jaime Guardia, Agripina Castro y Julia Peralta) los

---

los grupos que grabaron esa ocasión.

20 A este respecto anotaremos las declaraciones de don Juan de la Cruz Fierro: "En el año 47-48 empecé a trabajar como auxiliar, preparación, manejo de la grabadora que se había comprado para la sección... vino José María Arguedas, entonces con él empecé a trabajar, yo ya había aprendido a manejar la máquina grabadora, como yo era músico, conocía todas las distancias, el sonido, la melodía, todo el conjunto de esta armonía, así empezamos a trabajar." (Entrevista de Lucy Núñez, 17.1.89)

21 En una entrevista a doña Julia Peralta, relató este hecho singular en la historia de la música andina: " El Dr. Arguedas me dijo vamos a grabar; pero para esto no había ni una sola disquera, solo había "RCA Victor" pero no en Lima, entonces el Dr. nos hizo grabar "Quiquijana", "Torito pinto" y "Charanguito", tres nos hizo grabar, y esto lo grabó la casa ODEON y lo mandaron a Chile, y después de tres meses regresó en disco de carbón, así que salió el wayno, "cómo puede salir esto, que lindo, igualito como cantaba", admirada yo también; el Dr. era bien sentimental, abrazados siempre, le traían recuerdos esos waynos que yo cantaba". (Entrevista de Lucy Núñez, 8.3.89)

primeros discos de Wayno se agotaron muy rápido, creando así el interés de los empresarios por este tipo de música. Arguedas pidió el 20% de las ganancias de las ventas del disco para darles a los intérpretes que grabaron en esa ocasión, pero más tarde propuso que la empresa discográfica tratara directamente con los propios artistas sobre sus derechos, pues a la Sección de Folklore no le competía hacer este tipo de actividades; entonces enviaron un oficio a la disquera para que se ponga en contacto con los directores de cada grupo musical para determinar sus derechos como artistas. Seguidamente a este hecho, empezaron a grabar otros artistas que tenían, por entonces, cierta fama a través de los coliseos. Por ejemplo, María Alvarado Trujillo (Pastorita Huaracina), quien nos relató que su primer disco lo grabó en 1953 para el sello ODEON, con el acompañamiento del famoso Conjunto "Atusparia". Don Jaime Guardia recuerda también que grabaron sólo con el deseo de escuchar sus canciones y llegar a sus pueblos a través de ellos, al igual que otros músicos, entonces no se pensaba en ganar dinero con esta actividad[22]. Ahora veamos el testimonio de uno de los actores centrales en la difusión de la música peruana.

En 1967 José María Arguedas publicó un catálogo de discos de música folklórica andina[23] que, según él, permitiría evaluar el nivel de difusión de los géneros peruanos. Para este fin realizó una encuesta etnográfica en Chosica en una tienda de discos y en dos kioscos. Tratándose de una información valiosa para los objetivos de esta investigación vale la pena transcribir en extenso el testimonio de este impulsor de la música peruana.

> ...*En 1947, cuando el profesor coautor de este breve trabajo desempeñaba el cargo de Jefe de la Sección de Folklore del Ministe-*

---

[22] "...pero por entonces no pagaban nada al artista por grabar, sino que el artista grababa por tener su voz en el disco, ahí yo comencé con la Lira Paucina, pero ya había grabaciones. Justamente PHILCO era la que distribuía los discos de ODEON y una grabación se hacía con una sola grabadorita chica y de frente se grababa al disco, ahí salimos con discos de 78; nosotros con la Lira Paucina grabamos bastante música, recuerdo que una tarde hicimos catorce canciones, o sea como siete discos, pero solo grabamos con el entusiasmo de que en nuestros pueblos se escuchara la música, nada más." (Entrevista de Lucy Núñez, 10.1.89)

[23] La publicación se titula "La difusión de la música folklórica andina, clasificación de un catálogo" (2012: 465-483) y fue elaborado por el alumno Milton Guerrero en coautoría con Arguedas y publicado originalmente en Cuadernos de Folklore N° 1 de la Universidad Agraria de la Molina en 1967.

rio de Educación Pública, los únicos discos de música folklórica andina que se podían conseguir en el mercado, y muy difícilmente, eran los que RCA Victor había impreso, mucho antes con la intervención del famoso y bastante olvidado arpista ayacuchano Tani Medina. Ese mismo año, la Sección de Folklore había obtenido que el Ministerio adquiriera una buena máquina grabadora "Pesto". No se conocían aún las grabadoras en cinta. Poco después de adquirida la máquina, el eminente profesor norteamericano de Historia del Arte, George Kubler, que dictaba un curso en el Departamento de Etnología, recientemente fundado en la Facultad de Letras de la Universidad de San Marcos, obsequió a la Sección de Folklore cien acetatos matrices de doce pulgadas. Con este material iniciamos una entusiasta labor de grabación de música folklórica, principalmente andina, en el mismo año de 1947... Los años de 1946-50 fueron la "edad de oro" del folklore en los "coliseos" de Lima. Este aspecto de la difusión del folklore: los "coliseos" como medios de difusión del folklore andino, es otro tema importantísimo de estudio. El quinquenio 1946-50 la base del programa de los "coliseos" eran las "Compañías Folklóricas". Las "Compañías" estaban integradas por numerosos aficionados "serranos" que interpretaban danzas y cantos. Los solistas eran raros. Y los más famosos y estimados solistas de canto también formaban parte de las "Compañías". En la actualidad la administración de los "Coliseos" ha convertido a los solistas de canto en los mayores atractivos de sus programas. Hacia 1947, en los Coliseos "Bolívar" y "Dos de Mayo" se presentaban conjuntos de danza y música procedentes de provincias y otros formados en Lima. Con esos conjuntos y sus solistas iniciamos las grabaciones de música folklórica andina. Cuando contamos con un repertorio numeroso y variado, ofrecimos al gerente de la casa Odeon, señor Vicht, una selección de música y canto a fin de que intentara iniciar una especie de "nueva era" del disco de música serrana. Vicht aceptó. Recuerdo que en esa selección figuraban las Hermanitas Zevallos que entonces eran muy niñas y se habían convertido en uno de los mayores atractivos de los dos coliseos ya citados, y el popularísimo y excelente guitarrista y cantante ancashino Jacinto Palacios. Vicht mando a fabricar los discos en Chile y tuvieron una buena e inmediata *acogida. Dos veces más proporcionamos a la empresa Odeon acetatos grabados con música folklórica andina; ante un nuevo pedido, los pusimos en conexión con un señor Calcagno que hacia 1949 ó 50 tenía un gabinete de grabaciones de propaganda comercial. Desde entonces los discos de música serrana empezaron a difundirse de tal modo que, ahora, se ha convertido en una industria nacional poderosa. Existen en Lima ocho fábricas que imprimen un constantemente creciente número de discos de música internacional y folklórica"* (Arguedas, 2012: 466-467; tomo 7).

Con esta experiencia de grabar discos y su análisis en este catálogo, Arguedas traza un mapa determinando "Áreas musicales, aplicables a la clasificación de la música folklórica andina impresas por las fábricas de discos" (Arguedas, 2012: 468; tomo 7).

I.	*Cajamarca y la sierra de La Libertad*
II.	*Ancash, la Provincia de Cajatambo del Departamento de Lima y el Departamento de Huánuco*
III.	*Sierra de Lima (Chancay, Canta, Huarochirí y Yauyos)*
IV.	*Cerro de Pasco*
V.	*Valle del Mantaro, Yauli (Concepción, Jauja, Huancayo) y Tarma*
VI.	*Ayacucho, Huancavelica y Apurímac*
VII.	*Cuzco*
VIII.	*Arequipa*
IX.	*Puno.*

(Arguedas, 2012: 468; tomo 7)

Este trabajo de Arguedas le permite evaluar grupos y cantantes que habían grabado hasta 1967, y le permite sacar algunas conclusiones: "De las 2,668 muestras de música folklórica andina (1334 discos) 2,245 son huaynos, es decir 82%... El número inmediatamente más alto corresponde a la danza Huaylas, original del valle del Mantaro, área III, con 209 títulos" (Arguedas, 2012: 48, tomo7). Agregando también que "Mil cincuenta y dos muestras, o sea el 39.43% del total de discos corresponden al área del valle del Mantaro" (ibid.)

4.2.- Las empresas disqueras

Ya en las décadas del 50 y 60 aparecieron más disqueras con las cuales se grabaron más y más los diferentes géneros, y así se desarrolló la gran industria disquera que a continuación describiremos. Luego de esto, aparecieron variadas formas de producir discos en el Perú, y esto gracias a los diferentes tipos de empresas que se dedican a este negocio. Pero antes intentaremos aclarar, muy brevemente, en que consiste la producción de un disco para tener una idea sobre este tema.

El proceso, en aquella época de la era analógica, se iniciaba en una sala de grabación, en donde se recogía la música en cinta magnetofónica, aquí se le puede hacer ciertos arreglos a las piezas musicales, se puede grabar por partes, se pueden agregar más voces, y en la actualidad se tienen aparatos complejos, comenzando por la mezcladora de sonidos (de acuerdo a la variedad de controles de entrada), efectos de sonido (eco, coro, dilatador), el sistema estéreo que ya es casi una norma impuesta desde hace quince años. En segundo lugar, se realizaba la matriz, que consiste en hacer una especie de molde en donde están diseñados los surcos que serán impresos en el disco. En tercer lugar, se hace el prensado en las placas de acetato y el disco está terminado una vez hecho el corte de la placa para definir su forma. Finalmente debe hacerse la "funda" o sobre para el disco, cuyo trabajo se relaciona con el diseño y las artes gráficas.

En el seguimiento de todo este proceso, hemos podido clasificar a las compañías o empresas disqueras. Unas realizaban todo el proceso al interior de su fábrica; en otras lo hacían parcialmente; como también había de las que solo encargan el proceso a las fábricas. En este sentido clasificaremos a las empresas disqueras en tres tipos: 1) las que realizan todo el proceso, incluyendo la distribución del producto en la tiendas de discos ("Discotecas", Galerías), las llamaremos Compañías Disqueras Grandes; 2) las que hacen parcialmente el trabajo, (ya sea solo la grabación, o el prensado) serán denominadas Compañías Disqueras Medianas, que también se les pueden decir "independientes" porque no están directamente ligadas a conglomerados ni a transnacionales como las anteriores. 3) Y finalmente las que encargan a diferentes fábricas el proceso y sólo agregan el sello distintivo, estas son la Empresas Disqueras Pequeñas; a estas se las puede asociar con lo que algunos llaman informalidad o marginalidad en economía. Los dos últimos tipos de Empresas distribuyen su producto en algunas tiendas de discos de barrios populares y principalmente en kioscos de la Plaza Unión y de la Parada, no llegan a la cadena de tiendas del disco ("Héctor Roca", galerías comerciales etc.). Veamos pues cada uno de estos casos.

4.2.1.- Compañías Disqueras Grandes

Para esta exposición tomaremos dos casos, el de la compañía EL VIRREY y la compañía IEMPSA, las dos únicas que existían hasta el año 1979. SONO RADIO, fue otra empresa grande que ya no existe, (relacionada a COLUMBIA); otra compañía que funcionó en esos años fue FTA (que estaba ligada a RCA Victor) y que desapareció también.

IEMPSA (Industrias Eléctricas Musicales Peruanas S.A.) es una de las empresas importantes, que se inició como filial de ODEON. A esta empresa se le considera como la primera compañía discográfica en nuestro medio. En 1949 ellos hacen las primeras grabaciones como ODEON. Será en la década del setenta donde asumirán la denominación de IEMPSA, esto se puede observar en los discos que editaron en los diferentes períodos.

IEMPSA es parte de un conglomerado internacional que comercia con discos junto a EMI, ODEON y APPLE. Conversando con Ezequiel Soto, funcionario de IEMPSA, nos dijo que hasta 1975 la venta de discos de folklore fue mayor, y que en sus archivos había unos 11,000 títulos, de los cuales 4,000 eran de folklore. Hasta la época del gobierno de Velasco, sería esta compañía la que vendía cerca del 50% de discos de Folklore, pero en la actualidad la venta habría bajado hasta llegar a un 20% respecto a otros géneros como la Salsa, por otro lado, el Rock y la Balada llegan a un 70% en estos momentos.

IEMPSA exportó discos a otros países como Corea, Alemania, Francia, donde existe una cierta audiencia, y en este sentido se sienten satisfechos porque en el Perú las ventas habían bajado por causa de la **piratería** en casete.

La compañía EL VIRREY Industrias Musicales S.A. fue creada en 1953 por tres oficiales de la Fuerza Aérea; grabando inicialmente discos de carbón de 78 RPM, posteriormente vinieron los otros tipos de discos (45 RPM y LPs de acetato). En 1958-59 la compañía se encontraba al borde de la quiebra, por lo cual uno de los accionistas vendió su parte a la transnacional "Philips", con quien, en ese entonces, producía. En los años sesenta —se puede ver aún en algunos discos— el sello "Philips" con subtítulos que decían "producida por Industrias EL VIRREY". En los mejores años para el folklore en disco (64-75) EL VIRREY podía vender más del 55% de placas con títulos de música andina. Hasta diciembre de 1988, esta Compañía tenía en el mercado algo de 300 títulos con música folklórica, la mayor parte en discos de larga duración (LP). Mónica Brener, gerente de EL VIRREY, señaló también que habían exportado discos a Alemania, Inglaterra y Hong Kong, donde habría un mercado para el wayno.

4.2.2.- Compañías Disqueras Medianas

A fines de la década del sesenta aparecen los primeros sellos "independientes", que en su mayoría grabaron temas del folklore, de ellos da cuenta Alejandro Vivanco muy sucintamente: Discos DINSA (Discos Industria Nacional S.A.); Discos TUPAC AMARU; OLLANTA, entre otros (Vivanco, 1973, p.128). El desarrollo de este tipo de producciones se da más en los setenta y con énfasis entre los años 1975-1980.

"Discos del Puerto": En entrevista con Eriberto Ramírez[24], nos manifestó que esta disquera se inició en 1977. El primer disco que grabaron fue una "chicha" ("Paga la cuenta sinvergüenza"); y con el tiempo cambiaron hacia waynos y música "costumbrista". Nos mencionó que había grabado con artistas como "China María", Jorge Bravo, "Los Romanceros de Cashaucro", Miguel Parra, "Los Romanceros de Cajatambo". Y en cuanto a música "costumbrista", tienen en su haber discos con melodías de "Roncadoras", "Shakshas", "Pum Pin". Esta disquera, junto a otra cuyo sello es CHASKI son las que han ofrecido gran variedad del género "costumbrista".

"Discos del Puerto" inició su producción discográfica encargando los procesos a diferentes fábricas, es decir (al igual que el tercer tipo de empresas), solo incluía un sello sobre la funda y la etiqueta, en otras palabras, no tenía implementos para esta actividad. Con el tiempo ad-

---

24 Gerente de esta empresa, es natural de Yungay (Ancash). Se inició vendiendo discos: tenía una "Discoteca" (Tienda de Discos) en Surquillo, en donde han quedado sus hermanos encargados del negocio.

quirieron máquinas prensadoras con las cuales trabajan actualmente; pero carecen todavía de una sala de grabación y sus respectivos aparatos de sonido.

"Discos Universal": dirigido por el señor Sebastián Silva Obregón; quien nos dijo, que una de sus primeras grabaciones fue un disco de 45 RPM, "Los Negrillos de Apurímac", cuyo título corresponde a música "típica" sureña. Una de las características de esta empresa es que toda la familia del señor Silva trabajaba en la disquera, siendo su principal labor la venta de sus productos. "Discos Universal" tenía, además, un programa musical de una hora de duración en radio **Onda Popular,** que les costaba (en diciembre de 1988) 200 mil intis mensuales, y es a través de este programa radial que promocionan su producción musical. "Discos Universal" ha grabado música "costumbrista" de diferentes regiones con violines, arpas y roncadoras. En la actualidad esta disquera tiene una sala de grabación y reproducción de casetes.

En octubre de 1987 moría una gran figura del folklore del centro, Flor Pucarina. Ella había grabado en disqueras importantes como El Virrey, Polidor, Estrella Record, sin embargo, su última grabación fue realizada por una disquera mediana que se inició en esa década: "Discos Chasqui". Si uno observa las grabaciones de esta disquera quedará gratamente sorprendido por la difusión de música que normalmente sale del circuito clásico de las grandes disqueras y del Perú oficial. Por supuesto que tiene también música de consagrados como La Estudiantina Perú y como mencionamos, Flor Pucarina. En efecto, Chasqui en los años 80 puede definirse como una disquera con interés en música que hoy se calificaría como étnica, pues la mayoría de los músicos y cantantes grabados interpretan géneros diversos y prácticamente desconocidos. Hemos rescatado de nuestros archivos tres fragmentos de catálogos de los discos LP, MLP y 45RPM que nos puede ayudar a comprender el interés por la música huanca y de casi toda la región central del Perú, pero la mayoría de músicos y cantantes poco o nada conocidos por el *establishment*.[25]

---

25 Aún hoy se puede hallar algunas de sus grabaciones o remasterizaciones en internet con el sello empresarial Chasqui-Dimaza.

4.2.3.- Empresas Disqueras Pequeñas

"Discos Puquio": El trabajo realizado por Máximo Ledesma, un inmigrante lucanino en los años 70, nos sirve de ejemplo para exponer este tipo de producción pequeña. Él inició esta actividad en 1981. Tuvimos la oportunidad de conversar sobre su empresa y nos dijo: que primero vendía discos de la Disquera "Horóscopo" —y en aquellos años (fines de los '70) promocionaba a conjuntos de "Cumbia Peruana"—; en esta tarea Ledesma viajó a varias ciudades al interior de nuestro país. A partir de esta experiencia, estuvo meditando sobre la posibilidad de producir música andina, Waynos; entonces decidió incursionar en la producción de discos, pues ya había observado "los trucos" para hacer una grabación y su posterior proceso. Así, con Modesto Tomayro, grabaron una primera placa que se tituló "Expreso Etarsa" a cuyos músicos les llamaron "Los Auquis de Puquio" en homenaje a unos personajes de una fiesta tradicional de Puquio. Modesto Tomayro[26] era ya muy conocido en su provincia, había grabado anteriormente con la disquera SONO RADIO cerca de 10 Mini Plays, otros tantos de 45 RPMs, y también un disco de Larga Duración, pero al quebrar SONO RADIO estuvo mucho tiempo sin grabar y es cuando decidieron producir con Ledesma, dando inicio al sello "Discos Puquio", que hasta el momento ha grabado cinco <u>Mini Plays</u> con diferentes grupos y seis 45 RPMs, y a fines de los 80 se había dedicado también a la producción de casetes.

Este es un caso típico de producción que solo se distingue por la inclusión del sello, pues la grabación, el matrizado y el prensado, así como el corte y la elaboración de la funda y etiqueta son encargados a diferentes fábricas que hacen parte del trabajo para el interesado. Máximo Ledesma ha adquirido experiencia y sabe a dónde recurrir para economizar costos al producir un disco; y como ayacuchano se identifica plenamente con la música campesina de su provincia, Lucanas.

A esto hay que sumarle, a hombres de empresa de otras actividades que incursionaron en la producción de discos; casos como "LADY VANESA", una empresa de confección de vestidos, que había grabado con artistas huancas y cajatambinos, que eran promocionados a través de Ra-

---

[26] Modesto Tomayro, cuyo seudónimo artístico fue "Mullicha", fue director del "Conjunto Danzantes de Tijeras", murió en 1985.

dio Agricultura en sus diferentes programas. Don Máximo Alanya nos recordaba también, que "CREACIONES SAN CRISTÓBAL" otro negocio de confecciones, que ha producido discos y tienen un programa de radio "Buenas Tardes Huancayo". También una empresa de transportes, "SANTIAGO JACAY" produjo discos. Lucy Núñez tuvo la oportunidad de conversar con don Aquilino Ramos Nestares, famoso bordador de trajes típicos huancaínos, quien también ha incursionado en los discos, con un sello que lleva el nombre de su negocio de bordaduría: "CATALINA HUANCA", el señor Ramos ha grabado mayormente a orquestas típicas del Centro, él lo explicó así:

> ...Bueno, por mi relación con los bordados, trajes típicos, piden discos, y generalmente los artistas sacan músicas nuevas y como está relacionado los trajes típicos con las orquestas, es la razón por la que estamos haciendo este tipo de grabaciones... (Entrevista de Lucy Núñez, 7.3.89)

En Lima se han producido gran cantidad de discos, con los sellos más diversos, al margen de las grandes compañías. Se puede mencionar entre medianas y pequeñas empresas a VOLCÁN, CHASQUI, PRODISCAR, HORÓSCOPO, etc. Incluso existían aquellas que se identifican con su provincia o región específica, tales como INTI de Qeqa (Ayacucho), discos OSQONTA de Cabana (Ayacucho) y discos ALMERI (Ancash).

Las disqueras medianas y pequeñas se sienten orgullosas de apoyar a los artistas que recién se inician. En este sentido Eriberto Ramírez (DISCOS DEL PUERTO) nos decía "nosotros iniciamos a los artistas como 'amateurs' y ellos con un poco de éxito ya están en condiciones de ser estrellas", y solo así las compañías grandes los llaman, cuando ya tienen cierta popularidad forjada por estas empresas independientes. Máximo Ledesma también contó de casos en que hacía de mánager con los artistas, ayudándoles a comprar sus instrumentos musicales.

4.3.- Los artistas y el disco

El disco de vinilo había reafirmado a artistas andinos en la segunda mitad del siglo XX, así como también generó "estrellas" del canto. Si recordamos la época de los coliseos, donde el espectáculo era organizado por las compañías folklóricas; desde fines de los años cincuenta, estas actividades estaban decayendo y los artistas estaban tomando caminos independientes, entonces el disco ayudó a individualizar a los cantantes. Don Máximo Alanya, uno de los testigos de este proceso nos narró lo siguiente:

> ...recuerdo que hasta 1955 los artistas, solistas, dúos, cantantes, actores, debían pertenecer a una agrupación artística que les daba cabida, que les daba oportunidad; no había proliferación de conjuntos, solistas, como ahora. Las Compañías Artísticas eran las que formaban al solista. Doña Pastorita Huaracina se inició en la Compañía "Huayna Capac"[27]. Como Rosita Salas, como Celinda Salas. El "Jilguero del Huascarán" se inició en la "Compañía Sumaq Tika". Pero a partir de los años 1955, siendo empresario del Coliseo Nacional don César Gallegos, empieza a desmembrar agrupaciones al contratar como solistas a las figuras artísticas, entonces se pierde la hegemonía de la organización, de la formación del artista que debía primeramente a aprender a bailar, luego a cantar e inclusive a ser actor... empiezan a desaparecer las Compañías... (Entrevista de L. Landa. 2.4.89).

El disco no hizo otra cosa que afianzar este fenómeno de surgimiento de "estrellas" y "artistas profesionales". En los años sesenta el "Jilguero del Huascarán" por ejemplo tenía ya contrato exclusivo con ODEON, período en el cual llegó a vender más de 30 mil discos. "Picaflor de los Andes", "Flor Pucarina" y "Pastorita Huaracina" serían las figuras más sobresalientes de esta difusión en discos. José María Arguedas, que estuvo atento a estos hechos escribió varios artículos en la prensa limeña y en la de Buenos Aires (Arguedas, 1977, 1981), donde describe a cada uno de los artistas.

---

[27] María Alvarado Trujillo (Pastorita Huaracina) nos dijo que ingresó por primera vez en 1945 a la "Compañía Atahualpa" siendo director de la misma don Luis Durand. Así mismo, Manuel Acosta Ojeda nos decía que el "Jilguero del Huascarán" fue bailarín en la "Compañía Tahuantinsuyo".

Así, las disqueras grandes tuvieron una serie de cantantes con los cuales habían firmado contratos de exclusividad, atando muchas veces a los artistas a las conveniencias de las empresas, o en todo caso los mayores beneficiados entre los cantantes serían los de mayor fama, mientras que los que recién iniciaban su camino en este ámbito tenían que "esperar su turno". Pero posteriormente muchos de estos aspectos cambiaron con la aparición de las disqueras independientes.

Los provincianos que colmaban las instalaciones de los coliseos entonces tuvieron una nueva alternativa, comprar los discos de sus cantantes favoritos. Se vendía más música folklórica que la criolla en ese entonces; las empresas disqueras a las que visitamos coincidieron en que entre 1965 y 1975 el folklore andino, en especial el wayno, dominó el mercado.

Un segundo aspecto que debemos entender es respecto a la producción de discos realizada por los mismos artistas individualmente. Tenemos casos frecuentes en que los cantantes fueron creando su sello particular y por lo tanto ellos mismos se encargan de vender, ofreciéndolos en sus presentaciones públicas, y también distribuyendo sus discos en kioscos (puesto que las "Discotecas" solo exhiben los discos de las empresas grandes). Esto ocurrió desde fines de los setenta, y a partir de 1980 con más frecuencia. El hecho se debe más que nada a la existencia de gran cantidad de artistas que desean grabar y ofrecer su canto, así como también promocionarse en el mundo del espectáculo y por supuesto obtener mejores beneficios con la venta de sus discos. Floresnillo Flores, Secretario de Actas del Sindicato de Trabajadores de Artistas Folkloristas del Perú, nos manifestaba:

> *Como hay pocas disqueras y pocos empresarios, los asociados acá no quieren ir en contra de una disquera porque no les va a dar trabajo, quiere decir que la oferta empresarial es menos que la oferta del trabajador artístico. Hay más gente que quiere grabar y pocas disqueras, y otra cosa que ocurre es esto: en los años anteriores cada artista tenía su propio sello, tal es así, que se constituyeron en esa época "DISCOS ALICIA" de Alicia Delgado, "SONO SOL" de Mario Mendoza y otros tantos que todavía existen...* (Entrevista de Lucy Núñez, 3.2.89)

Pero también se puede encontrar casos en que las canciones que desean grabar los cantantes son de tipo "Testimonial" o de "Protesta" que las empresas grandes rechazan. Martina Portocarrero, por ejemplo, grabó su primer LP con este tipo de canciones y le puso el sello "RETAMA", puesto que ninguna Compañía de Discos quería grabar estas canciones[28].

El mecanismo que utilizan estos artistas es similar al de las Empresas Disqueras Pequeñas, donde el artista se vuelve también empresario, completando así el complejo sistema de producción y distribución de música a través del disco en nuestro medio.

La baja en la venta de discos generó otro hecho singular, casos en que los artistas tenían que aportar dinero a las empresas disqueras para poder grabar[29]. El gerente de DISCOS DEL PUERTO nos decía que era para correr menor riesgo en la inversión; y otro tanto es que los cantantes o conjuntos tenían que comprometerse también a comprar una cantidad de los discos producidos. Todo esto para permitir recuperar el dinero de la inversión del empresario disquero.

Finalmente, debemos decir que, en aquella época, el artista se sentía plenamente realizado solo cuando había grabado un disco, y si es uno de larga duración mejor. El casete no era suficiente, se planteaban varios argumentos para esto, entre ellos se decía que un disco era más aceptado en las radios; en un disco se podía hallar con mayor facilidad una canción buscada para la emisión radial (el casete demora en este caso). Un disco

---

28 Este fenómeno no es original en el Perú; experiencias similares ocurrieron en la década del setenta en países vecinos. De Brasil informaba Cadernos do Terceiro Mundo: "El iniciador de esto fue Antonio Adolfo —cuenta Chico Mario de Souza— Él tenía varios éxitos grabados y había participado en festivales. Pero después comenzó a sentirse mutilado, sin poder producir como quería, Nadie quería grabar su música. Entonces lo hizo él por su cuenta, luego salió a vender sus discos de lugar en lugar por todo Brasil. Así vendió más de 15 mil discos y creó la conciencia de que era posible romper el boicot de las multinacionales. Otros lo siguieron: Danilo Caími, Luli y Lucinha. Y los secretos del trabajo eran pasados a otros compositores: como hacer la tapa o carátula, en qué estudio grabar, cuantos discos imprimir, dónde y cómo vender. Y así el movimiento se fue expandiendo." (Citado por Fernando Reyes Matta en "Que Hacer" N 17. Lima 1981).

29 Pese a la crisis aguda de las disqueras, en 1989, y el consiguiente efecto en contra de los artistas, no podemos más que sorprendernos que en los primeros días de dicho año, la revista norteamericana "WILBOR" haya ubicado en el octavo lugar entre los éxitos musicales a la canción "PIO PIO" interpretada por la cantante Amanda Portales. Un disco

(LP o Mini Play) eleva la imagen del artista con la fotografía en la portada y las referencias en la funda.

Nuevamente, José María Arguedas nos ofrece un balance muy importante a fines de la década de 1960, sobre los tipos de discos y el consumo según los sectores de la sociedad:

> ...El long play es el disco aristocrático de música folklórica. Está destinado al cliente "serrano" "pudiente", al aficionado instruido y sensible y al artista. El serrano peón, obrero o doméstico no lo compra. Un disco de 45RPM cuesta veinticinco soles, un long play, ciento cincuenta. El long play contiene doce piezas musicales, equivale a seis discos chicos. No es económico y no permite la misma libertad de elección que el disco chico. Además, las piezas verdaderamente populares grabadas en los long play es muy distinta que la del disco de 45 y, por eso mismo, el contenido es diferente... Los primeros long play que fueron impresos contenían el repertorio de una sola orquesta o cantante. En los últimos dos años se han impreso "selecciones" de música andina (de la folklórica y de las específicamente popular) y, finalmente se ha empezado a mezclar en los long play piezas de música criolla y andina. El long play recoge las interpretaciones de los músicos y cantantes más sofisticados, las "sopranos de coloratura", por ejemplo, que retuercen hasta el absurdo las melodías de danzas y canciones de las áreas VI, VII y aún de la IX, pero que no han podido hacer lo mismo con la música que tiene la más vasta cantidad de intérpretes folklóricos, las áreas de Ancash y del Valle del Mantaro; pero también ofrece interpretaciones de guitarristas ayacuchanos tan virtuosos y auténticos como Raúl García y de conjuntos y cantantes igualmente auténticos y preferidos por toda clase de público, como el "Picaflor de los Andes" del valle del Mantaro, la "Pastorita Huaracina" de Ancash o "La Lira Paucina" de Ayacucho... (Arguedas, 2012: 469, tomo 7).

Con este testimonio queda claro el desarrollo de los géneros andinos y su lugar en el mercado, esto es, un consumo muy grande que muchas veces no es percibido si se ven solamente desde intereses distorsionados y de aquellos que solo ven lo importado como único panorama.

4.4.- Los artistas y la radio (los radioprogramadores)

Luís Pizarro Cerrón iniciaba casi solitariamente la locución radial en los años cuarenta con programas abiertamente de música andina, desde aquella época a la actualidad han cambiado mucho las cosas. En los años de 1970 a 1990 varias emisoras de radio tenían algunas horas de su programación con música del folklore. Pero a partir de finales del setenta, no solo locutores conducen programas de radio, sino también los mismos artistas se convierten en conductores de programas folklóricos. Por ejemplo, en 1972 la "Pastorita Huaracina" tenía su programa en RADIO AGRICULTURA; "Picaflor de los Andes" y "Jilguero del Huascarán" llegaban a través de las radioemisoras a miles de inmigrantes provincianos en Lima y muchas veces a nivel nacional. Alejandro Vivanco opinaba sobre esto: "...algunos de estos artistas populares tienen acceso al uso de micrófonos de radios para conducir programas de tipo folklórico. Además, se forma una aureola en torno a su "pseudónimo artístico que exalta y supervalora." (Vivanco, 1973, p.40.)

Y en la actualidad vemos otro fenómeno interesante en la radio, el folklore andino esta sostenido en base a un pago que hacen los radioprogramadores (artistas y locutores) a las radioemisoras por las horas que ocupan el estudio en difundir música de la sierra; los dueños no hacen más que alquilar el equipo a estos <u>conductores</u> de programas. Este hecho se ha dado por llamar "sistema de concesiones". Edwin Montoya, cantante y radioprogramador, nos decía que el Folklore se mantiene a sí mismo, los intérpretes tienen que hacer esfuerzos por mantener una hora de música en las radios[30]. Era una situación diferente en los programas con música extranjera, donde la radio sí pagaba a los *disc-jockeys* por el trabajo diario que realizaban (con salsa, rock, música hispana o balada).

La idea que podría considerarse como un gran avance es que se tenga gran cantidad de programas de esta naturaleza, y que las radios estarían apoyando al folklore; no obstante, esto se desvanece lamentablemente ante el hecho de que a los dueños de las radios no les cuesta prácticamente ni un céntimo el que existan waynos en sus emisoras; es más, al contrario, son los beneficiados con esta difusión. Es pues una reivindicación muy costosa.

---

30 Un estudio sobre la realidad de las radios en el Perú es un texto publicado por el CEPES en 1987, RADIO Y COMUNICACIÓN POPULAR EN EL PERÚ.

Mirando desde otro ángulo Eriberto Ramírez de DISCOS DEL PUERTO, señalaba que todos los programas folklóricos en la radio están comprados, ya no se puede llevar un disco como antes para que se promocione en la radio, los conductores les dicen "tienes que matricularte"[31], y los cantantes que tienen programas dedican la mayor parte del tiempo de la radio a promocionar sus propios discos.

¿Y cómo sostienen los radioprogramadores estos espacios en la radio en los años ochenta? En primer lugar, había aquellos que eran auspiciados por instituciones provinciales; luego se recurría a la propaganda de pequeños negocios de amigos, a los pequeños talleres, comerciantes, etc. quienes pagaban cierta cantidad de dinero por el "comercial". Pero luego esto se dificultaba también y no era posible mantener el espacio solo con este aporte. Entonces recurrían a organizar "parrilladas", "festivales", "fiestas sociales", "corridas de toros", etc. para cubrir el costo, y esto conllevaba una serie de hechos interesantes, como que los locutores fueron ideando formas de reducir gastos en estos festivales, por ejemplo, con el aporte gratuito de los artistas, con quienes se llegaba a un acuerdo: a cambio de difundir la música de un cantante, éste participaba gratuitamente en el festival del locutor (a lo más le cobrará el pasaje); esto ha sido calificado por algunas personas como una explotación al artista. Pero también debemos mencionar que hay cantantes con cierta fama, a los cuales necesariamente si se les pagaba. Esto era una especie de inversión necesaria para el organizador del festival; se contrataba a uno o dos artistas con "cartel" para realizar el espectáculo ("levantar", "jalar a la gente") y el resto de la actividad era sostenida por los "artistas amigos".

4.5.- La piratería en casetes

A partir de los primeros años de la década del ochenta (1982-1983) surgió el fenómeno de la "piratería en casetes" en el Perú, esto consistía en copiar las canciones de un disco de vinil o casete original, que habían sido editadas por las compañías disqueras. Este caso, es considerado un delito según las normas jurídicas; pero encontramos que también es un negocio rentable por lo cual muchos se dedican a esta actividad. De una sola copia pueden sacarse miles de casetes para venderlos más baratos que el original, puesto que no se paga impuestos, ni derechos de autor;

---

31 Se refiere a que los radioprogramadores les piden dinero por difundir sus discos.

los casetes en blanco o vírgenes se conseguían a precios bajos debido al contrabando, entonces el "casete pirata" costaba, muchas veces, menos del 50% comparado con el original.

Otra de las "ventajas" del "pirateo" y su aceptación por parte del público, es la posibilidad de seleccionar la música de varios intérpretes, "al gusto del cliente" dirán los "piratas", de manera que un comprador ya no se inclinará por uno original, debido a que tal vez una sola canción sea la que le agrade, y tendría que comprarlo solo por esa canción, mientras que en un casete "pirata" las canciones pueden ser escogidas. Existe pues una demanda de casetes en el Perú a raíz de la popularización de las radiograbadoras que han llegado "hasta los últimos rincones de nuestra patria", por lo tanto, los "casetes piratas" van a cubrir gran parte de esta demanda.

Uno de los obstáculos que se suponía tenían los "piratas de casete" es la fidelidad de sonido al copiar una grabación; las empresas disqueras decían que la grabación original estaba en mejores condiciones; pero actualmente los "piratas" también se han familiarizado con la tecnología, ya no es extraño que éstos tengan grabadoras sofisticadas (para mejorar sonidos y reducir ruidos), no tienen mucho que envidiar a las disqueras, es más, con la ayuda de los "ecualizadores" (aparato que ya es de uso doméstico) pueden arreglar incluso algunos defectos en la grabación original, y estos "piratas" poseen pues ecualizadores profesionales (32 bandas, v.g.). Pero el logro más alto de los "piratas" es tener copiadoras rápidas de casetes que pueden reproducir la música de un casete en dos minutos por lado, gracias a este aparato pueden inundar el mercado con mucha facilidad. Indudablemente esto es parte de lo que se considera marginalidad, en términos de la economía.

Los intentos para combatir esta desleal competencia han sido desde los legalistas como la intimidación con aplicación de sanciones penitenciarias a los que incurran en esta actividad, hasta los que proponen que todo casete (virgen) que se venda debería incluir un impuesto por derecho de autor; pero como no se puede saber de antemano si un casete será utilizado para grabar música o para otros fines (como el periodismo, la ciencia y otros campos que no tienen que ver con la música), no ha progresado esta idea. En el Perú, salvo las "batidas policiales" esporádicas, no se ha afrontado este problema; las leyes están escritas pero la realidad se impone.

5.- *Arquetipos generacionales en la música peruana*

Parecida a otras artes, la música también tiene ciertos modelos de ejecución o técnicas, además de características identificatorias que empiezan a impactar a sus seguidores; en algunos casos se instituyen ciertos prototipos que revolucionan un movimiento y se proponen nuevas formas en la interpretación de las canciones y melodías. Se trata pues de la difusión de esquemas que han de repetirse en determinados círculos y a veces en varios lugares. Este fenómeno fue ampliándose en el siglo XX gracias a la difusión radial y en algunos casos gracias al acceso a otros medios de difusión. Ocurre también que ciertos estratos sociales pueden influir al articular sus experiencias entre las ciudades grandes y pequeñas. Esto se puede ejemplificar cabalmente en los años veinte con el Movimiento Indigenista que dejó semillas en maestros e intelectuales y en este caso en la música. Luis E. Valcárcel relata en sus Memorias la forma como organizó la "Misión Peruana de Arte Incaico":

> ...Cuando en 1923 llegó al Cusco el doctor Roberto Levillier, embajador argentino en el Perú y prestigioso historiador, organizamos una función especial. En esa ocasión hubo un gran despliegue de danzas, música, teatro y declamaciones, que impresionaron gratamente al diplomático argentino. Fue tal su entusiasmo que me solicitó organizara lo que en principio me pareció una empresa que escapaba a nuestras posibilidades: una embajada artística que ofreciera en Buenos Aires una muestra de arte incaico. Durante algunas semanas me encargué de buscar el mejor elenco posible: músicos, poetas declamadores, danzantes, cantantes, etc., todos verdaderos intérpretes de nuestro arte vernáculo. Pese a que se nos negó el indispensable apoyo, al poco tiempo nuestro grupo estaba listo para partir. Fue así como se organizó la Misión Peruana de Arte Incaico, de la que fui director... (Valcárcel, Memorias, p.218)

Esta época que narra Valcárcel es cuando se inicia también la creación de los "fox incaicos" que van a marcar esquemas de grupos y modalidades de ejecución que van a subsistir casi todo el siglo XX[32]. Entre los modelos para organizar la interpretación de la música de aquella época, tenemos también la experiencia de las Estudiantinas y de los Conjuntos constituidos por violines y guitarras (algunas veces incluyendo quenas) que tendrán como repertorio composiciones como "El Cóndor Pasa" de Daniel Alomía Robles, "Punchawnikipi" de Baltazar Zegarra, entre otras. La característica de estos conjuntos es la gran variedad de sus repertorios, van desde valses, yaravíes, fox incaicos, tristes, marineras y waynos por supuesto. Veamos algunos ejemplos.

En ciudades pequeñas del sur, Ayacucho, por ejemplo, un documento como *La Monografía de Parinacochas* (1950) consignaba la presencia de dos conjuntos que tenían estas características: La primera, Centro Musical "Los Andes", fundado el 9 de diciembre de 1946, donde destacaban dos violines ejecutados por el Sr. Roberto Andrade y Filiberto García Cuéllar, y con las guitarras los señores Celso Villanueva, Jorge Ibarra y Eulogio Taipe. El segundo conjunto de la misma época, Estudiantina de la Sociedad Obrera Fraternal Coracora, según nos cuenta uno de los fundadores, fue a iniciativa de dos socios que eran ebanistas (Aquilino López Navarro y Andrés Benites Ríos) que obsequiaron dos guitarras y una mandolina, a partir de allí se instituyó el Conjunto en Asamblea de Socios, el cual estaba integrado por los señores Zenón Tineo Pariona (primera guitarra), Samuel Tineo Pariona, Federico Oré Benites (segundas guitarras), Policarpo Miranda Chuqui (primer violín), Gerardo Andrade (segundo violín), Ladislao Landa Romero (mandolina), Leoncio Landa R. (Charango). Estos conjuntos tenían el repertorio inaugurado por los músicos indigenistas, además de las canciones del lugar de origen[33].

Un modelo grupal más influyente a nivel nacional fue posiblemente el Conjunto Atusparia de Ancash, que representó una especie de síntesis de toda esta etapa para su región y también para todo el Perú; este grupo tuvo a bien difundir sus interpretaciones a través del disco y la radio, y como se dijo ya, su aporte fue el introducir el bandoneón en la música andina. El estilo de sus canciones, los giros melódicos, las "caídas", los

---

32 Zoila Mendoza-Walker ha investigado para el caso cusqueño en su libro, *Creating our own*, Duke University Press, 2007.

33 Mi padre, Ladislao Landa Romero, me alcanzó esta información en una carta (8/4/1990), cuando le pedí que me relatara las actividades musicales de mi pueblo.

liga pues a ese universal toque de las estudiantinas diseminadas a lo largo de nuestra serranía; como ejemplo de la amplitud de su repertorio vamos a reproducir algunos títulos de sus canciones editadas en dos discos[34]. El manejo variado de géneros hace del Conjunto Atusparia uno de los más representativos de esta música, mezcla de una imagen regional e indigenista, donde, danzas, valses, chuscadas (waynos), marineras, etc. nos hacen ver que ellos son uno de los pilares para las posteriores generaciones que surgieron a manera de estudiantinas típicas.

El Conjunto Evocación Huanta en Ayacucho viene a ser también uno de los grupos que pertenecen a esta generación de músicos versátiles que combinaron variados géneros, siendo el violín mestizo la característica fundamental. Hemos tenido la ocasión de escuchar dos discos de larga duración de este grupo, de los cuales vamos a señalar que la primera grabación estuvo dirigida por el violinista Raúl Arroyo Lira, en donde se presentan más canciones ayacuchanas (Disco: HUARPA, L.P. 001), y el segundo bajo la dirección del violinista César Meneses (violinista de la Sinfónica Nacional) (Disco: PHILLIPS Y-PHN 6453019.0 stereo, (P) 1981).

5.1.- La generación del acordeón

La introducción del acordeón en la música andina debe rastrearse entre los cusqueños y puneños. Jorge Núñez del Prado, integrante del grupo Los Campesinos en una de sus presentaciones en el Programa Corazón Serrano (Canal 7) en los años 80, señalaba que en su juventud este instrumento era muy popular en el Cusco, y sería una especie de continuidad del Pampa Piano (o piano portátil) asociado a las canciones

---

34 En el LP "CHOLITA COLOR DE ROSA, *Conjunto Ancashino Atusparia*, se puede apreciar las siguientes canciones: **Lado A**: Sufriendo estas (Vals) / Ambas cordilleras (Chuscada) / Lucerito (Chuscada) /Amor Sublime (Chuscada) / Cholita Color de Rosa (Marinera) / **Lado B**: Tragedia en Ancash (Vals) / Quizás algún día (Chuscada) / Caminito carretero (Chuscada) / Lamentos de Atahualpa (Danza) / Linda Huarupampina (Chuscada) / Salud Huaraz (Marinera). (IEMPSA líder ELD 2166 STEREO). En un segundo disco "ACUARELA DEL ANDE: *Conjunto Musical Atusparia"*, el repertorio es: **Lado A**: Para todos hay mañana (Chuscada) / La huaracinita (Chuscada) / Melgar (Vals) / Celosa (Chuscada) / El pajarillo (Triste) / Al pie del Huascarán (Marinera) / **Lado B**: Las andinas (Chuscada) / El zorro (Chuscada) / Punchayniquipi (En tu día) (Vals) / La Virgen que adoro (Chuscada) / La pampa y la puna (Canción) / El norteño (Marinera)" (ODEON, LD 1449).

religiosas católicas. Esto indica una familiaridad entre los cusqueños con instrumentos de teclado como parte de la tradición, y como componente de los instrumentos para interpretar música andina. A propósito de teclados, habría que considerar también a don Juan Maguiña (director del Conjunto Atusparia) excelente ejecutante del bandoneón que adaptó este instrumento para melodías andinas. En definitiva, el acordeón llega al disco con fuerza en la década del sesenta con la interpretación de Los Campesinos y la magistral ejecución del citado señor Jorge Núñez del Prado. Por otro lado, hacia fines de la década del sesenta en la región sur de Ayacucho se escucha la ejecución de otro sureño: Félix Bendezú, integrando el Conjunto Los Heraldos. Y en esta misma época aparece el más virtuoso de los acordeonistas en el género wayno ayacuchano: don Carlos Herrera Alfaro como integrante del Conjunto Los Puquiales.

Con esta experiencia precedente no había dificultades para que la siguiente generación de músicos se acostumbre a este nuevo sonido y luego desarrollara hasta llegar a un modelo o estilo que va a ser definitivamente el sello de estos tiempos, en cuanto al wayno: los conjuntos con acordeón, violín y guitarras, que se convierten en los marcos musicales de cantantes durante estos últimos años. El grupo Estudiantina Perú de Huancayo podría considerarse una especie de síntesis de este movimiento durante los años 70 y 80. La Estudiantina Perú ha unido las melodías ayacuchanas con los giros y las "caídas" de la música huanca. Como ejemplo podemos remitir a canciones tan populares en el repertorio andino como son "Adiós Juventud", "Forasterito soy", "Águila negra", etc. Estas canciones que mencionamos se familiarizaron grandemente al oído de los guitarristas y músicos ayacuchanos. No obstante, La *Estudiantina Perú* es mucho más conocida por sus arreglos de las canciones huancas, lo cual permitió a la vez una especie de puente musical entre Ayacucho y Junín, e hizo sobre todo que los ayacuchanos ejecuten con más facilidad las canciones interpretadas por orquestas de saxo.

En efecto con la presencia de la Estudiantina Perú se perfila una modalidad que ayudaría a entender el concepto de arquetipo, tal como lo quiero utilizar aquí. De este modo, deberíamos decir también que el acordeón y el violín han ayudado a "simplificar" las melodías de estos pueblos. Cabe recordar que la Estudiantina Perú bajo la dirección de Francisco Leyth Navarro se convirtió en un modelo de ejecución de las melodías andinas. (Puede escucharse en los discos: "Sentir de mi Pueblo"

Estudiantina Perú, IEMPSA-Líder ELD 02.06.508 stereo. Y "Caminito de Huancayo" Estudiantina Perú, IEMPSA Líder ELD 02.06.715 stereo). Cuando la Estudiantina Perú dejo de actuar, quedaron una pléyade de artistas que constituyen el acompañamiento natural de muchos cantantes solistas, estos grupos de orquestación básica ahora se denominan "Marco Musical" que los vamos a analizar en el siguiente acápite.

5.2.- La estandarización de la música

Si bien es cierto que desde la "época de oro del folklore", es decir desde los años cuarenta, donde se desarrollaron las compañías folklóricas, se tenía la presencia de grupos de músicos que acompañaban a los cantantes y por supuesto también a las danzas; luego de aquella época empezó a variar, de modo que los instrumentistas organizados en grupos comenzaron a identificarse como "Marcos Musicales". La característica de estos músicos fue que se especializaron en acompañar a ese numeroso grupo de cantantes que se presentaban en diversos escenarios. Un Marco Musical estaba constituido, generalmente, por dos guitarras, un acordeón, un violín y en algunos otros casos incluyen un cajón. David Sandoval cuando integraba "Los Bordones del Perú" me comentaba, por ejemplo:

> ...ellos (los músicos) han estudiado, ellos se han hecho de una caseteca, de una discoteca, en la cual están los discos de la Pastorita Huaracina, diez LPs, diez de este, diez de Edwin Montoya, Bertha Barbarán, del Indio Mayta, entonces escuchan y sacan igualito, pero como te decía siempre poniéndole la característica personal... (Entrevista de L. Landa. 8-11-1989).

Como se puede apreciar, ocurre una especie de universalización de ciertos modos de acompañamiento, de esta manera, algunos músicos comienzan a transitar en varias modalidades de música andina peruana y habrían logrado cierta capacidad para ejecutar waynos de Ancash, Ayacucho, Puno, Cusco y Cajamarca entre otros; estos músicos para acompañar a los diferentes cantantes tuvieron que dedicar un tiempo a estudiar algunas características básicas de las músicas regionales para acompañar en distintos escenarios e incluso en grabaciones de discos, por lo tanto se convirtieron en elementos indispensables en los espectáculos, ya que un artista como Nelly Munguía, Bertha Barbarán o Edwin Montoya iban solos a sus actuaciones, de manera que estos "Marcos Musicales" estaban listos para el desfile de los artistas que habían sido programados, y también para los que participaban en forma imprevista. Por cierto, los repertorios de los artistas más conocidos fueron muy populares, entonces bastaba indicar el tono en que se cantaría y se iniciaba con cualquier improvisación (por lo general con el segundo fraseo de una canción). En los años de 1970 y 1980, la mayor parte de estas actuaciones se realizaban en Peñas, los domingos en Estadios Deportivos y así en un sinfín de lugares. Además, había que tener en cuenta que la mayor parte de los artistas no tenían previstas las condiciones del espectáculo, por tanto, a veces se improvisa el escenario y el equipo de sonido. En la mayoría de los casos no había ningún ensayo previo (muchas veces ni en los camerinos, los instrumentistas se limitaban a "seguir" la voz del cantante en los acordes clásicos de los waynos o cualquier otro género nacional).

Estos Marcos Musicales estaban dirigidos, generalmente, por una persona con cierta experiencia, en aquella época era reconocidos como "maestros", por ejemplo, Ebert Álvarez Salinas dirigiendo al grupo Tradiciones Peruanas, Máximo Barraza a la cabeza de Los Bordones del Perú, pero también en calidad de maestros estaban el señor Víctor Angulo, y en años pasados guitarristas como Antonio Gutiérrez Cateriano y Juan de Dios Rojas. Estas personas se encargaban de reunir al resto de músicos.

Había una cierta lógica en este modo de actuación de los artistas: la existencia de los "Marcos Musicales" se debía a criterios básicamente económicos, pues los organizadores de espectáculos intentaban ahorrar, pues sería demasiado costoso la presentación de varios cantantes con sus respectivos músicos, habría que pagar a cada uno de los músicos que asisten a estos eventos, por lo que optaron por contratar a un solo grupo de instrumentistas que tenga la habilidad de acompañar a todos los cantantes posibles.

5.3.- Los marcos musicales y las grabaciones

Ahora los "Marcos Musicales" no solamente se limitan a las peñas y a los estadios, sino que también tienen un papel importante en la grabación de discos y casetes, estos músicos son un complemento imprescindible para los cantantes en las Salas de Grabación.

Así pues, estos maestros han llegado a ser indispensables en la producción de discos, ellos juegan un papel importante en la grabación de música folklórica, puesto que esa gran cantidad de cantantes vernáculas que actúan como solistas requieren del acompañamiento de músicos y para ello tienen que recurrir a dichos maestros. Cuando observamos los discos varios de ellos están mencionados como parte del elenco musical y otras veces en calidad de "apoyo" o "refuerzo": Por ejemplo, mencionaremos a Enrique "Tani" Durand, quien está anunciado apoyando al Trío Sarasara (Ayacucho); acompañando al Conjunto Sol Andino de Pachaconas (Apurímac). Víctor Angulo, guitarrista ayacuchano acompañando también al Conjunto Sol Andino de Pachaconas, al Conjunto Los Chancas de Apurímac (Apurímac), al Trío voces de Huamanga (Ayacucho), a Edwin Montoya (Ayacucho). Ebert Alvarez Salinas, violinista ancashino acompañando a Isabel Gamboa (Ayacucho), a Pastorita Huaracina (Ancash).[35]

5.4.- El wayno en parranda

Es interesante observar también algunos procesos que conllevan la transformación de la música en los ámbitos comerciales citadinos. La posibilidad de intercambio de experiencias entre instrumentistas en el ámbito urbano limeño está expresada de manera elocuente en la grabación de discos; estos músicos que muchas veces son originarios de diversos departamentos se encuentran en Lima, en donde participan en diferentes eventos y a la vez procuran realizar algunas experiencias con algunas grabaciones de tipo exclusivamente comercial. Se trata de discos que ya no representan la voz identificatoria de un cantante, ni de un grupo. Se trata de la grabación de un *mix* de waynos y algunos otros géneros para ser escuchados en algunas fiestas o eventos, esta forma de grabación fue reconocida como Parranda (y es calificada también como Popurrí).

Esta música comercial en los años setenta, especialmente la denominada Parranda[36], influyó en las disqueras y en los músicos que estaban

---

35 En el Apéndice puede observarse un cuadro sobre el papel de algunos de estos músicos en las décadas de 1970 a 1990.

36 La Parranda fue otro modo de hacer música comercial en el Perú, que ocurrió en otros géneros también y fue difundida por músicos como Fredy Roland, "Los Pakines", la

ligados a ella, pues comenzaron a editar en esta forma los waynos de diferentes regiones, todos ejecutados por un solo grupo, tan es así que las disqueras El Virrey, IEMPSA y CBS han presentado este tipo de grabaciones (jingles). Todas las canciones que se anuncian en la funda de sus discos han sido grabados de la siguiente manera, según se puede leer en alguna de ellas: "en cuya instrumentación se incluye el órgano electrónico y la guitarra eléctrica, empleándose además el acompañamiento convencional de saxos, mandolina y ritmos" (texto de la contra-carátula del LP)[37]. Son pues, músicos y cantantes que fueron contratados para grabar una mezcla o mosaico de huaynos (y algún otro género andino) bailables, sin importar el artista.

El tercer disco que fue editado en 1976, en donde podemos conocer a los músicos que participaron en la grabación, detalle que no se incluía en las anteriores grabaciones, pero además ya no son solo instrumentales, ahora incluyen voces con la presencia de conocidos cantantes: "intervienen en él por primera vez un coro formado por intérpretes... como Yolanda Roque Dávila, Trinitaria del Valle, Amanda Portales, "La novia de Junín", Nicolás Antialón del dúo Los Soberanos... Cabe mencionar a

---

Orquesta de los "Hermanos Silva", quienes grabaron grupos de canciones que tenían una duración amplia, incluso toda una cara de un Long Play sin parar, para que fuera utilizada en las fiestas interminables.

37 Virrey ha producido tres discos de larga duración con música de waynos clásicos, para una idea más acabada vamos a transcribir el repertorio de cada disco: "FIESTA ANDINA, Conj. Fiesta Andina" **lado A**: Vida de mi vida (D.R.) / Mi dulce amor (Anón León Velis) / Sacsayhuaman (D.R.) / Tu abandono (D.R.) / Choclito verde (D.R.) / Pirispispischa-Huancavelica (D.R.) / **lado B**: Dos Cervezas (Zenobio Dagha) / Airampito (Emilio Alanya-Esteban Palacios) / Prenda querida [sic] / El obrero (D.R.) / Mantarana (D.R.) / 24 de Junio (D.R.) / Esquinita linda (D.R.) / Profesorita (Wilfredo Quintana) / Chuquibambinita (Gilberto C. Fernández) / Solischa (D.R.) / Un pasajero en el camino (Víctor A. Gil) / Mi Junín (D.R.) / A los filos de un cuchillo (D.R.) / Linda puneñita (D.R.) (Disco: Virrey - VIR. 881-stereo s/f). El segundo LP también trae waynos "tradicionales que fueron rotundos éxitos que nunca pasan de moda", veamos: "SIGUE LA FIESTA ANDINA, Conjunto Fiesta Andina: **lado A**: Linda Andahuaylina (D.R.) / Caminito de Huancayo (D.R.) / Maldito amor (D.R.) / Sencillo poncho huancaíno (Aurélio Miranda, huaylas). / Mala malita mala (D.R.) / Corazón mañoso (Andrés Córdova M.) **lado B**: Huarancayo de mis penas (D.R.) / Totora Verde (D.R.). Pucarinita (D.R.). / El cabrero (D.R.). / Despertar (D.R.) / Ripuy ripuy (D.R.). / Kukuli (Wilfredo Quintana). / Pasión de mujer (D.R.). Cadenita de oro (D.R.). / Te quiero (Jorge Núñez del Prado). / Huancayo tierra querida (D.R.). / Fatal destino (Wilfredo Quintana). / Vaso de cerveza (D.R.). / Trebolcha (D.R.). / Papá corazón (P. Gutiérrez). El viajero (Wilfredo Quintana). (Disco: Virrey VIR--934--stereo, [0000934.2], (P) 1974).

Jorge Núñez del Prado (de Los Campesinos) en el órgano electrónico; Julio Rosales en el saxo" (Presentación del L.P)[38]

IEMPSA no se quedó atrás y continuó con este estilo de trabajo, y en 1982 produjeron "Llévame a tu Fiesta: Pichincucha y su Conjunto Farra Folklórica" que, a diferencia de otra compañía disquera, no incluyeron instrumentos electrónicos para la ejecución de la música, sino que, mantuvo los instrumentos tradicionales del wayno; la dirección como se pude advertir estuvo a cargo del guitarrista apurimeño Manuel Silva Solórzano (Pichincucha)[39]

La Compañía CBS también incursionó en esta modalidad; esta vez organizado y dirigido por Gilberto Cueva Fernández, arequipeño e integrante del Trío Los Errantes que editaron en 1984 un LP, "24 huaynos con amor: Los Románticos del Huayno" que al igual que Silva Solórzano (de IEMPSA) no incluyeron instrumentos electrónicos en la ejecución.[40]

---

38 Este tercer disco "SÚPER PARRANDA ANDINA, Conj. Fiesta Andina, cuyas canciones son: **lado A**: 1.- Poutpurrit de huaynos: Cholito cordillerano (D.R.). Cruz de hojalata (D.R.). Adiós pueblo de Ayacucho (D.R.). Pañuelito (Wilfredo Quintana) / 2.-Poutpurrit de huaynos: En una cantina (Flavio Cuba). Prenda querida (D.R.). Amada mia (D.R.). Chihuaquito (D.R.) / 3.- Poutpurrit de huaynos: Rio Santa (D.R.). Deja la rosa en botón (D.R.). Desde lejos (D.R.). Amor herido (A. Rivera Tica). **lado B**: Ojos hechiceros (D.R.) / Jauja (Juan Bolívar) / Retamita (D.R.) / Normal de Chupaca (Leonor Chávez R.) / La paca paca (V. A. Gil) / Maldita pasión (V. A. Gil). (Disco: Virrey. VIR-993 stereo [0000998.8], (P) 1976).

39 El repertorio de este disco "LLÉVAME A TU FIESTA, *Pichincucha y su Conjunto Farra Folklórica"*, es: **lado A**: 1.-Interesada (Wilfredo Quintana) /Amapola waytita (D.R.) /Mavu sonido (D.R.) /Ingrata tortolita (D.R.) /Mi gran Apumarca (Manuel Silva Solórzano). / 2.-Corazón mío (D.R.) / Ay amorcito por qué? (Manuel Silva S.) / 3.-Imaparac urpi (D.R.) /Caminito de Huancayo (Luis Pizarro Cerrón) /La mujer más bella (D.R.) / Nuestra casita (D.R.) /Casarme quiero (Zenobio Dagha) huaylas. **lado B**:1.-Cholito cordillerano (D.R.) / Porque pues negra del alma (D.R.) / En una cantina (Flávio Cuba) / Rio Santa (D.R.) 2.-Aguacerito cordillerano (D.R.) / Vuelve pues palomita (D.R.) / Malagradecida (Félix Bendezú Gómez) / Corazoncito (D.R.). 3.-Flor de romero (D.R.) / Encantadora (Jaime Guardia) / Adiós vidita del alma (D.R.) / Cuculí madrugadora (D.R.). (Disco: IEMPSA-lider. ELD. 02.06.1023, estéreo) (P) 1982).

40 Disco "24 HUAYNOS CON AMOR, *Los Románticos del huayno"* **lado A**: 1.- Quiero ser feliz (Carmen Pizarro Rojas) / Falso amor (Félix Beridezú) / 2.-Sufrir y llorar (D.R.) / Gentil gaviota (D.R) / 3.-Pajarillo carcelero (D.R,) / Noche triste (D.R.) / 3.-Chuquibambinita (Gilberto Cueva Fernández) / Llanto por llanto (Gilberto Cueva Fernández) / 4.-Palomita Kukuli (Wilfredo Quintana) / Ruega por mi (Ernesto Camasi) / 5.-Asesina (Wilfredo Quintana) / Ojos culpables (Gilberto Cueva Fernández). **lado B**: 1.- Palomita encantadora (D.R.) / Tiranía (Antonio Alarcón) 2.-Ángel de mi vida (D.R.) / Vivir el

El elenco musical fue consignado a Víctor Angulo, Serapio Barrientos, Miguel Sulca, Enrique Durand, Luis Cansino, Kukuli del Perú, Rolando Gonzales, Geni Francisco Sulca, Ramón Siu Rojas, Carlos Pacheco, Soledad Puro Corazón. Dirección: Gilberto Cueva Fernández. (Disco: CBS. Columbia, S.E. 8647; (C) y (P) 1984 CBS/Perú).

En 1987 la disquera El Virrey, de nuevo retomó esta forma, pero ahora con más cambios en la instrumentación; éste fue uno de los proyectos más atrevidos de esa época respecto al wayno, en su forma más comercial, porque ha provocado diversas reacciones entre los músicos y también en el público. En la presentación del disco anuncian:

> *En la producción de este disco se utilizaron los últimos adelantos técnicos llegados al Perú: para la percusión se grabó con una batería electrónica "LIN", los sonidos de viento y efectos logrados con un sintetizador DX 7 YAMAHA y un emulador MI-RAGE-ENSONIO programable en disquetes, para el bajo electrónico se utilizó el efecto llamado ROCK-MAN BASS, para las voces se utilizó el AURAL EX-CITER, Multiefectos SPX-90 YAMAHA, DELAY DI-GITEC y EQUALIZER SPECTRUM. La mezcla de esta grabación fue hecha con sonido panorámico y Ecualizador Gráfico "ASHY". (Presentación en la contra-carátula del Disco).*

Los músicos y técnicos que realizaron esta grabación fueron Walter Ojeda (a cargo de la programación de efectos de sonido); la ejecución de estos sofisticados instrumentos musicales fue hecha por Juan Falcón Huari; las voces fueron ejecutadas por Nicolás Antialón, Walter Sánchez Yauricasa. Wilfredo Quintana (de Los Campesinos) estuvo en la dirección y producción, como también en las voces.[41]

---

presente (Bernardo Melgar) / 3.- Un pasajero en el camino (Víctor Alberto Gil) / Maldita pasión (Víctor Alberto Gil) / 4.- Huérfano pajarillo (D.R.) / Automóvil rojo y blanco (D.R.) / 5.-Me recordaras (Edwin Montoya) / Corazón amoroso (D.R.) 6.- El Bohemio (D.R.) / Patito (Plinio Mogrovejo).

41   Este disco, "20 SÚPER. HUAYNOS" tiene: **lado A**:1.-Dile (D.R). Gorrioncito (Víctor A. Gil) / 2.-Adiós pueblo de Ayacucho (Tany Medina) /Llaullillay (Graciano Puente

Los nombres de los Conjuntos que se anuncian en estos 6 LPs que hemos descrito han sido "inventados" solamente para grabar, pues aparte de ese momento nunca se han presentado en público en ningún escenario, es decir, fueron creados por las disqueras para fines exclusivamente comerciales, y como ya se ha visto, con el objetivo de "hacer bailables" todas las canciones que se han incluido. Por otro lado, se puede apreciar también, que los músicos son parte del círculo de instrumentistas que trabajan como "Marcos Musicales" tanto en espectáculos como en grabaciones.

De otro lado, tenemos a la vista una producción hecha en 1988 por uno de los "Marcos Musicales" más famosos en nuestro medio, Los Bordones del Perú, gran parte de su actividad era acompañar a los cantantes en diversas actuaciones y como corolario de este trajín grabaron en la disquera El Virrey un LP, "Destino Culpable", donde también continuaron con esta forma de trabajo de reunir waynos de varios departamentos.[42] Los integrantes de este grupo se ordenan de esta manera: "Violín: Máximo Barraza M., Acordeón: Daniel Buleje, Guitarra y Bajo: Tani Durand C., Guitarra: Demetrio Durand C., Guitarra y Guitarrón: David Sandoval, Voz: Olimpio Quinte y Alberto Martínez". (Disco: Virrey PM - VIR-0001334.5 stereo (P) 1983).

Con estos ejemplos mencionados, podemos afirmar que entre 1970 y 1990 existió un proceso de estandarización o uniformización del wayno en la capital del Perú, donde comenzaron a concentrarse músicas o melodías provenientes de diversos lugares del país, modificándose luego los estilos regionales para hacer un wayno tipo, estándar, cuyas característi-

---

de la Vega) / 3.-Corazón de piedra (D.R.) / El Alizal (D.R.) / 4.-Huarancayo de mis penas (D.R.). Mi dulce amor (Víctor A. Gil) / 5.-Yo soy huancaíno (Zenobio Dagha) / Aguas del Río Rímac (Víctor A. Gil) / 6.-Sacsayhuaman (D.R.). Adiós juventud (D.R.). **lado B**: 1.-Vaso de Cristal (Zenobio Dagha) / Mala malita mala (Emilio Alanya) / Normal de Chupaca (L. Chávez) / 2.-Ojos hechiceros (D.R.) / Linda Andahuaylina (D.R.) / Profesorita (Wilfredo Quintana) / 3.-Cerrito de Huacsapata (D.R.) / Los Borrachos (D.R.) / Poco a poco (D.R.). (Disco: Virrey. PT—V IR—0001303.5, stereo; (P) 1987).

42   Disco "DESTINO CULPABLE: *Los Bordones del Perú*" **lado A**: Bien de mi vida (D.R.) / Utku Pankilla (D.R.) / Destino culpable (Z. Zuzunaqa) / Juana Gumercinda (Enrique Huapaya) Carnaval / Popurri de huaynos: Yuyahuanchu (D.R.), Ingratitudes (D.R.), Orjopi Vicuña (D.R.), Automóvil rojo y blanco (D.R.). **lado B**: Mayo patan urpi (D.R.) / Mentirosa (Demetrio Durán C.) / Una paloma sobre una rama (D.R.) / Popurri de huaynos: Amigo, amigo (Antonio Baldeón), Vaso de cristal (Zenobio Daqha), Cervecita (D.R.), Pio pio (Raúl Morales).

cas pueden ser identificadas con el Conjunto Estudiantina Perú. Se trata del surgimiento de un wayno con acento huanca-ayacuchano que fue un modelo y a veces estereotipo que se difundió masivamente entre un gran sector de la población. Esta afirmación no necesariamente es aceptada por algunos de los músicos que entrevistamos, por ejemplo, Manuel Prado y Julio Humala, señalan que los "maestros músicos" aún se preocupan por aprender las características regionales para poder acompañar, esto es, trataban de sacar las melodías con los giros propios del lugar, con la introducción, codos y caídas de cada departamento por lo menos, por lo tanto eran cuidadosos en respetar estas variantes, y todavía estaría alejado el día en que todo esto se junte en uno solo estilo común a todos. Pero, Walter Humala, otro integrante en esa época del dúo "José María Arguedas" opinaba que este fenómeno era natural a la situación en que nos encontramos, donde la centralización y la inmigración hacia este polo de atracción, permite este hecho, cosa que no es nada sorprendente que surjan fenómenos como este.

Es posible que éste sea uno de los debates silenciosos dentro de lo que se ha llamado "folklore andino", donde los problemas se presentan también como contradicciones entre renovar o mantener, entre realizarse como músicos o como folkloristas. Decimos silencioso, porque aquí no existió una discusión abierta, menos escrita, donde se proponga ideas respecto a este tema, y por supuesto la crítica a este nivel del arte es inexistente.

Pero también no debemos olvidar que este tema no es exclusivo de los años ochenta ni siquiera de los años sesenta; recordemos incluso antes de la "Época de oro del folklore", con la presencia de las "Compañías Folklóricas" ya se estaba inventado un arte híbrido en danza y música, al cual le salió un gran crítico, José María Arguedas, que cuestionó fuertemente estas mezclas, es decir fue un defensor de la tradición folklórica, como fue percibido, como vimos, por varios intérpretes. En este espíritu se deben leer algunos textos de Arguedas que por esos años escribió en el diario La Prensa de ese entonces.

5.5.- El wayno criollo

La segunda mitad del siglo XX también fue un escenario de ciertos modos de apropiación o interpretación de las tradiciones andinas. En este caso las formas como ejecutaban el wayno músicos que no habían "nacido" con estas tradiciones. Por ejemplo, en 1965 se escuchaba canciones como "Río de Mantaro", "Hermelinda", donde se apreciaba instrumentos no muy frecuentes en el wayno, como el acordeón, guitarras, güiro, bongó y cajón; se trataba de un conjunto que luego fue muy popular, *Los Pacharacos*. Este grupo musical adecuó el wayno a un modo más rítmico que parecía centrarse entre la música criolla y los ritmos tropicales. Fue en esta época también cuando aparecieron conjuntos que tocaban música colombiana, nos referimos a la cumbia, que se tocaba con instrumentos como bongó, güiro, además de timbales, conga y guitarra eléctrica. Creemos que entre estos dos movimientos musicales hubo un diálogo más abierto, ya que tenían en común algunos instrumentos y lo más importante una presencia gravitante del ritmo; y por cierto el acordeón es muy común en la cumbia colombiana. Podemos afirmar pues que los músicos que incursionaron por estos caminos tenían ya un previo cambio de esquemas musicales, producto de influencias del norte del país, por lo tanto se puede decir que estaban "aculturados" (para utilizar una palabra muy familiar en la Antropología) pero también presentaba elementos de la cultura criolla limeña, no solo por la utilización del cajón sino la forma de ejecución de la guitarra que es muy fuerte, en muchos casos se utilizaba plectro, puesto que tiene que sonar fuerte para imponerse a los otros instrumentos que lo opacan (por ejemplo los de percusión).[43]

En una página web de 2013 se realiza una breve historia y caracterización de este grupo, lo cual reafirma nuestras aseveraciones de 1992:

> *En el año 1958 Freddy Centi forma el conjunto Los Pacharacos con el fin de interpretar valses, polkas, marineras, huaynos, huaylas, mulizas, sustentándose en instrumentos como guitarras, acordeón, saxo, güiro. Dos años después comenzaron a grabar en la disquera El Virrey. Junto al Gañan del Centro seudónimo que optó el Pacharaco para cantar música huanca con la orquesta del centro, estaban en el grupo: César Zárate Briceño primer saxo, Modesto Pastor segunda guitarra y segunda voz, Bernardo Hernández primera guitarra y tercera voz, Julio*

---

43 Para tener una idea vamos a transcribir también el repertorio de un disco de "Los Pacharacos": "14 SÚPER ÉXITOS: Los Pacharacos". (P) 1983: **lado A**: Por una mirada / Tu amor / Hermelinda / Río Mantaro / Chinita Ingrata / Amor de Guardia Civil / Campanario Mercedario. **Lado B**: Noche de luna / Hoja de coca / Huancaínita Huambla / Te quiero mucho / Por tu Santo / Quejas del Corazón. (Director: Freddy Centi. Disco: Virrey, VIR-0001193.1 Stereo).

Rosales segundo saxo y Fredy Centi Tejada director y primera voz. Ellos dejaron huella con sus discos, sus grandes éxitos RÍO MANTARO de mayor venta en esa época, POR UNA MIRADA, TU AMOR COMPRARÉ, Hermelinda, Corazón Mañoso; huaynos, canto universal del Perú indio y mestizo, voz expresión más legítima a través de todos los tiempos. La historia del huayno es la historia del pueblo andino, el Huaylas es un género de ritmo movido, donde predominan versos de amor de fina sátira. Su origen está en los pueblos de la zona sur del valle del Mantaro, especialmente Canipaco, y Muliza música binómica de Cerro de Pasco, sentir poético del Junínense, balada del alma, eco del sentimiento del hombre del ande, melodía acompasada llena de solemnidad; tiene parentesco con el Yaraví, siempre está en tono menor y compás de 2/4, que impactaron en el gusto popular. A la temprana desaparición de Freddy Centi, la tradición de esta singular agrupación continua ahora con la dirección de CÉSAR ZÁRATE: PRIMER SAXO, SEGUNDO GUANILO: SEGUNDO SAXO, JUAN FALCÓN: ACORDEÓN, JONAS HERRERA: BAJO, JUAN MÁLAGA: SEGUNDA GUITARRA, ALEJANDRO Y MODESTO PASTOR: PRIMERA Y SEGUNDA VOZ, CHICHÓN GALLOSO: SEGUNDA GUITARRA; también JAIME HITO CUELA en la primera guitarra. Hace poco culminaron la grabación del nuevo CD in memoriam de su fundador, el mismo que contiene temas ya conocidos y otros en calidad de estreno. Las canciones que trae el CD que ya se encuentra a la venta son: CHINITA INGRATA, TU AMOR COMPRARÉ, RÍO MANTARO, BORRACHITO LADRÓN, HERMELINDA, HUAYLASH PAPÁ, MIX CHELERO, MI DICCIONARIO, MIX SIEMPRE SOLO, YO SOY HUANCAÍNO, HIJO DESOBEDIENTE, LEJOS ME IRÉ, MI SUFRIMIENTO.

HISTORIA DE LOS PACHARACOS: Los Pacharacos con más de 53 años de creación, retornan con fuerza. Fue un grupo musical que cultivó los diferentes géneros musicales del Perú como: el huayno, el vals, la polka, la marinera, la muliza, el huaylas, etc. Sus integrantes en el 2013 son César Zárate, Jorge Gastelu, Modesto Pastor, Celso Torres, Alfonso Guzmán y Jaime Hito, quienes están volviendo a revivir las canciones que hicieron bailar a todo un país con "Río Mantaro", "Hermelinda", "Tu Amor Compraré", "Amor de Guardia Civil", "Por Tu Santo", "Chinita Ingrata", "Por una Mirada" entre otros éxitos. Los Pacharacos dueños de un estilo que estaba a punto de extinguirse, hoy renace de las cenizas para ser nuevamente protagonistas del folklore peruano, cultivaban el Huayno acriollado, con guitarras, saxo, cajón y un ayayero andino criollo tipo Humberto Cervantes en lo criollo y que era Freddy Centi, pero muy andino especializado en música del centro y de Ancash. El grupo usaba guitarras, cajón, saxo y huiro. Freddy Centi era pues un maestro que hacía música andina de la buena. Efectivamente el director y primera voz de los Pacharacos Freddy Centi Tejada, nacido en Characato un distrito de la Provincia de Arequipa, fue una figura notoria del pentagrama musical popular desde 1958. Los Pacharacos se convierten en la voz de los migrantes provincianos que por el centralismo llegaban a las principales ciudades del Perú en busca de mejores condiciones de vida. Los Pacharacos se formaron en Lima en 1958 y crearon un estilo que causó mucha incomodidad y polémica entre los conservadores del mundo andino por su estilo propio, moderno, pero a la vez impactante y atractivo, por ser alegre, con guitarras y acordeón para interpretar el huayno, la marinera, la polka, el vals, así fueron sus primeras producciones. En 1960 este Conjunto empieza a tomar fuerza y popularidad en todo el Perú, especialmente en la costa, incluyen entre sus instrumentos el huiro y el saxo. Afianzan su estilo marcando notoriedad con los famosos éxitos: Río Mantaro, Hermelinda, Tu Amor Compraré, Amor de Guardia Civil, Por tu Santo, Chinita Ingrata, Por tu Mirada, huaynos de mucha recordación vuelven con los Intercontinentales Pacharacos, quienes los vuelven a grabar para hacer bailar a todo el mundo, a los jóvenes de ayer y de hoy. AHORA SIGUE LA LEYENDA CON LOS INTERCONTINENTALES PACHARACOS LOS REYES DEL HUAYLASH PERUANO." [44]

---

44 Posteado el 28 de julio de 2013 http://huaynosdelperu2015.blogspot.com/2013/07/los-pacharacos-vuelven-los-escenarios.html

De esta manera, "Los Pacharacos" podrían señalarse como los representantes del Wayno Criollo, siendo esta una de las "metamorfosis" más visibles de la música andina peruana que se dio en esos años. Esta música no podría haber llegado al alma de los campesinos serranos y menos ser aceptada por la gente costeña, el Wayno Criollo quedó en el ambiente de los mestizos urbanos inmigrantes. Es este tipo de música que podría haber estereotipado al wayno desde la mirada del costeño; la expresión "wiskiti" pronunciada despectivamente por los limeños, cabe exactamente al ritmo ejecutado con el bongó.

5.6.- Variaciones sobre los arquetipos[45]

Cuando discutimos la presentación de la tesis en 1991, mi asesor, el profesor Roberto Arroyo me preguntó si el concepto de arquetipos que estaba utilizando estaba inspirado en la arqueología foucaultiana; Roberto incluso me mostró en su casa el libro *Les Mots et les Choses* (Las Palabras y las Cosas) de Michel Foucault, y me comentó ampliamente —como era de esperarse de un profesor que había estudiado en la Francia de Foucault y Althusser. Como cualquier habitante tercermundista, y más aún estudiante sanmarquino de los 80, Foucault no estaba aún en mis horizontes. Foucault irrumpió con fuerza en el Perú solo en la segunda mitad de los 90. Yo leí a Foucault en Quito en 1993, durante la maestría.

En relación con este asunto, aquí debo considerar dos cuestiones necesarias: en primer lugar, el origen de la expresión arquetipo en mi tesis, y la segunda tiene que ver con la propuesta foucaultiana episteme (podría tratarse también del cronotopo de Bajtin). Episteme es una expresión que Foucault recuperó del lenguaje de la filosofía para discutir las formas en que los pensamientos se desenvuelven en determinadas épocas; como él mismo afirma, son enunciados que circulan al interior de ciertos discursos en un momento de la historia (Foucault, 1990).

El concepto que pretendía introducir, en cambio, era inspirado en Mircea Eliade[46] más que en Carl Jung o Friedrich Nietzsche (éste último, el

---

45 Este fragmento fue escrito para la presente edición con el propósito de ampliar la idea de arquetipo.

46 Eliade nos muestra su visión sobre lo que significaría arquetipo: "Al estudiar esas sociedades tradicionales, un rasgo nos ha llamado principalmente la atención: su rebelión contra el tiempo concreto, histórico; su nostalgia de un retorno periódico al tiempo mí-

inspirador real de estos retornos). Si bien es cierto que Eliade, en 1949 al escribir sobre arquetipos estaba tratando de mostrar ciertas lógicas de las "mentalidades" primitivas (que la modernidad trataba de recusar según él) para marcar ciertas claves que dejan huellas y no se alejan definitivamente, retornando con frecuencia; el pensador rumano estaba trayendo a escena la necesidad ontológica de ubicarse en la historia por parte de estas sociedades no secularizadas. En mi caso, no pretendía ubicar la música en el plano religioso ni en las ontologías históricas, solo quería llamar la atención sobre las repeticiones y retornos en el plano musical. No es gratuito que la propia música está impregnada de motivos precisos y a veces repetitivos. Hacer alguna "arqueología" sobre estas regularidades podría ser útil, pensaba entonces. En todo caso parece existir cierta coincidencia entre arqueología (Foucault) y arquetipo (Eliade), lo cual podría tener algún sentido para pensar nuestras musicalidades.

Entonces, con arquetipo quería definir el ambiente, el diálogo, las marcas que una generación imprime a sus estilos de actuar, en este caso en la música. Quería mostrar ciertas características en la ejecución de melodías y ritmos, la utilización de instrumentos y su función en la elaboración de las canciones populares.

Como se ha visto líneas atrás, el uso de violines, mandolinas, guitarras, así como la formación de orquestas pequeñas con ciertos énfasis instrumentales fueron desarrollándose en determinadas épocas y regiones. Así mismo la irrupción de nuevas formas de fraseo en el wayno, que me interesaba entender. Por tanto, conceptos como arquetipo, episteme y cronotopo podrían dialogar para comprender dichas reglas de creatividad y difusión de la música popular.

Considerando básicamente el siglo XX, aquí debería mencionarse sobre todo los modelos que influenciaron a nivel nacional y sobre todo a nivel regional. El grupo Atusparia de Ancash, por ejemplo, fue un modelo a imitar con su violín y guitarras (aunque la concertina no pudo ser replicada); las tres guitarras acústicas del wayno fueron no solo exclusivas

---

tico de los orígenes, al Tiempo Magno. El sentido y la función de lo que hemos llamado "arquetipos y repetición" sólo se nos revelaron cuando comprendimos la voluntad de sus sociedades de rechazar el tiempo concreto, su hostilidad a toda tentativa de "historia" autónoma, es decir, de historia sin regulación arquetípica" (Eliade, 2001: 5)

del Trío Ayacucho, puede mencionarse a los Errantes de Arequipa, entre otros grupos.

Por supuesto que en las regiones se puede distinguir, por ejemplo, el qorilazo con mandolina y guitarra (a veces con charango); la orquesta de saxofones de Junín; el charango, mandolina y guitarras de la música mestiza puneña. Era preciso registrar más detenidamente estas variedades y sus propias interinfluencias, esa era mi inquietud.

Por supuesto, que a partir de la difusión radial y los discos de vinil podemos hablar de músicas nacionales y su impacto en casi todo el país. Solo desde los años 60 podemos hablar en el Perú de Los Campesinos, Picaflor de los Andes, Jilguero del Huascarán, Pastorita Huaracina, Princesita de Yungay, etc. como iconos nacionales. Es la época radio-disco-coliseo que José María Arguedas vivió y colaboró en su difusión, sobre la cual también escribió intentando distinguir entre música popular y folclórica. Entonces, mi sugerencia de arquetipo apuntaba a trazar las características básicamente musicales y no necesariamente sociales de la música popular.

En las ocasiones que presenté estas propuestas en algunos foros, incidí que era necesario estudiar la creatividad musical desde el "interior" de los músicos. Sin embargo, mis críticos apuntaban que era más relevante el aspecto externo, esto es, la manera como la música impacta en la población. No menosprecio este ángulo, pero considero que existe excesivo sociologismo en los musicólogos (sobre todo en el ámbito donde planteo estas ideas, el wayno y la música andina) y poco abordan estas interioridades. Con el riesgo de seguir siendo criticado, enfatizo mi interés hacia la música misma.

6.- Escuelas regionales en la música: los estilos

Para comprender los cambios en la música peruana, considero importante rastrear primero algunas características tradicionales, o lo que es lo mismo, sus elementos identificatorios que aún mantienen y que los músicos deben tener en cuenta para acompañar o ejecutarla. En efecto, el wayno y otros géneros de música peruana, pueden agruparse por vertientes provenientes de espacios geográficos definidos, es decir, cada región (unas veces departamentos) presenta una forma particular de ejecutar su música. Es muy frecuente entre los músicos andinos y personas que están familiarizados con este fenómeno, señalar de manera intuitiva que tal o cual melodía corresponde a tal departamento; pero no tienen ninguna necesidad de explicar en qué consisten estas diferencias, lo dan por sobreentendido. En este acápite, intentaremos determinar las características de la música de cada región, no sin antes advertir que este es un intento que debe continuar con una investigación más amplia y realizada por especialistas.

Cuando hablamos de Escuelas Musicales, es muy posible que se piense esta idea como muy pretenciosa, toda vez que se trata de música popular que no tiene una tradición de sistematización por parte de sus intérpretes. Entendemos por escuela en este caso a las tradiciones musicales que se cimentan en una región, las cuales son interpretadas por campesinos y mestizos peruanos. Debo insistir que la mayoría de los músicos carecen de una formación académica y pocos conocen las técnicas de lectura y escritura musical.

Se trata pues de rescatar el trabajo de aquellos músicos anónimos que a través de los años han ido forjando un estilo particular que lo han ido heredando las diferentes generaciones. La riqueza en práctica musical en nuestro país es un hecho importante que pocos discutirían; cada uno de los pueblos del Perú tiene variados instrumentistas que les permite estar en contacto permanente con la música, lo cual los lleva a una constante experimentación y a la generación de cada vez más tipos de melodías; y es justamente en este proceso que van gestando formas melódicas que perfilan la característica musical de cada región. En este sentido existen algunas similitudes con los músicos académicos, puesto que estos últimos también experimentan y acumulan técnicas que les permite crear constantemente. Una diferencia con los músicos académicos sería el recurso de la escritura musical para apoyarse, lo cual les da ciertas ventajas, mientras que el músico campesino sólo tiene el recurso de su memoria, pero el fenómeno de la creación es similar en ambos músicos.

¿Como identificar el estilo musical de una región? Se trata pues de una interrogante compleja, no obstante, se puede tratar de delinear algunas características como el ritmo, la forma de ejecución de la melodía, el modo de iniciar una canción. En este caso hemos elegido la construcción de ciertos enlaces que en la técnica musical se denomina coda, y entre los músicos populares también se denomina *coditos o intermedios*. De este modo, podemos caracterizar las canciones de una región atendiendo a esta forma o modalidad de introducir un grupo de sonidos entre frase y frase. Entonces la escuela de una región se puede considerar partiendo del reconocimiento de este grupo de melodías. Una escuela es pues un movimiento colectivo en el cual participan varios músicos de un área geográfica, puede ser un departamento o lo que ahora es una región, donde se ha socializado una manera de hacer las codas. Así, definimos una escuela musical como el conjunto de melodías que identifican a una región, constituida por diferentes experiencias, las cuales se han generado en varios años, y por lo tanto se dirá que es el producto de una acumulación constante que coadyuba a la cultura de una región específica. Y dentro de cada Escuela se podrá distinguir los estilos propios de cada grupo menor, que enriquece la música de una zona.

Nuestra propuesta considera aportes valiosos de estudios realizados por algunos musicólogos que han iniciado exploraciones en este sentido desde hace algunos años atrás; si bien es cierto, no afirman categóricamente la existencia de Escuelas, si admiten la presencia de variedades. Josafat Roel Pineda, puede ser considerado como uno de los pioneros al identificar las características de estos modos de hacer música. En un estudio realizado entre los años de 1940 y 1950, por ejemplo, presentó un esquema muy bien detallado y erudito sobre la posible evolución de las formas musicales peruanas, donde podemos hallar las diferentes vertientes melódicas de nuestro país. De música con raíces precolombinas como el hatun taki, el carnaval chanka, el mismo wayno, el harawi, la wanka, el haylli y la wallina, habrían devenido varios de los géneros que se encuentran dispersos a lo largo de nuestro territorio. En la actualidad, dice él, se encuentran el wayno puneño, la chuscada (Ancash), el wayno mestizo ayacuchano, el wayno mestizo de Abancay y el típico wayno cusqueño, todos provenientes de un wayno precolombino (Roel, 1959); es esta una de las fuentes desde donde debe partir cualquier investigación seria, para luego determinar la existencia o no de Escuelas Musicales en nuestro territorio.

Los hermanos Montoya Rojas presentaron un mapa con "las áreas musicales peruanas", mencionando ciertas características culturales, y principalmente una descripción del espacio geográfico en el que se desarrollaron las canciones; ellos han definido en total ocho áreas: Qorilazo, Cuzco parte baja, Puno, Huamanguina, Junín, Ancash Huaylas, Ancash

Conchucos, Selva. (Montoya, 1987, p. 20-23); sin embargo, en este trabajo no profundizaron sobre las características de la composición desde la perspectiva musical.

Entonces, reafirmaremos que, para determinar una Escuela Musical, debemos considerar un grupo de melodías las cuales debe cumplir con ciertos requisitos: 1) La organización de la instrumentación que se utiliza en la ejecución de las canciones; 2) La estructura musical que mantienen estas canciones (adornos, entradas, intermedias o codos).

Se podría incluir elementos como el componente rítmico y las características de las frases musicales, así como la variedad lingüística del quechua y de los otros idiomas regionales que se utilizan, pero por el momento esto no nos es posible todavía, y lamentablemente en lo que respecta a estas características de la música, los estudios de la musicología están aún muy poco desarrollados, aunque para el caso de la lingüística existe alguna información apreciable de los quechuas regionales[47].

Ahora bien, explicaremos en qué consisten los dos componentes para definir una escuela musical. Primero lo referido a la instrumentación, como es de suponerse, trata de la utilización de los instrumentos musicales más comunes para ejecutar las canciones y melodías en las diferentes regiones, esto es, violines, arpas, quenas, mandolinas, bandurrias, charangos, acordeón, etc. el conjunto de instrumentos que se utilizan en una música determinada es lo que llamaremos Distribución de la Instrumentación.

En cuanto a la Estructura Musical, nuestro análisis se centrará en lo que puede señalarse como los aditamentos, es decir, en el caso de las canciones mestizas, además de las frases musicales, estrofa, se tiene una serie de elementos musicales que se introducen al inicio (entrada o introducción), coda, y algunos adornos en medio de las frases que pueden definirse como parte de la estructura global de un wayno.

Para entender como está construido un wayno tradicional, es decir aquellas canciones que incluso han llegado a grabarse en discos, que por lo general son los denominados waynos mestizos. Se inicia con una Entrada, puede ser en muchos casos con la fuga de la canción y en otros

---

47 Véase los textos del profesor Alfredo Torero: "El Quechua y la historia social andina" (1974); Rodolfo Cerrón Palomino. "Lingüística Quechua" (1987).

con la segunda frase musical, como también con los coditos. En seguida viene la melodía básica ejecutada por la voz, la cual debe ser intercalada con un codito en tonalidad mayor, y por lo general esta canción termina su primera parte con un codito en tono menor. Luego continua con una ejecución en el instrumento cantante (violín, guitarra o quena), con las mismas características de la parte cantada. Y así se repite hasta finalizar con la fuga.

Gráficamente se puede presentar de la siguiente manera, suponiendo que una canción tiene dos estrofas y una fuga. Por lo general la métrica de una canción del género wayno tiene ocho sílabas en cada frase, y cuatro estrofas, las cuales se repiten. Estas canciones con frecuencia tienen dos estrofas.

ESTRUCTURA DE UNA CANCIÓN
Entrada
(PRIMERA ESTROFA) Dos versos Codito en mayor Dos versos Codito en menor Ejecución en instrumento Parecido a las estrofas
(SEGUNDA ESTROFA) Dos versos Codito en mayor Dos versos Codito en menor
Fuga

En este estudio consideramos que el codito viene a ser un elemento importante para diferenciar y clasificar a la música según las regiones, puesto que representa un sello regional, mientras que las melodías se repiten de lugar en lugar, y a esto se debe que muchas veces hay disputas respecto al lugar de origen de una canción. Por eso en esta parte vamos a transcribir los "coditos" que caracterizan a los waynos de algunas regiones.

Los coditos son importantes en el wayno, ellos nos ayudarán a diferenciar las diversas escuelas musicales de nuestro país. Si, por ejemplo, un mismo wayno es interpretado en diferentes departamentos, lo que lo va a diferenciar uno del otro es precisamente el codito: Ancash tiene su forma de hacerlo, Ayacucho la suya, Huancayo de igual manera. El codito, así como otros términos (bajada, caída) son comunes entre los músicos populares, (así como la confusión entre nota y tono) por eso no nos debemos guiar estrictamente por los términos de la música clásica europea.

A partir de aquí, podríamos hacer una diferencia entre la música campesina o indígena y la mestiza. La música indígena o campesina por lo general no utiliza armonías en el estricto sentido de este término, como tampoco usa codos ni introducciones. Más bien, es la música mestiza la que ha incluido en la estructura de las canciones estos elementos que con el tiempo se hacen imprescindibles en la ejecución de sus canciones. De este modo cuando los mestizos adaptan la música campesina y la incluyen en su repertorio, se perciben estas modificaciones. A continuación, mostramos las denominadas Escuelas Musicales Regionales más importantes del Perú mestizo.

6.1.- Escuela cajamarquina

Se conoce mejor a esta región por la presencia de sus Carnavales, este género está interpretado por instrumentos como el pinkillo o flauta, pero también es muy popular el uso del violín acompañado de guitarras, a esta instrumentación se le une como percusión el tambor que se toca de manera vertical con una sola baqueta, golpeando tanto el borde como también el centro del cuero:

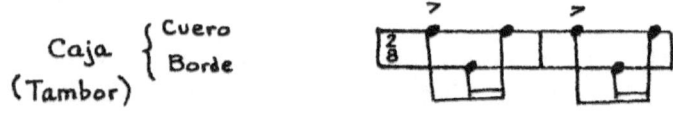

Conjuntos famosos han grabado generalmente utilizando violines y guitarras, un ejemplo es el conocido Conjunto Los Tucos de Cajamarca; se recuerda también como representante de esa zona al cantante conocido como El Indio Mayta quien utilizó estas formas de acompañamiento. En las interpretaciones de wayno cajamarquino que grabaron estos músicos, se nota claramente la presencia del codo o intermedio. Para este caso vamos a transcribir el "codito" del carnaval típico que caracteriza la música de esta región.

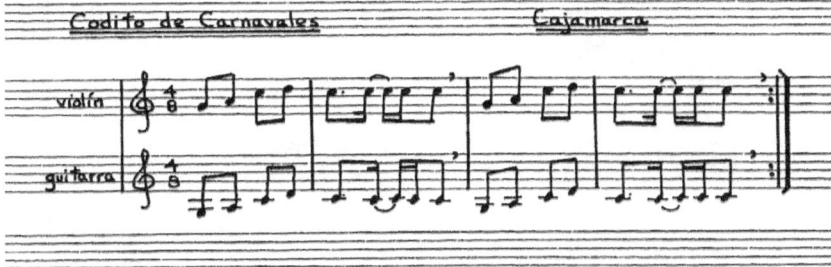

6.2.- Escuela ancashina

La historiografía peruana señala que, en una visita de Simón Bolívar a la zona del Callejón de Huaylas, en donde tuvo oportunidad de presenciar el wayno de esa zona, preguntó: "¿Qué música esa tan chusca?", entonces a partir de allí la música representativa de esta región quedaría rebautizada con esta denominación: la chuscada o wayno ancashino.

En la actualidad el wayno ancashino está acompañado por una instrumentación muy variada: quenas, mandolinas, violines y guitarra, siendo los tres primeros instrumentos cantantes, mientras que la guitarra hace bordoneos, codo y alguno que otro adorno.

El Jilguero del Huascarán, Ernesto Sánchez Fajardo al grabar por los años cincuenta su famosa canción "Carrito del Gobierno", utilizó violín, mandolina, guitarra y palmeos a manera de percusión o ritmo (Véase; "Mis primeros éxitos", IEMPSA-Odeon, LD 1480). Otra de las voces representativas de la región fueron María Alvarado Trujillo (La Pastorita Huaracina), junto con Angélica Harada (Princesíta de Yungay). Con respecto a la música ancashina debemos señalar que las composiciones de don Jacinto Palacios fueron las más difundidas en gran parte del siglo XX.

La característica de la música ancashina, en el género wayno, fue indudablemente bien representada en el estilo del Conjunto Atusparia, a cuya agrupación se debe cierta estandarización de las canciones de esta región, por eso vamos a tomar sus grabaciones para mostrar los "coditos" que singularizan a esta región.

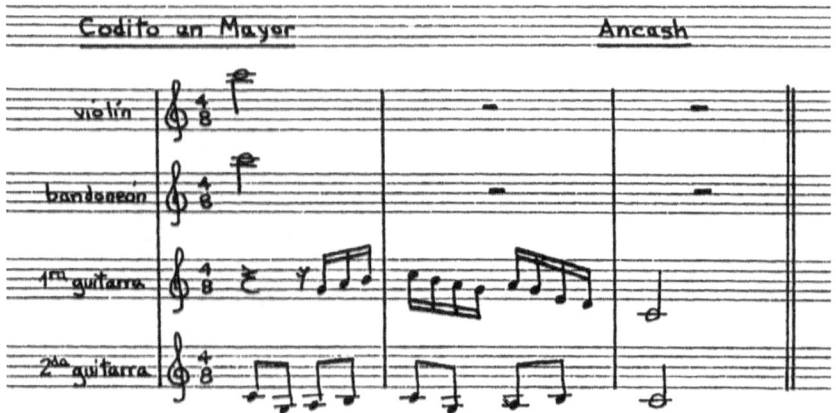

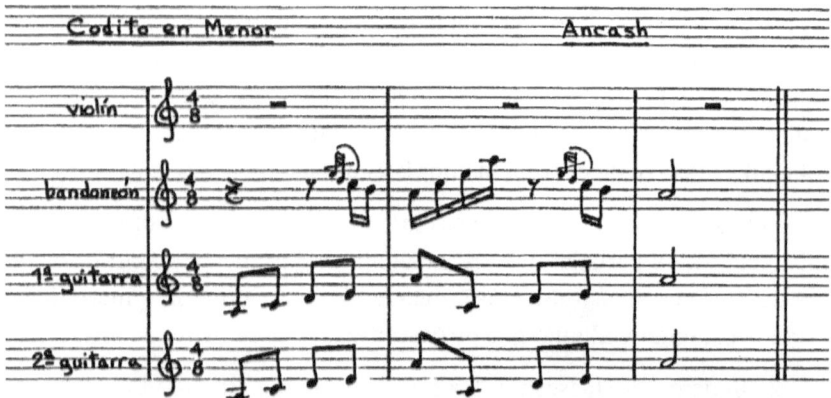

6.3.- Escuela huanca

En la producción musical peruana, las canciones huancaínas fueron las que tuvieron más difusión a nivel nacional. Un importante exponente fue don Tiburcio Maullapoma, quien grabara en 1949 para el sello ODEON. Otros compositores conocidos de esta corriente son Emilio Alanya, Zenobio Dagha, Alberto Gil Mallma y Flor Pucarina[48].

Otro género representativo del Centro del Perú es la Muliza y el Huaylas. No obstante, también tienen un repertorio apreciable de waynos que permiten afirmar que es una de las zonas con igual variedad de géneros que los otros departamentos. En cuanto a la instrumentación, ésta ha evolucionado desde los conjuntos de violines y arpas hasta la Orquesta Típica Huanca constituida por saxofones en sus variedades de tenor, barítono y bajo y algunas veces clarinete, pero aún permaneciendo los violines y el arpa. La voz cantante la ejecuta el saxo tenor, el clarinete y el violín, mientras que los otros instrumentos (barítono y bajo) hacen armonía, y el arpa hace bordoneo y ritmo.

En cuanto al "codo" es quizá uno de los componentes más complicados de explicar de la música peruana, porque se trata a veces de una larga improvisación entre período y período, en el cual el arpa y el violín realizan una serie de melodías como si estuvieran "haciendo tiempo" para permitir tomar aliento al resto de músicos que tocan instrumentos de viento. Si uno visita Junín puede apreciar a estas orquestas tocar por espacio de varios minutos, mientras el arpa y el violín están tocando sostenidamente una coda larga, los saxofones están en silencio.

Para nuestro ejemplo de codo, en este caso, hemos tomado la práctica de los "Marcos Musicales" que acompañan a los cantantes huancas y que se limita a lo siguiente:

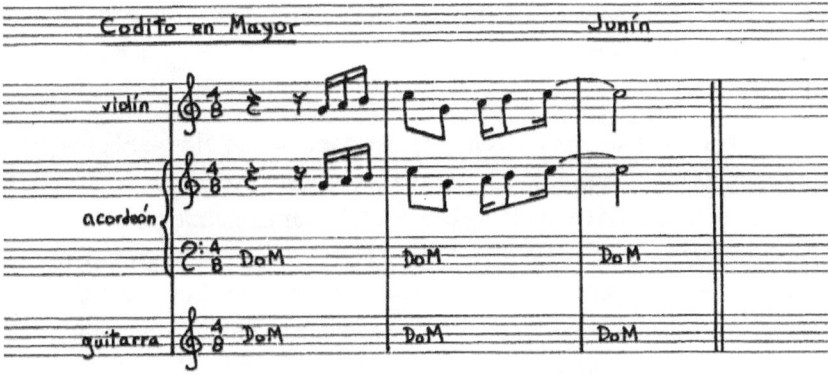

---

48 Estos dos últimos compositores no fueron originarios de Junín, El Picaflor de los Andes nació en el Departamento de Ayacucho y Flor Pucarina en Tacna (Véase, Llorens, 1983; Arguedas, 1987).

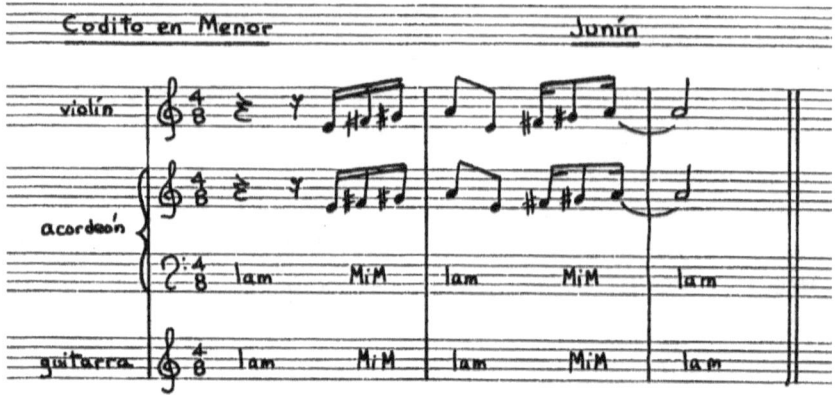

6.4.- Escuela cajatambina

El wayno cajatambino es quizá uno de los movimientos musicales más dinámicos en cuanto a la variación de sus melodías. Esta música irrumpió con mucha fuerza desde fines de la década de 1970, habiendo generado a los cantantes más exitosos y habiendo rescatado el arpa como instrumento solista. No vamos a describir todo su proceso histórico, sino, señalar los aspectos básicos de su desarrollo actual. Cajatambo es una provincia que se ubica principalmente en la sierra limeña, aunque la música identificada con esta región corresponde a un espacio mayor que comparte con departamentos como el sur de Ancash y a veces hasta con Huánuco. Se debe afirmar pues que la música cajatambina tiene un parentesco muy cercano a la ancashina, la cercanía geográfica explica este hecho, se asemejan por ejemplo en el ritmo llevado por las palmas (percusión), más aún, tratándose de las canciones menos disturbadas o influenciadas.

La instrumentación está centrada básicamente en el arpa, la mayoría de los intérpretes han grabado tan solo con este instrumento; así pues, el arpa, acompañada por palmadas fue el acompañamiento clásico del amplio repertorio de los cantantes de la música de esta región. Hoy los cantantes han agregado percusión y bajo electrónico. Los cambios en la estructura musical de estas melodías de la sierra limeña son claramente perceptibles por cualquier amante del wayno. En estas canciones en los años 80 hubo grandes cambios, pues ya no se recurre al circuito clásico de tonos, a que estamos acostumbrados los que interpretamos waynos, existe pues una influencia de melodías extrañas a la matriz andina. Tan es así que en una ocasión, a fines de los 80, conversando con Jhonny Campas, nos manifestaba que su nueva propuesta consistía en la introducción del takirari ejecutado con arpa al estilo cajatambino, y que estaba próximo a grabar un nuevo LP con música latinoamericana; nosotros le preguntamos, si esto era también una especie de chicha con instrumentos sencillos como el arpa, puesto que lo habíamos presenciado interpretar canciones utilizando timbales y güiros para hacer ritmo); él lo negó rotundamente, puesto que no tenía muy buena opinión sobre *la chicha*.

Una curiosidad que tuvimos respecto al wayno cajatambino, fue cómo reaccionarían las personas de otros lugares, por ejemplo, Máximo Ledesma (ayacuchano, productor de discos, a quien nos referimos líneas arriba) nos dijo que era "una burda copia de las canciones ayacuchanas"; y cuando preguntamos a Julio Humala, qué decían sus colegas al respecto, "ellos -decía- consideran no muy llamativo tocar estas canciones".

Así pues, la música del norte limeño con la serie de cambios en su interior está muy dispuesta -junto con la chicha- a aceptar la influencia de melodías extrañas en su estructura. A este respecto he tenido la oportunidad de escuchar en Radio Agricultura, interpretar con arpa y voz algunas canciones denominadas "hispanas" como "Mary es mi amor" (del cantante argentino Leo Dan). Por su lado *la chicha* ha tomado varias de las canciones cajatambinas con mucha mayor facilidad que otros waynos; recordemos el primer éxito del grupo chicha *Los Shapis* que los catapultó al éxito fué "El Aguaja"[49], ésta fue originalmente grabada con arpa.

6.4.1.-Los waynos con arpa

En la navidad de 1989, en pleno fragor de la violencia política, acompañé a una investigación etnográfica a la ciudad de Huancavelica. En las presentaciones artísticas, en un intermedio de las danzas de *Los Galas*[50], una de las danzas más tradicionales de la región, percibí que el arpista estaba ejecutando al estilo cajatambino, en un arpa surandina. Me dije,

---

49 Esta canción también es conocida como El Alizal.

50 *Galas* se denomina a una de las danzas más tradicionales de la región. Arguedas la rebautizó como *Danza de Tijeras* y la difundió en Lima, pero principalmente la versión lucanina. En el sur de Ayacucho esta danza es conocida como *Danzaq o danzante* simplemente. En Huancavelica se baila en Navidad y en el sur de Ayacucho en la fiesta de las Cruces, en mayo.

"Uyy que rápido llega"; en efecto, todo el éxito de los años 80 con el arpa cajatambina se difundió con rapidez en el sur andino. En casi todas las fiestas que visité, con frecuencia había algún músico ejecutante de arpa, que mostraba su habilidad para hacer esos bajos con el estilo cajatambino.

Por supuesto que este estilo debe identificarse como de Cajatambo-Oyón y gran parte de la sierra del norte chico. Aunque es bueno señalar también que el éxito de este género ha reabierto una riqueza en todo el espacio que los lingüistas señalan como correspondiente al quechua wampuy (Quechua II-A), especialmente el de las regiones del norte limeño, Ancash, Cerro de Pasco y Huánuco. Esto es, el espacio del antiguo quechua wampuy con mucha facilidad ha recordado su larga tradición musical expresada en el arpa.

Posiblemente el éxito de la música cajatambina descubrió al mundo limeño que este instrumento "existía". No obstante, el arpa es un instrumento de casi todo el Perú. En toda actividad ceremonial, o danzas rituales, el arpa y el violín son infaltables. Con este par de instrumentos se puede ejecutar todo repertorio existente. "Hasta de Michael Jackson"[51]. La diferencia entre el arpa cajatambino y las otras arpas, es que en Cajatambo y en el norte chico serrano se ejecuta solo o acompañando a un(a) cantante. En el sur andino y en Junín, en cambio, se ejecuta juntamente con el violín. Por supuesto que existen solistas de arpa en el Sur, por ejemplo, en mi pueblo Coracora, en mi infancia escuché a dos grandes maestros: "Inka" y "Amanco", para no mencionar a los de repercusión nacional o regional como Florencio Coronado (años 60), al maestro Ccayanchira y Luciano Quispe actualmente. También hay que indicar que las arpas se diferencian por el tamaño de la caja de resonancia: la de Cajatambino es pequeña; la del sur andino es más grande (y se toca caminando también, de cabeza abajo).

La industria musical impulsó desde los años 80 en adelante, toda una pléyade de cantantes femeninas como Alicia Delgado, Totita Santa Cruz, Anita Santivañez, y otro tanto de varones que ahora son muy populares

---

51 El violinista Máximo Damián me comentaba irónicamente en 1986, "¡¡*Uyyy, kunanqa Maikoljaksontapas churankutaq danzaqpi, imatañach rurankupas*!!" (ahora, incluso ejecutan la música de Michael Jackson en medio de las melodías de los Danzaq).

en las fiestas limeñas y provincianas[52]. El estudio más completo, hasta el momento, sobre el arpa peruana es sin duda el de Claude Ferrier (2010).

En este caso vamos a prescindir de mostrar los "codos" que estábamos incluyendo para los otros casos; creemos que aún hay mucho por profundizar en el estudio de este movimiento para ofrecer una visión más completa. Los adornos y la estructura son muy variados, no podemos determinar por el momento cual podría ser el más representativo, más aún si consideramos que este género se encuentra en un proceso de acelerada transformación.

6.5.- La escuela ayacuchana

Al wayno ayacuchano, geográficamente, debemos ubicarlo en los territorios que Arguedas llamó "Área Wankawillka-pokra-chanka-rukana" (Arguedas, 1981, p 148-172), y lo que los hermanos Montoya señalan como "área huamanguina"; esto correspondería a los hoy departamentos de Huancavelica (sur-este), Ayacucho y parte de Apurímac.

Para identificar con mayor claridad la música de wayno ayacuchana, es necesario destacar la presencia de tres vertientes diferenciables entre sí y que se han difundido independientemente, esto es: la guitarra huamanguina, el violín lucanino y el charango parinacochano. A pesar de tener matices comunes en la estructura musical y en el repertorio, también podemos encontrar una singularidad en cada uno de ellos.

La música campesina o indígena ayacuchana es muy rica y variada, basta señalar al Pum Pim de Víctor Fajardo, como a los guitarristas Morochucos, también están los Aylas de Lucanas y una buena cantidad de música ceremonial-religiosa. Pero como nuestra exposición está centrada en la música mestiza-urbana no vamos a desarrollar este tema, como tampoco lo hemos hecho para las otras regiones.

---

52 En este nuevo siglo XXI, cantantes como Sonia Morales, Dina Paucar y Abencia Meza se convirtieron en estrellas de la industria musical, recurriendo principalmente a criterios de mercado. Son ellas las que utilizan mucha tecnología electrónica tanto en sus grabaciones como en sus conciertos. No solo se limitan al acompañamiento del arpa, sino que incluyen varios instrumentos. Serían estas cantantes las que formalmente representarían a la música cajatambina, pero ya transformada.

1. La primera vertiente, constituida por la guitarra huamanguina, cuya característica está marcada por el trío de guitarras, se extiende desde la misma ciudad de Huancavelica, pasa por Huanta y llega hasta Huamanga. En Huancavelica se encuentran, por ejemplo, el Trío Huancavelica, el Trío Amanecer; Huanta está representada por el Trío Huanta; y Huamanga por el Trío Ayacucho y el Trío Voces de Huamanga.

La forma de tocar en conjunto de estas tres guitarras se da de la siguiente manera: la primera hace voz cantante, la segunda hace contrapunto (lo que en lenguaje de los músicos no académicos es "hacer segunda"), pero también puede hacer bordones; la tercera guitarra generalmente hace ritmo o base. Es decir, recurren a algunas técnicas de armonía. Con referencia a los cantantes también se distribuyen en dos voces para armonizar, de alguna manera hacen melodías similares a las dos primeras guitarras, es decir, una voz cantante (primera o melodía básica) y la otra contrapuntea (algunas veces contralto)[53].

Con respecto a la tradición musical huamanguina, cabe mencionar, por supuesto, a los solistas o virtuosos de guitarra huamanguina, que tienen una larga tradición, y aquí destaca sin duda el Dr. Raúl García Zárate, que fue una especie de síntesis de esta forma de interpretación, él es heredero magistral de esta técnica tan singular. La ejecución de la música ayacuchana también está basada en diferentes afinaciones (temple baulín, temple diablo, temple arpa, etc.), que permite a un mismo ejecutante hacer contrapunteos en las cuerdas más graves, mientras que en las agudas hace las melodías básicas; los numerosos discos y conciertos del maestro García Zárate nos eximen de mayor comentario.

2. El wayno lucanino y en este caso el puquiano, se puede decir que es heredero de los conjuntos de violín y arpa caracterizados por las melodías de la Danza de Tijeras, aun cuando existan géneros más tradicio-

---

[53] En un accidentado encuentro sobre música ayacuchana en Huamanga, en el año 2014, luego de haber escuchado algunas críticas a mi exposición sobre estos trabajos, manifesté muy rápidamente al maestro Luis Salazar mi hipótesis sobre la influencia de los guitarristas de vals sobre el huayno. Me refería a la ejecución a doble cuerda en los punteos, una forma básica de armonizar que es muy frecuente en la música popular. Luis confirmó y amplio esta idea. En efecto, el siglo XX es una época en que se reafirman ciertas técnicas de ejecución de la guitarra que además de presentarse en forma de dúo o trío, la voz primera del instrumento debe ejecutar en esta forma de pulsar con dos cuerdas de manera armónica.

nales como el Ayla y la Karamusa, todos de origen campesino. Pero los músicos mestizos fueron retomando cada uno de estos movimientos y recreándolos con nuevos sentimientos. No obstante, también la guitarra se deja sentir en Lucanas, generando toda una corriente que va a manifestarse fuertemente a mediados de los años sesenta con la aparición del Conjunto Los Heraldos con Félix Bendezú en el acordeón, Antonio Gutiérrez Cateriano en la primera guitarra y Edwin Montoya con la segunda guitarra y primera voz. Y a finales de los años sesenta aparece otro grupo, Los Puquiales con Adón Heredia en la primera voz y en el acordeón Carlos Herrera Alfaro. Luego en los años ochenta la Estudiantina Puquio que ya no incluye el acordeón, pero si adopta el charango con estilo parinacochano. La línea básica de las canciones puquianas modernas está dado por el acordeón como voz cantante, mientras que la guitarra hace "segundas" y codos principalmente, y en ocasiones junto con el acordeón hace "primeras".

3. La vertiente parinacochana esta signada por la presencia del charango; este pequeño instrumento, según algunas hipótesis, derivaría de la vihuela española, que habría llegado a Parinacochas gracias a los viajes de arrieros huamanguinos, quienes llevaban charangos con solo cinco trastes, tal como veremos ampliamente más adelante. Para este caso, se podría decir, que la difusión del charango parinacochano a nivel nacional empezó allá por los años 53 y 54, cuando Jaime Guardia y la Lira Paucina grabaron para la firma ODEON, entre otras, la canción "Madrecita Linda" que con los años constituirá una de las canciones "eternas" e identificatoria de este grupo, y por lo tanto un éxito permanente para la venta de discos.

Hemos tomado como demostración del estilo Ayacuchano la ejecución del codito del Trío Ayacucho, pues sin duda representa la música ayacuchana de estos tiempos.

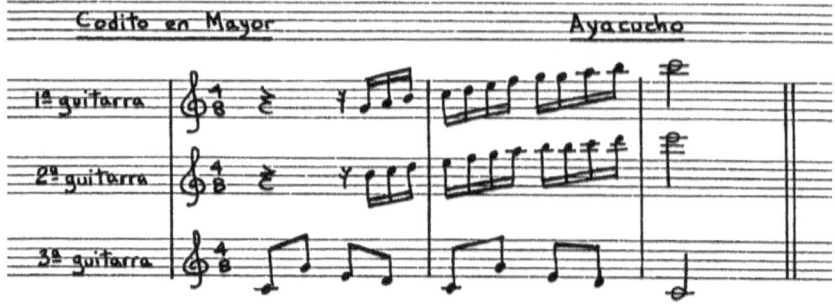

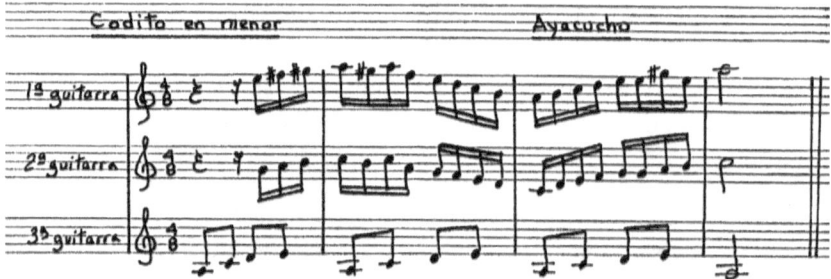

6.6.- La escuela cusqueña

Este movimiento musical, igualmente, ofrece una gran variedad, fruto de la riqueza cultural campesina. El musicólogo Josafat Roel Pineda decía a este respecto que:

> ...El wayno, que en casi todo el país es básicamente de estructura binaria, al ponerse en contacto con una poderosa forma ternaria con pies compuestos de tres corcheas, o formados por la contradicción de estas en una negra y una corchea o viceversa, y que es una de las más difundidas en las Provincias de Canas, Canchis y Quispicanchis del departamento de Cusco, sufre modificaciones o se transforma a medida que se aproxima a lo que parece ser el centro de difusión de esta forma en la Provincia de Canas. Uno de los componentes más conspicuos de esta forma ternaria y a la que probablemente le impuso su ritmo, es el bello paso de baile que por su apariencia es conocido con el nombre de "cojeado" y que se aplica en varias danzas de esta región, entre ellas en las variantes de la llamada "Paras" que llega hasta las cercanías de la ciudad del Cusco, así como algunas danzas de carnaval y

> *de otras fiestas y en la muy rica y hermosa danza llamada "Qan-chi"... (Roel 1959, p.113)*

De esta afirmación se trasluce que la música cusqueña tiene que buscarse en la tradición danzaria, el ritmo es pues lo que más resalta, aún en la ejecutada por los mestizos, se nota siempre la relación con las danzas; y el repertorio que nos ofrece el profesor Roel en las páginas siguientes de su texto nos da una idea de ello, pues no solo recogió las canciones indígenas sino también buena cantidad de las melodías denominadas populares o mestizas (Roel y Arguedas). Los hermanos Montoya en el tratado ya mencionado, dividen al Cusco, musicalmente en dos áreas: Cusco zonas altas y Cusco zonas bajas, puesto que encuentran diferencias en cuanto a los estilos que interpretan los campesinos y por supuesto los mestizos (Montoya, 1987).

Dentro de la Música mestiza cusqueña habría que mencionar especialmente a Los Bohemios de Cusco, quienes representan a la ejecución de un wayno que recoge los estilos de la bandurria, pero ejecutado en guitarra de cuerdas repetidas, es decir, doble encordado en las cuatro primeras cuerdas o agudas[54], de manera que suena parecido a una bandurria.

Por otro lado, tenemos conjuntos que utilizan guitarra, arpa y armónica o rondín, donde el rondín es el instrumento más resaltante. El origen de este tipo de conjuntos está asociado también a la tradición de usar el "pampa piano"[55]. En cuanto a la utilización del rondín, creemos que el famoso conjunto "Condemayta de Acomayo" es uno de los más representativos, sus canciones las venimos escuchando desde hace varios años y están grabadas en nuestra memoria.

La bandurria es también un instrumento representativo de esta zona, la forma de su ejecución difiere de las de Huancavelica y Ayacucho; los

---

54   Esta guitarra se asemeja en el sonido al Tiple colombiano de doce cuerdas, que también es conocido como Doce.

55   El "Pampa Piano" es una adaptación del Armonio de Iglesias. En la ciudad del Cusco, en junio de 1990, hemos visto a varios grupos en ocasión del Corpus Christi en la catedral ejecutando canciones religiosas en quechua y estaban acompañadas de violín, quena, mandolina y arpa. Josafat Roel dice: "Un conjunto de instrumentistas [populares profesionales, es el que agrupa alrededor del "pampa piano" o Armonio portátil y que se forma generalmente, además el instrumento citado, con violín y una o dos quenas y tambor... (Roel, 1959: 178).

grupos más representativos de este instrumento son por ejemplo "José Corrales y sus bandurrias" y el "Conjunto Santa Barbara de Sicuani".

Si quisiéramos ser justos en mencionar la variedad del wayno cusqueño, tenemos que hablar también de los conjuntos que utilizan la mandolina, este instrumento es quizá uno de los más importantes del "Área Qorilazo", donde la actividad principal está asociada a la ganadería y a la habilidad de montar caballos por parte de los chumbivilcanos (Montoya. 1987, p. 22). La mandolina es ejecutada magistralmente tanto por cusqueños como apurimeños, y siempre encontraremos a los mejores en el uso de este instrumento. Entre los conjuntos que debemos mencionar están: "Los auténticos Korilazos", "Conjunto Amanecer Antoniano", "Los Requiebros de Kanas" del Cusco; y de Apurímac, a "Los Chankas de Apurímac" y a los "Miniponchos de Talavera".

Para el caso de la demostración del codito, nos hemos tomado la libertad de transcribir a Los Bohemios del Cusco:

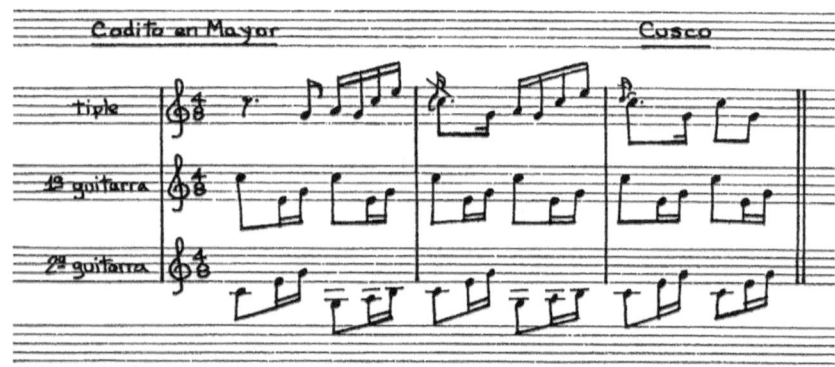

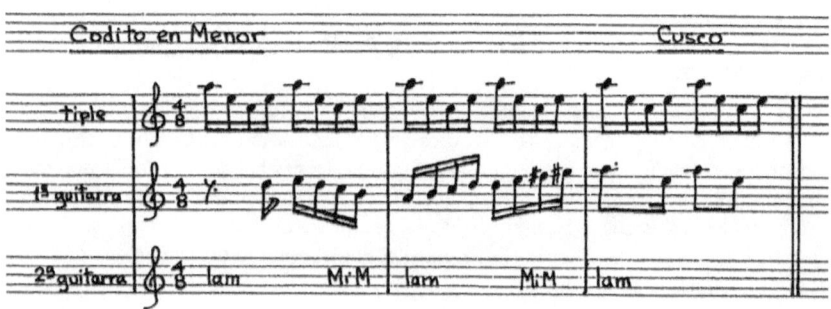

6.7.- La escuela arequipeña

Definir la escuela arequipeña en música popular implicaría mencionar al Yaraví como un género importante, puesto que históricamente es el lugar donde tuvo muy buen desarrollo. Es común identificar a la figura legendaria del Poeta Mariano Melgar, gestor de la emancipación, con este género; se dice además que el Yaraví tiene un origen prehispánico, que proviene del "Harawi" indígena (Véase, Arguedas 1977; Mendívil, 1988). Es pues sin duda uno de los géneros con poesía mestiza y con la música más hermosa que tiene nuestro país. El instrumento principal para ejecutar esta música es la guitarra punteada y bordoneada, es decir dos guitarras, una haciendo "primera" y la otra acompaña con las cuerdas graves. La difusión del Yaraví fue tan amplia que no solo se debe hablar de Arequipa como centro de ejecución; Cusco y Ayacucho, se destacan también en la actualidad. En el norte peruano se conoce también bajo la denominación de "Triste". El segundo departamento con mayor número de ejecutantes de Yaraví es indudablemente Ayacucho, esto gracias a la presencia de guitarristas, donde casi es una obligación para todos los conjuntos de esta región, tener por lo menos un Yaravi en su repertorio.

Para el caso del Wayno Arequipeño, se debe hablar de una influencia del ritmo cusqueño; así en Cotahuasi, en Chuquibamba, este género tiene todavía un cierto acento al "qorilazo" y puede ser representado por el conjunto "Los Errantes" que, por cierto, también se asemeja a la música ayacuchana.

Como un ejemplo vamos a transcribir el codo de una de las interpretaciones del Trío "Los Errantes":

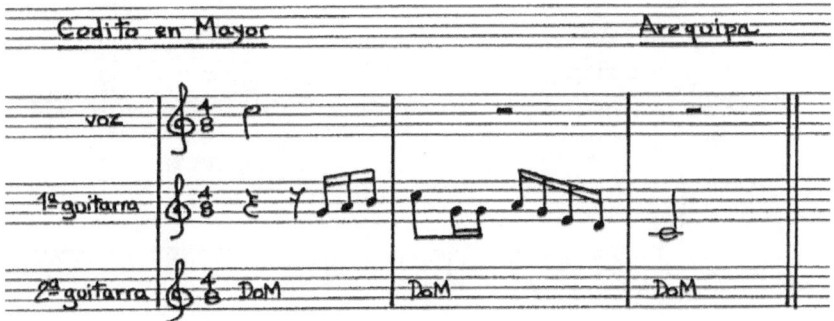

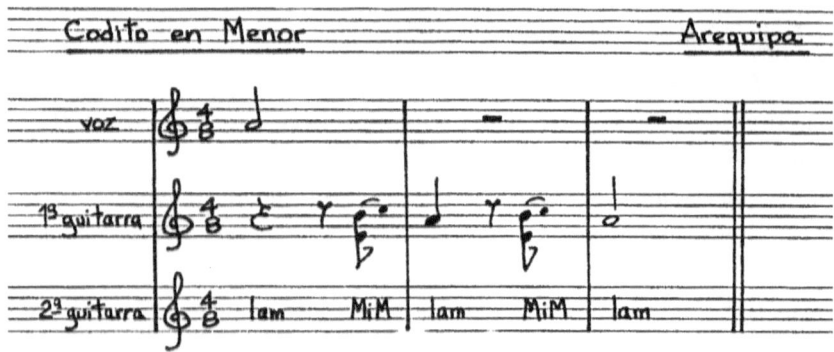

6.8.- La escuela puneña

Para el caso puneño, el repertorio danzario, igual que en el Cusco, tiene un papel importante en las formas del wayno, y más aún en la variante indígena. Con respecto a la música mestiza debemos mencionar a los conjuntos Siku Moreno y a las Estudiantinas. El primero es un conjunto de sikuris con un bombo de banda, tarola y platillo, cuyo ritmo es más ligero. En el caso de las Estudiantinas, música mestiza por antonomasia, donde participan varios instrumentos: quena, charango, mandolina, guitarra, guitarrón y acordeón. En su repertorio incluyen waynos, takiraris, música de danzas, etc. En efecto, las Estudiantinas son quizá lo que más representa el mestizaje, es decir, en las ciudades puneñas generalmente hacen música con instrumentos de cuerda, a diferencia del mundo rural donde se prefería el sikuri.

La forma de ejecución está dada por: la quena, la mandolina y algunas veces el acordeón, que hacen primera o voz cantante, mientras que la guitarra hace el ritmo y la ornamentación (bordones), el acordeón puede hacer contrapunto; el charango es eminentemente rítmico, en el típico rasgueo altiplánico. El codito lo hemos tomado del grupo "Los Íntimos de Puno":

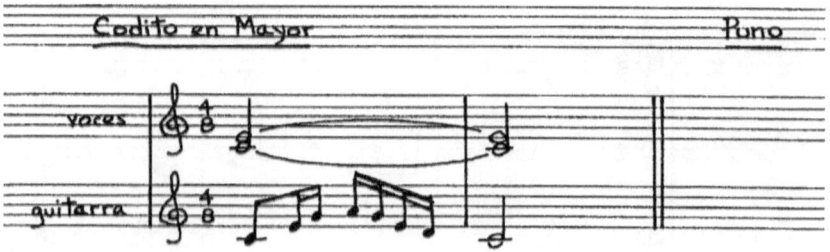

7.- La irrupción de las nuevas formas en la composición de la música ayacuchana

En esta sección mostraré algunos elementos que permitan percibir los cambios ocurridos en el wayno ayacuchano. Es un momento en que ocurren también grandes trasformaciones de carácter económico y social en nuestro país. Basta recordar que el proceso de migración ocurre de manera acentuada a partir de la década de 1960; asimismo, el Perú enfrenta la Reforma Agraria de 1969. Tal como ya anotamos arriba, el país transcurre por un proceso de urbanización acelerada, prácticamente se invierte la demografía, pasamos de ser una sociedad rural a otra eminentemente urbana.

La forma de elaborar canciones también sufre cambios, fruto, por supuesto, de los nuevos contactos de los músicos y compositores en un medio urbano. Esto ocurre en casi todos los géneros musicales. Y a propósito de esto, a finales de los años 70 me llamó la atención una entrevista en televisión a una de las figuras más representativas de la música criolla peruana, Chabuca Granda, quien opinaba con entusiasmo, que había que innovar el vals, "se podría construir valses con más partes o períodos musicales en la estructura de esta música" decía; y por supuesto, esta inquietud ya estaba plasmándose en algunas de sus canciones donde se constata su afán renovador[56]. Años más tarde dejará la posta a algunos jóvenes con quienes alternó en sus tertulias: Daniel Kiri Escobar y Andrés Soto, por ejemplo, introdujeron movimientos cercanos al bosanova brasileño. Así podemos hallar uno y otro dato importante de aquella época.

El wayno y la música andina en general tuvieron muy poco contacto con formas costeñas de creación, por lo tanto, las ideas de la compositora de "La Flor de Canela", es posible que no hubieran sido tomadas en cuenta —y tal vez ni siquiera escuchadas— por los practicantes de la música andina. Pero esto no quiere decir que no existieran nuevas formas de composición en el wayno, tal es así que en estos últimos años aparecen también nuevas formas en la composición de los waynos introduciendo uno o dos períodos musicales, como veremos.

---

56 Obsérvese por ejemplo su valse "José Antonio".

Antes hagamos un breve esquema que nos ayude a explicar en qué consisten estas nuevas propuestas en las composiciones del wayno. Siguiendo de alguna manera la música académica, entenderemos por estructura musical la distribución de melodías en una canción y de acuerdo con esto, una canción debe tener un número de melodías que se organizan en períodos, frases y motivos.

La melodía del wayno tradicional estaba estructurada de la siguiente manera: a cada estrofa corresponde un período musical. Este se encuentra conformado generalmente por dos frases, una que tiene función de antecedente y que generalmente se refiere a la primera parte de la estrofa y que además tiene su correlato en la armonía, pues corresponde a la parte en que el wayno llega a Do Mayor (haciendo el análisis en la tonalidad de La menor), y termina en otra frase que se denomina consecuente[57]), que armónicamente corresponde a la parte en la que el wayno llega a La menor. Una frase está formada por semifrases, correspondiendo cada una de éstas a un verso compatible en el tiempo entre las sílabas y la melodía. Este período musical se repite en el caso del wayno, tres veces o dos según el número de estrofas de las canciones. La parte instrumentada que se podría llamar intermedio también repite el período musical. Luego de ello se remata con la fuga o "Hawachan". Entonces una canción estructurada en dos partes podría describirse: la primera parte el cuerpo del wayno y la segunda correspondería a la fuga.

Para una mejor comprensión, explicaremos con un ejemplo conocido: La canción "Adiós Pueblo de Ayacucho", acompañada con guitarra o charango en el tono La menor.

---

57 Si se tratara de explicar más sencillamente se diría que en las estrofas de los waynos clásicos: las dos primeras frases van de grave hacia agudo, y las otras dos restantes van de agudo hacia grave.

LOS CAMINOS DE LA MÚSICA

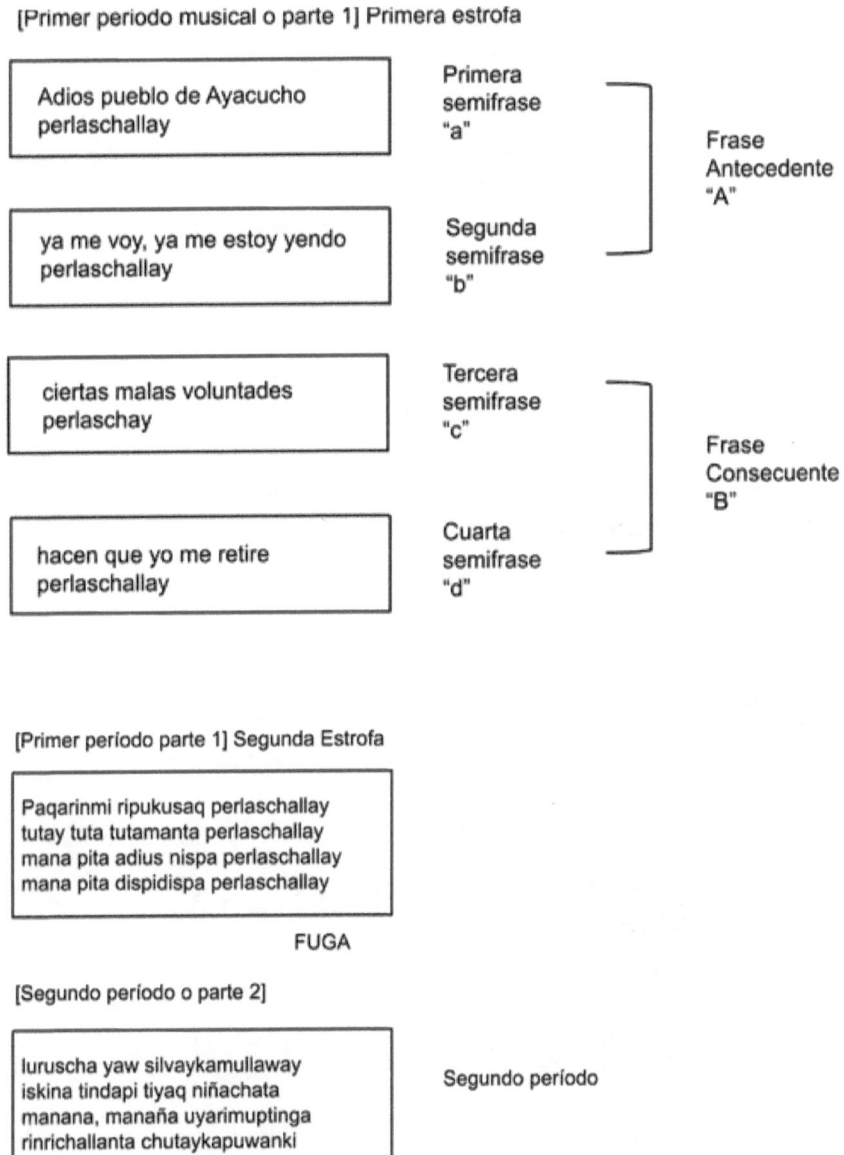

[Primer periodo musical o parte 1] Primera estrofa

- Adios pueblo de Ayacucho perlaschallay — Primera semifrase "a"
- ya me voy, ya me estoy yendo perlaschallay — Segunda semifrase "b"

Frase Antecedente "A"

- ciertas malas voluntades perlaschay — Tercera semifrase "c"
- hacen que yo me retire perlaschallay — Cuarta semifrase "d"

Frase Consecuente "B"

[Primer periodo parte 1] Segunda Estrofa

Paqarinmi ripukusaq perlaschallay
tutay tuta tutamanta perlaschallay
mana pita adius nispa perlaschallay
mana pita dispidispa perlaschallay

FUGA

[Segundo periodo o parte 2]

Iuruscha yaw silvaykamullaway
iskina tindapi tiyaq niñachata
manana, manaña uyarimuptinga
rinrichallanta chutaykapuwanki

Segundo período

Como se puede observar toda una estrofa es considerada como un periodo musical o parte; y en la mayoría de los waynos, básicamente, se repite este periodo, según la cantidad de estrofas; mientras que la fuga viene a constituir el segundo periodo. Se debe tener en cuenta que no estamos explicando minuciosamente todos los giros que se puede percibir en esta u otras canciones, ni tampoco tomaremos en cuenta las diferentes interpretaciones de otros músicos: es solamente un modelo para explicar.

La nueva propuesta de los músicos contemporáneos tiene una innovación, se trata de la introducción de una tercera frase con melodías y armonías nuevas (unas notas nuevas dirían los músicos no académicos). Para el caso hemos escogido tres ejemplos que vamos a mostrar enseguida. En este caso los compositores no han incluido fuga[58].

7.1 *Guitarrita compañera*

Esta canción aparece en la segunda mitad de la década del setenta, cuando el cantante puquiano Edwin Montoya, al iniciar su actividad artística como solista en canto, presentó un disco de larga duración "Amor Sagrado", en donde incluyó una canción cuyo título es "Guitarrita Compañera", composición de Edwin y Juan de Dios Rojas cuya estructura es la siguiente:

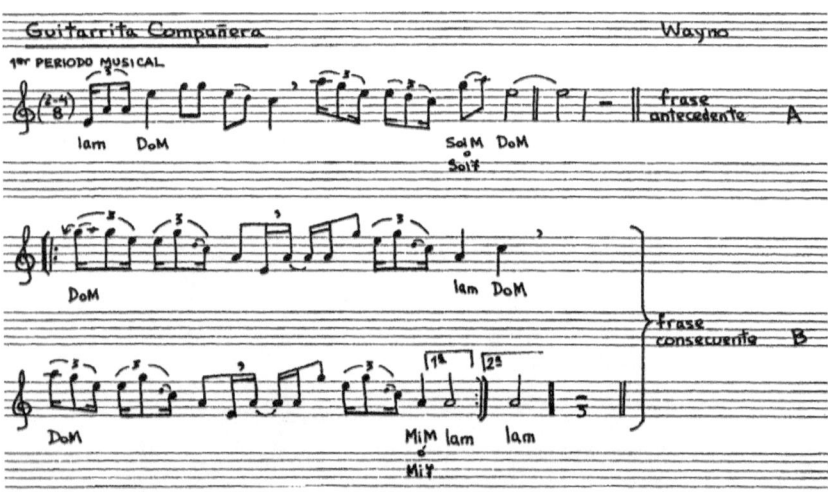

---

58 Es muy normal que no incluyan fugas en muchas composiciones nuevas. Por otro lado, a muchas canciones se les agrega "cualquier fuga", así en algunas grabaciones se repiten fugas clásicas, y muchas veces lo que se recopila son las fugas para agregar a las composiciones.

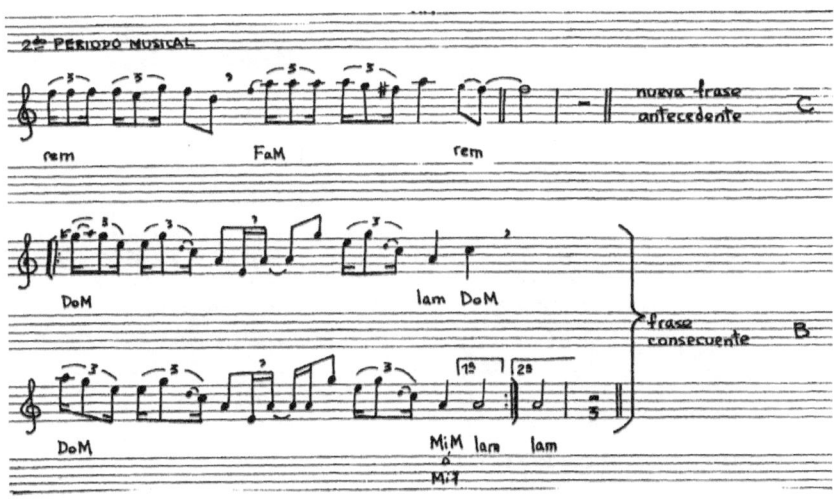

.........INFOPESA 208208 stereo.

Si se analiza la estructura formal de este wayno, podemos ver que tiene tres frases importantes que se articulan de esta manera: Existen dos períodos musicales claros, cada uno conformado por 2 frases. La primera y tercera estrofa del texto corresponden al período 1, y la segunda y cuarta al período 2.

Período 1:

*Primero viene la Frase Antecedente (A)

*Luego la Frase Consecuente que se repite con una ligera variante. (B)

Período 2:

Nueva Frase Antecedente (C)

*Frase Consecuente idéntica a la del período 1 con su repetición (B)

Como se ve, la innovación consiste en que ya no son todos los períodos iguales (como en la generalidad de los waynos), sino que aparece un tercer elemento que es una frase antecedente nueva, que hace que los períodos sean distintos.

En lo que se refiere a la armonía encontramos que en esta nueva frase antecedente existen también innovaciones. El circuito de acordes de la tonalidad (o nota según los músicos no académicos) de La Menor, es el siguiente: La Menor, Do Mayor, Mi Mayor. (Fa Mayor), en esta nueva frase se introduce un acorde inusual que es el de Re Menor.

En el cuadro siguiente trataremos de mostrar la correspondencia entre la Forma Musical y la Armonía:

Forma Frases	1er. Período				2do. Período		
	A		B		C		D
Armonía	lam	DoM	DoM	lam	rem	DoM	lam
Texto	1ra. Estrofa 3ra. Estrofa				2da. Estrofa 4ta. Estrofa		

7.2.- *Piedra tirada en el camino*

Otro músico y compositor de Puquio, Manuelcha Prado presentó una canción al II Festival de la Canción Peruana "Daniel Alomía Robles" organizado por la Municipalidad de Lima en 1982, quedando clasificada entre las doce mejores.

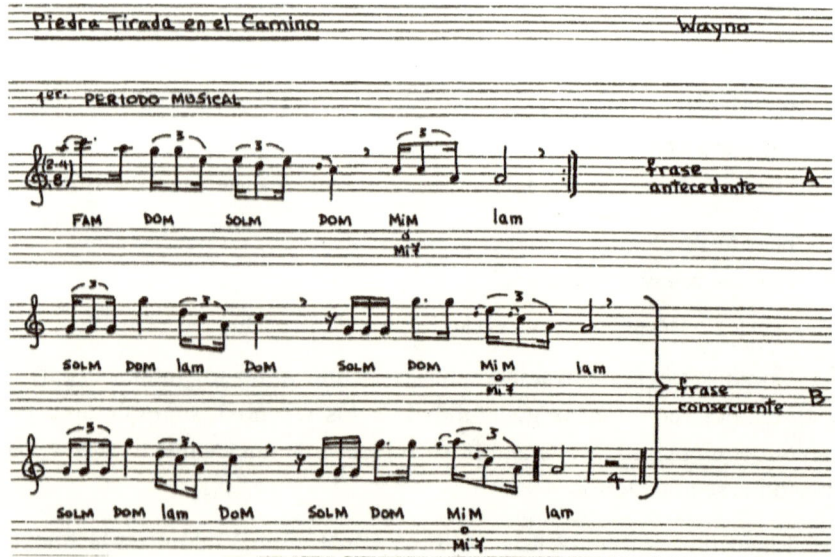

...(Disco editado por la Municipalidad de Lima)

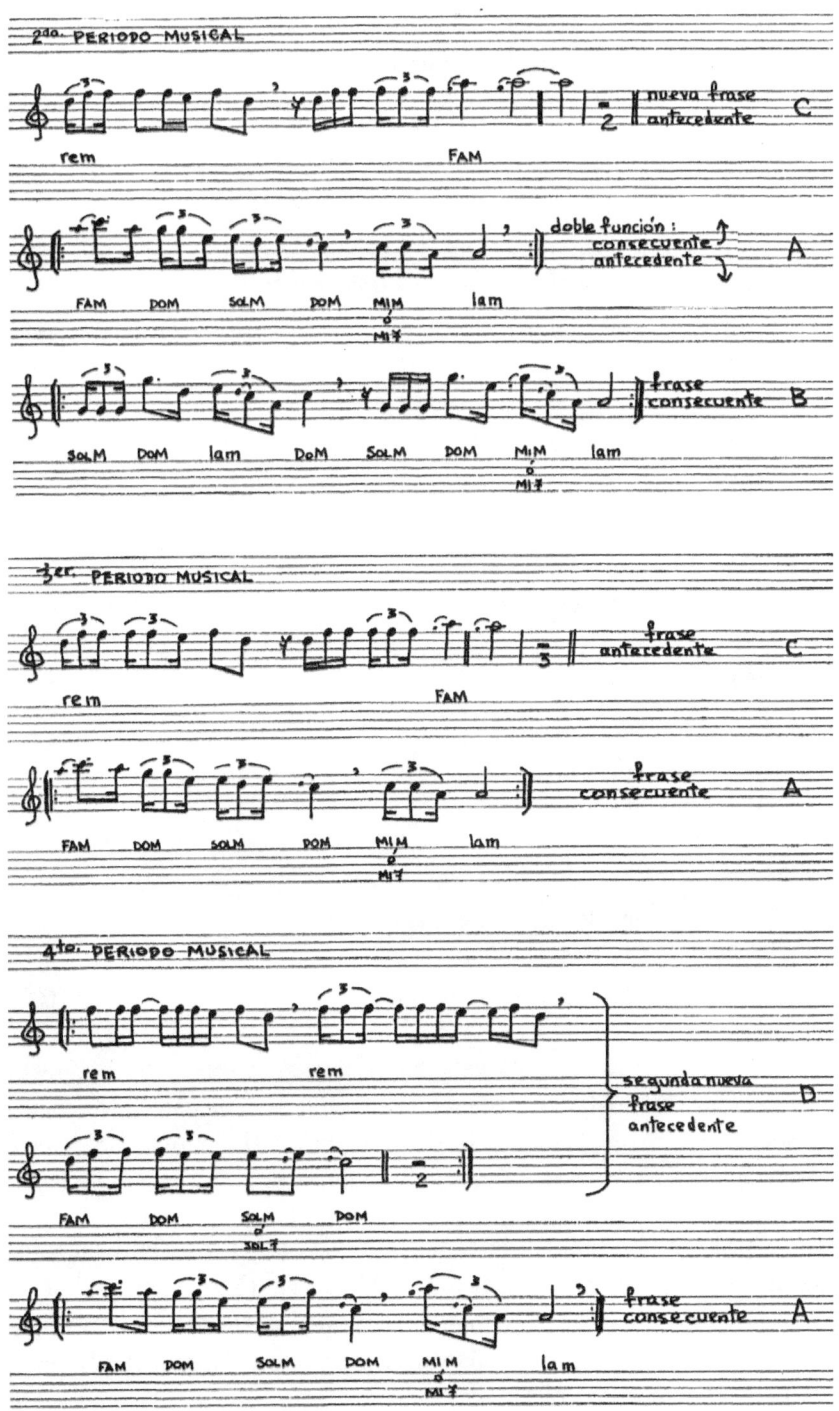

El análisis formal de esta canción sería el siguiente: La canción tiene cuatro estrofas, a cada una de las cuales corresponde un período musical diferente, aunque una de las frases al interior se repite. En este caso se presentan cuatro tipos de frases diferentes.

Período 1:

Frase Antecedente (por la armonía esta frase tiene un carácter consecuente, ya que va de DoM a lam)	(A)
Frase Consecuente que se repite	(B)

Período 2:

Nueva forma de Frase Antecedente	(C)
Doble función de la Frase (A): Consecuente respecto a (C) Antecedente respecto a (B)	(A)
Frase Consecuente (B)	

Período 3:

Frase Antecedente	(C)
Frase Consecuente (aquí A funciona solo como Frase Consecuente)	(A)

Período 4:

2da. Nueva forma de Frase Antecedente, que en realidad es una frase aumentada de (C)	(D)
Frase Consecuente igual que el Período 3	(A)

La característica de esta canción es presentar tres tipos de Frases Antecedentes, lo cual permite la total variación de cada uno de los cuatro Períodos Musicales. Entonces se puede decir que la innovación de este wayno consiste en alterar la Frase Antecedente de cada Periodo Musical.

Respecto a la Armonía, la canción se toca en el tono la menor, los acordes serían: la menor, Mi Mayor, (Sol Mayor), (Fa Mayor), Do Mayor y el acorde renovante seria re menor. Pero también debemos agregar que esta canción aporta otra pequeña variante más en el tercer periodo manteniendo el acorde de Sol Mayor.

Si hacemos la correspondencia entre la Forma Musical y la Armonía:

Forma Frases	1er. Período Musical				2do. Período Musical				
	A		B		C	A		B	
Armonía	Fam	lam	DoM	lam	rem	Fam	Fam	lam DoM	lam
Texto	1ra. Estrofa				2da. Estrofa				

Forma Frases	3er. Período Musical				4to. Período Musical			
	C		A		D		A	
Armonía	rem	fam	DoM	lam	rem	Fam	DoM	lam
Texto	3ra. Estrofa				4ta. Estrofa			

7.3.- *Plegaría* (wayno)

Esta canción fue presentada al II Festival de Autores y Compositores Andinos por un ayacuchano bajo el seudónimo de "Montonero" en 1988, y fue cantada por otro joven ayacuchano Kiko Rebata. Al final del festival se supo que el autor era Carlos Flores.

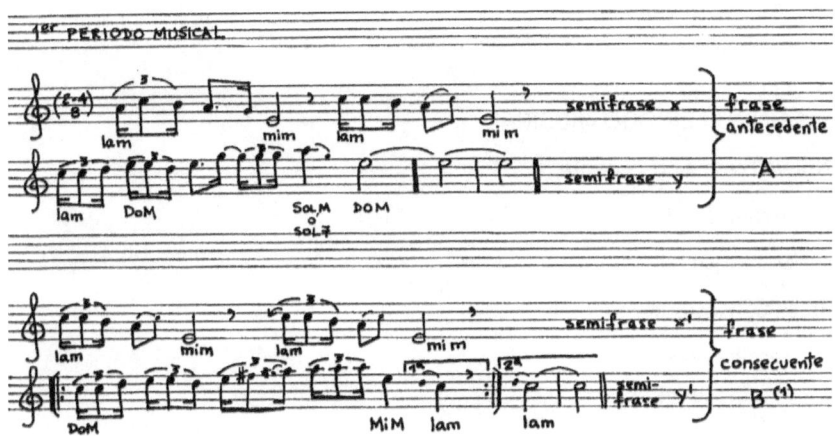

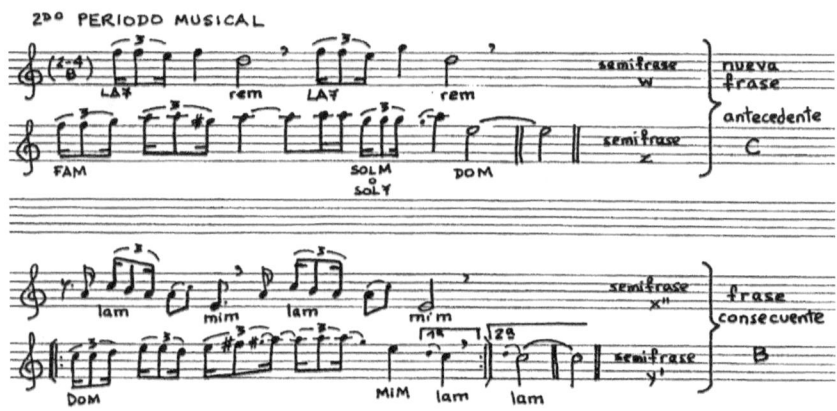

(Grabación directa del Festival hecha por el CEPES)

Para el Análisis Formal de esta canción, diremos que está constituida por dos Periodos Musicales y tres estrofas en texto. A la primera Estrofa corresponde el primer Período Musical y a la segunda y tercera Estrofa le corresponde el Segundo Período Musical. Aquí vamos a hacer un análisis un poco más profundo utilizando también las Semifrases.

PRIMER PERÍODO MUSICAL:

Frase Antecedente (A)

   Semifrase (x)

   Semifrase (y)

Frase Consecuente (B)

   Semifrase (x)

   Semifrase (y)

SEGUNDO PERÍODO MUSICAL

Nueva Frase Antecedente (C)

   Semifrase (w)

   Semifrase (z)

Frase Consecuente (B)

   Semifrase (x)

   Semifrase (y)

Una cosa que se puede notar es que en el Primer Período las dos Frases (antecedente y consecuente) son similares. En el Segundo Período aparece una Nueva Frase Antecedente, tal como hemos visto en los casos anteriores. Esto y la armonía de la Semifrase (x) son las innovaciones de esta canción.

Con respecto a la Armonía:

* En la Semifrase (x) se utiliza un acorde inusual en el acompañamiento de los waynos en la menor, este acorde nuevo es mi menor.

* En la nueva Frase Antecedente (C) se utiliza el acorde re menor, este es, al igual que los casos anteriores, un acorde nuevo en la armonía del wayno en la menor.

Comparando la Forma Musical y la Armonía:

Forma Frases Semifrases	Primer Período Musical				Segundo Período Musical			
	A		B		C		B	
	x	y	x	y	w	z	x	y
Armonía	lam mim DoM DoM lam		lam mim		rem	lam mim	lam DoM	lam
Texto	1ra. Estrofa				2da. y 3ra. Estrofa			

7.4.- Mi propuesta o Amor, amor[59]

A fines de los años ochenta del siglo pasado, un abogado ayacuchano, César Romero Martínez, compuso una canción que en los años 90 se convertiría en un gran éxito, que hasta un presidente peruano del primer lustro del siglo XXI asumió como un "símbolo personal". En efecto, Alejandro Toledo, gustaba de la versión de los hermanos Gaitán Castro (quienes cosecharon muchos éxitos, lo cual les permitió conducir un programa de la TV estatal por varios años) y le dio mayor impulso a la composición. La canción fue titulada por el autor Mi Propuesta, pero los cantantes y el público la conocen simplemente por sus primeras palabras,

---

[59] Este acápite me permite introducirla para la presente edición y la consideró complementaria a las tres canciones presentadas.

Amor Amor[60]. Cuando terminé de escribir la tesis ya no pude incluir esta canción de Romero. Ahora quisiera incluirla para entender un poco mejor este proceso. En mis análisis sobre las transformaciones de la música andina en los 80 había logrado distinguir las tres canciones citadas (hoy prácticamente olvidadas, véase los análisis precedentes de Guitarrita mia, Piedra en el camino y Plegaria).

Si uno observa las características de la melodía de "Mi Propuesta", puede advertirse que existen los dos fraseos clásicos del wayno ayacuchano, pero al final se observa una semi-frase distinta y descendiente. Esta es otra demostración de cómo se van consolidando ciertas influencias externas al wayno.

Para entonces, el espacio sonoro era dominado por grupos como los Kjarkas y Savia Andina. Las baladas iberoamericanas, además de muchos otros géneros estaban impregnándose de los gustos de compositores y consumidores. Si consideramos la fuga de este wayno, se puede advertir que tiene una fuerte influencia de balada.

Los músicos que tuvimos que acompañar ocasionalmente esta canción advertimos que debiamos incluir acordes *inusuales*, que por supuesto teniamos que sumar a nuestro *background*. Desde entonces, en adelante, proliferan tales técnicas a las que los compositores nos acostumbraron. Esto es lo que en la jerga de los músicos y de algunos comentaristas han identificado como wayno novo, fusión y otras denominaciones, como hemos visto.

Mi propuesta.- En este ejemplo vamos a prescindir de los esquemas, puesto que son similares a los modos de renovación que fueron presentados en las tres canciones anteriores.

---

60 A inicios de los 90 escuché a César Romero (quien falleció unos años después) cantar en la Concha Acústica del Campo de Marte de una manera informal pero muy sentida y aplaudida, pero esa vez presentó otra canción. De este autor solo se conoce Mi Propuesta, hoy clásica, en la música popular peruana. Y a veces se adjudica a cantantes que grabaron esta canción.

Mi propuesta

César Romero

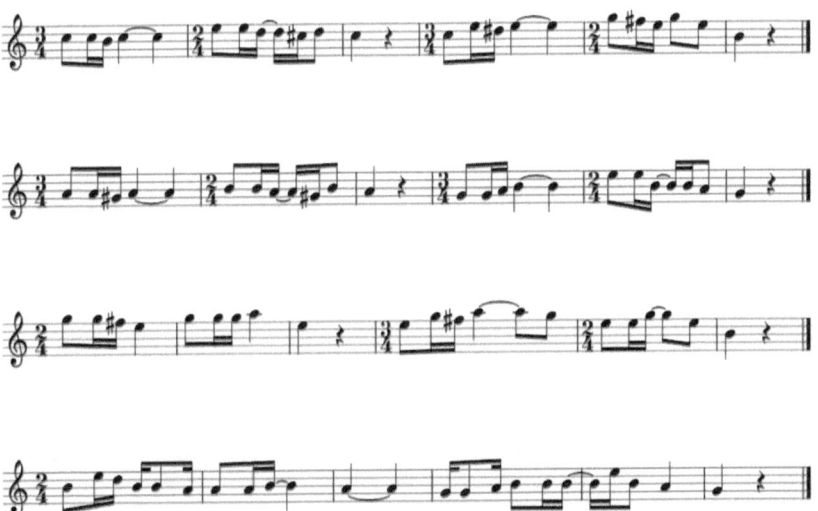

Transcripción: Félix Ceneviva Eid

Segunda Parte

Variaciones sobre la música popular contemporánea

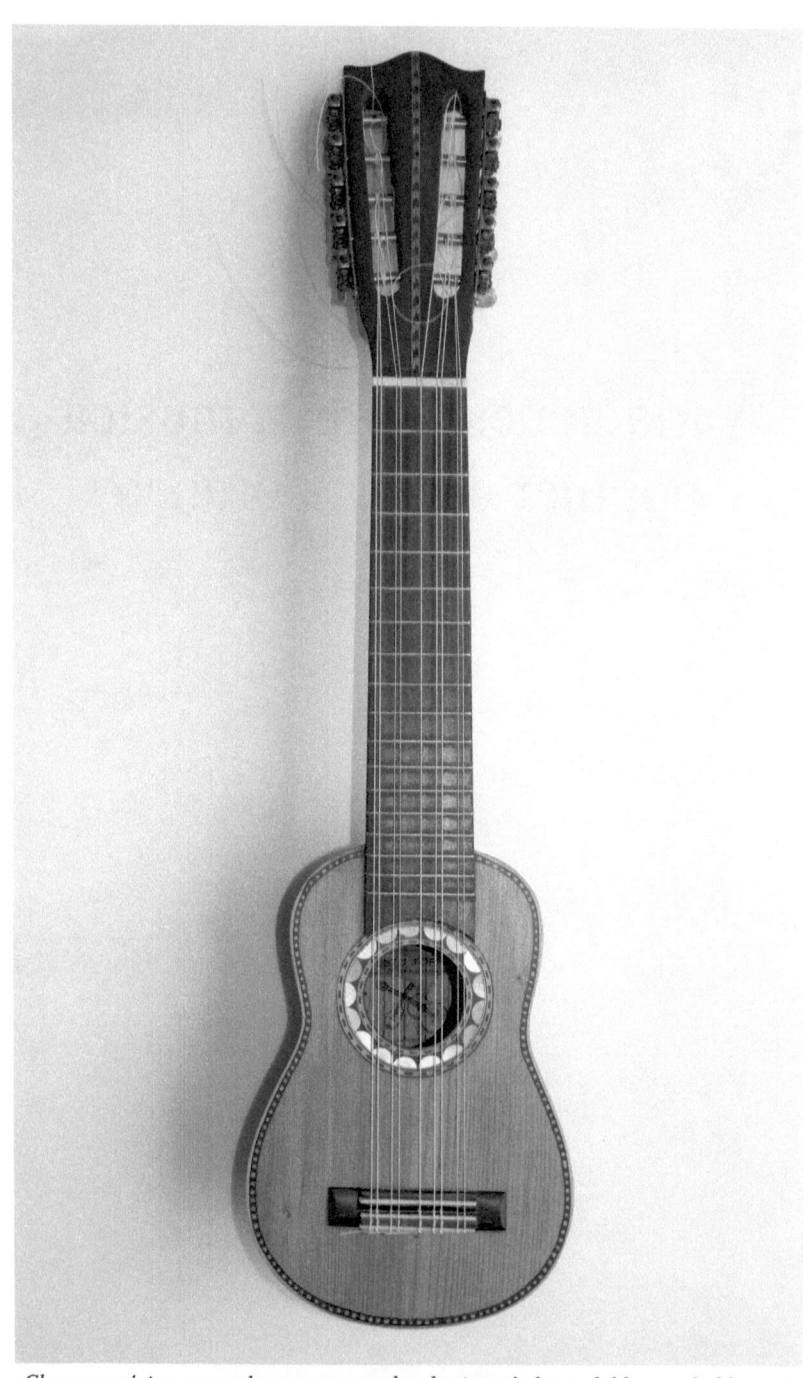

Charango típico ayacuchano, con cuerdas de cinco órdenes dobles, probablemente construido en la segunda mitad del siglo XX.

Introducción

Esta segunda parte corresponde a algunas reflexiones complementarias a la primera sección. El primer texto comprende un breve análisis sobre el charango en el que se aborda su historia, los debates sobre su aparición y sus características. El charango es un instrumento que me acompaña desde mucho tiempo. Aprendí a tocar el charango a la edad de 18 años cuando mi madre me regaló un instrumento elaborado por un lutier tradicional de Coracora, don Pablo Ccanto. Este precioso obsequio fue por haber ingresado a la Universidad y prometer a mis padres que estudiaría una carrera para defenderme en la vida. Los padres coracoreños y ayacuchanos por lo general evitaban que los niños y adolescentes se dedicaran a aprender instrumentos musicales por el temor a la bohemia. Motivos había a montones, de lo cual no me eludo. Aunque debo aclarar que ya tocaba guitarra desde los diez años (a veces comento que la guitarra es mi "lengua madre en música", por tanto, aprender temas complejos siempre me retorna a la guitarra). No obstante, el charango se convirtió en el instrumento central de mis actividades musicales. En 1979 formamos el grupo Yawarmayu (con Mario Palomares, Daniel Mamani y Andrés Landa) en Lima; luego durante más de 40 años continúe ejecutando con varios grupos en distintos lugares (en Cusco, Quito, Brasilia, Foz de Iguazú y claro en Coracora), cierto es que prácticamente me convertí en charanguista. En ocasiones actué como solista, de acuerdo con circunstancias concretas, gracias a las cuales fui invitado a encuentros y festivales de Charango, así como a organizar actividades de charanguistas junto a José Sotelo (quien impulsaba el Colectivo de Charangos del Perú desde 2006, lamentablemente Sotelo falleció en 2020).

El segundo texto intenta discutir el problemático tema de las influencias musicales ocurridas en la música popular a partir de un movimiento que se desarrolló a partir de los años de 1960, pero que se internacionaliza en los andes desde los años de 1980. Se trata de la influencia boliviana y su papel en la música peruana.

Finalmente, el tercer texto es una breve reflexión sobre el nuevo escenario de la música popular en su adaptación al mundo de la amplificación de los sonidos, tema que no es muy frecuente en las investigaciones musicales, pero que está muy presente en la vida cotidiana de los músicos y de los consumidores de la música. Posiblemente las identidades se ven afectadas por este complejo de elementos que es es necesario poner en una mesa de discusión, aunque no se encuentren muchos interesados.

1.- El charango y sus peripecias en el mundo andino[61]

El charango es un cordófono que expresa una de las formas de adaptación de los instrumentos musicales europeos a la cultura de los pueblos de Abya Yala (América). La apropiación realizada por el mundo indígena de instrumentos como el arpa, el violín y la guitarra, sin duda, sobrepasó al mundo criollo y mestizo. El charango, precisamente es una recreación de un instrumento de cuerda de origen europeo, pero adaptado a la cultura de los pueblos de estas tierras. En Europa no hubo un instrumento con estas características, sobre todo en el modo de afinación. Un posible ancestro pudo ser la vihuela o la guitarra barroca de cinco órdenes, pero la diferencia consiste en la afinación. Se trata pues de un instrumento cuya encordadura es de cinco órdenes, que se asemeja a una "pequeña guitarrita". Existe una amplia gama o variedad (incluso desde la tradición se puede identificar al chillador, al maulichu, la chachila, entre otros), y está distribuida hoy en varios países sudamericanos. Existen de varios tamaños, unos incluso del tamaño de una guitarra, así como miniaturas. La afinación clásica del charango en todos los países donde se ejecuta es: mi-la-mi-do-sol[62]. En la tradición huamanguina esta escala es referida míticamente a los sonidos de las campanas de algunas de las 33 iglesias

---

[61] Una primera versión de este texto fue presentada en el Encuentro del Charango en agosto del 2007, en Arequipa; luego en una segunda ocasión, el tema fue planteado en otro encuentro de charanguistas en Cusco, en 2008. Una tercera vez fue en una conferencia virtual para el III Congreso Nacional de la Música Ayacuchana y su Trascendencia, "Coracora. Capital del Huayno y el Yaraví" 28, 29 y 30 de octubre de 2016.

[62] Existe una gran variedad de afinaciones en cada país y región, además del clásico mi-la-mi-do-sol, tema que rebasaría este estudio.

coloniales, algunas personas aún recuerdan que los sonidos corresponderían al lexema san-to-do-min-go.

Su mayor difusión fue en las décadas del 60, 70 y 80 del siglo pasado, una época en que se propagó junto con la nueva canción popular latinoamericana (o simplemente música latinoamericana). Habría que aclarar, no obstante, que el charango se ha difundido solo en una de sus variedades, la del tipo boliviano, con su caja acústica cóncava simbolizando el caparazón del Kirkinchu o armadillo (Chaetophractus nationi)[63]. En efecto, el charango boliviano, tanto en su forma de ejecución, así como en la forma del instrumento, es el más conocido en varios lugares del mundo y ha opacado a otros modelos –incluso a aquellos existentes en la misma Bolivia, aparte del modelo cochabambino modelo Kjarkas. En el Perú existen estilos como el cusqueño, el arequipeño y el ayacuchano, que tienen también sus propias características y propuestas que vale la pena reivindicar[64]. En esta sección trataré de comentar sobre este instrumento desde un punto de vista de una experiencia práctica y de haber conocido la mayoría de los estilos, escuelas y variedades de los países donde se practica más este instrumento de manera popular y no erudita ni académica.

Me gustaría plantear a continuación, algunas ideas acerca de las particularidades de este instrumento musical y de su ejecución, cuyo origen ha generado controversias, agudizándose últimamente debido a un reconocimiento casi simultáneo de Bolivia y Perú del charango como Patrimonio Nacional[65].

---

63 Pero hoy debido a criterios ecológicos (el armadillo está considerado una especie en extinción) felizmente se puede fabricar con la técnica del "vaciado en madera" que, por cierto, imita la forma del caparazón del kirkinchu.

64 Se han organizado varios Festivales de Charango en el Perú, en Cusco, Arequipa y Lima en estos últimos 15 años. Es paradójico que un músico académico especialista en vientos como Plinio Condori sea el impulsor principal de los festivales de charango en Arequipa, a los cuales asistí en 2007 y 2008 gracias a su gentil invitación. Otra de las entusiastas impulsoras de la difusión del charango es Anita Saladino que dirige la Asociación Internacional del Charango, AICH, gracias a su invitación también participé en el festival del Cusco. En Lima, a iniciativa de José Sotelo, impulsamos varios encuentros de charango para conmemorar su declaratoria como Patrimonio Cultural de la Nación.

65 En Bolivia el charango fue declarado Patrimonio Cultural mediante Ley 3451 de 21 de julio de 2006. Y en el Perú, según Resolución Directoral N° 1136/INC publicada el 23 de Setiembre de 2007.

1.1.- Variaciones sobre la historia del charango

No pretendo tomar parte en la discusión sobre los orígenes del charango, sino contribuir al conocimiento de su práctica y establecer algunos datos. Las discusiones sobre el origen del charango por lo general son elaboradas por aficionados que poco conocen de historia. En varias ocasiones argumenté que, si uno pretendía historiar el origen del charango, sería necesaria la integración de conocimientos de arqueología colonial, iconografía histórica, y por supuesto del trabajo de paleógrafos dedicados a revisar documentos coloniales en archivos de distintos países, como en los archivos de Sevilla. Hasta ahora nadie ha intentado tal hazaña y solo ha ocurrido un debate entre egoísmos artísticos con intereses publicitarios. Si menciono alguna referencia histórica, solo pretendo sugerir algunos pasos a futuros investigadores serios que aborden no sólo su origen sino su invención compleja en un espacio también complejo. Ya los historiadores británicos Hobsbawm y Ranger (1983) nos advirtieron sobre las vicisitudes de las fundaciones nacionales, que alimentan más la imaginación y no las realidades de la cultura.

En efecto, varios estudiosos han planteado ciertas hipótesis sobre este instrumento, y casi es un consenso, que fue una transformación de cordófonos de origen europeo en estas tierras americanas (Mendívil, 2003; Vásquez 2007; Cavour, 1962, 1980; Chaquilla, 2007). No obstante, es conveniente avanzar, insisto, más allá de informaciones secundarias, pues todavía estamos en los niveles de la revisión de documentos publicados para conocer su itinerario y quizás su probable origen concreto. Es preciso revisar entonces documentación original en archivos públicos y personales, tanto en nuestro continente como en Europa, así como realizar un estudio adecuado de la iconografía que nos pueda mostrar su proceso. De otra manera se seguirá discutiendo de forma etnocéntrica, jalonando intereses y chauvinismos.

De otro lado, quizás, lo que más nos debería interesar son las creaciones en términos de arte, me refiero a la creatividad musical y a la variedad. En este sentido sería necesario distinguir, por un lado, un estudio sobre la materialidad del instrumento, es decir sobre su construcción, formas, diversidad y antigüedad; pero también debemos insistir en el estudio de los estilos y técnicas de ejecución, las adaptaciones locales y las formas en que los músicos han impregnado sus culturas musicales a través de este instrumento.

1.2.- ¿Una creación en movimiento?

Creo que podemos estar de acuerdo en la afirmación que el charango fue desarrollándose en el hoy denominado mundo andino. Su difusión se debió a los grandes viajeros y comerciantes que transitaban a lo largo de este enmarañado espacio que historiadores como Carlos Sempat Assadourian, han definido en los años 70 del siglo pasado, como *espacios regionales* que comprendían un complejo de economías y ecologías desde el norte de Argentina (Salta y Jujuy) hasta Lima. Qué duda cabe que el charango fue "inventado" en el periodo colonial, pero en este lado del mundo, entre valles, punas y quebradas. En el espacio orientado por el eje de comercio entre Buenos Aires y Lima, en cuyo trayecto se encuentra Potosí.

Debo señalar para quienes no han tenido la ocasión de leer sobre estos temas, los historiadores fueron convenciéndose desde los años de 1960, que la vieja concepción del comercio relacionado exclusivamente con España como centro económico no podría explicar situaciones de comercio y difusión de culturas locales. Hasta los años 60, la historiografía colonial solo imaginaba una actividad económica pensada como un circuito Madrid-Potosí. Sin embargo, al afinar la mirada y observar más detenidamente se descubría en nuestros espacios un mundo más complejo. Esto significó pensar que el Perú, y los otros virreinatos que se fueron formando siglos después, tuvieron una lógica propia relativamente independiente del reino de España; aun cuando política e ideológicamente hayan dependido de ella. Tal vez estas ideas puedan ayudarnos a replantear el desarrollo del charango, pues debe pensarse partiendo de semejantes términos regionales.

La explicación económica de formación de una región, en este caso una macroregión (La Plata-Charcas-Perú), es posiblemente el escenario donde se forjaron culturas y subculturas muy importantes, incluso en el periodo colonial. Aquí quiero ser enfático. Si bien es cierto que Potosí se convirtió en el gran centro vertebrador de la economía colonial, pero sobre todo de la economía del siglo XVII. Sin embargo, luego de la decadencia de la plata en Potosí (fines del siglo XVII, inicios del XVIII), y antes de ella, existían pequeñas regiones que también manejaban sus propios circuitos económicos, como aquellos formados entre Moquegua y La Paz-Oruro; entre Majes y Cusco; entre Córdoba y Potosí; entre Ica y Junín (Macera, 1971; Assadourian, 1973).

Debemos recordar que en pleno siglo XVI, los españoles aún no podían adaptar las mulas a los circuitos del transporte en el mundo andino, entonces la llama era el medio de transporte exclusivo del vino, bebida fundamental en ese entonces. Precisamente, el vino producido en la costa peruana se trasladaba en cántaros de barro (botijas) protegidos con ichu en pequeñas angarillas, que se llevaban hacia el Cusco, Potosí y otros lugares. Los arrieros con llamas fueron denominados en esa época chacaneadores (según nos recuerda el historiador Luís Miguel Glave). Estos chacaneadores contribuyeron a la creación de un régimen económico y cultural que no necesariamente dependía de Potosí (Landa, 1993).

Considero que estos mismos esquemas fueron reproduciéndose en otros espacios. Cada región, microregión o zona, como es lógico, fue forjando sus propios ejes y circuitos. De acuerdo con su propia demografía y capacidad económica, pueblos y regiones fueron integrándose y creando su propia cultura.

Concolorcorvo (seudónimo de Alonso Carrió de la Vandera) escribió en la segunda mitad del siglo XVIII un libro que tituló el *Lazarillo de los ciegos caminantes*, publicado exactamente en 1773, unos pocos años antes de la rebelión de Túpac Amaru. El propósito del libro era explicar la ruta de Buenos Aires-Córdoba-Potosí-Cusco-Lima. El testimonio de este singular caminante, cuyo texto parece ser una guía de transportistas, de comerciantes y funcionarios del virreinato, puede ayudarnos a pensar en el contexto de la expansión del charango. Rescataremos una descripción que corresponde a un tramo por donde transitaban los viajeros en su trayecto hacia Lima.

> *...Todo este país, como el de Abancay, a excepción de algunos altos, es muy caliente y frondoso, y pasando por él me dijo el visitador, señalándome un elevado cerro, que a su falda estaba el memorable templo dedicado a la Santísima Virgen en su Soberana Imagen nombrada de Cocharcas [...] Los comerciantes, por lo general, ponen sus tiendas en los poyos inmediatos, y algunos pegujaleros, mestizos, se*

> *plantan en medio de la plaza, y todos hacen un corto negocio, porque la feria más se reduce a fiesta que a negociación, y así solo de Guamanga concurren algunos tenderos españoles y mestizos, fiados en lo que compran los hacendados españoles, tanto seculares como eclesiásticos de la circunferencia, porque las cortas negociaciones de los indios se quedan entre sus paisanas...* (Concolorcorvo, 1942: 345-347)

Cocharcas es un pueblo muy antiguo ubicado en el hoy departamento de Apurímac y está en la ruta de este trayecto histórico. Tuve la suerte de visitar este pueblo en varias ocasiones, durante varios años y conocerlo con cierta profundidad. Cocharcas es un buen ejemplo de eje comercial y cultural, fue un pueblo que se fundó posiblemente para realizar actividades comerciales, es decir un lugar de feria india y mestiza. En este comercio que cubría desde el norte de Argentina hasta Lima, circulaban pues mercancías, instrumentos y música.

En esta ruta nacieron algunos géneros musicales y danzas que se cultivan hasta el presente. Esta demás repetir el mito de la *muliza* como herencia del ritmo del caminar de las mulas. Danzas como los Tucumanos de Puno (como también en Junín y Moquegua incluso con otros nombres), los Majeños de Cusco dan clara evidencia de la dinámica de estas rutas culturales. Los arrieros, peones y ayudantes de estos trajinantes pudieron haber sido excelentes músicos que disfrutaban de grandes jaranas en chicherías y cantinas de ciudades como Cusco, Abancay, Huamanga y Huancayo, así como en *Samanas* o *Tambos* del camino.

Podemos intentar comprender la historia del charango como una creación del mundo colonial andino, forjado entre el Virreinato del Perú primigenio y luego más tarde en el Virreinato de la Plata; en lo que hoy corresponde a países como Perú, Bolivia y Argentina, en un eje que podemos denominar también como Perú-Charcas-La Plata.

1.3.- Los ejecutantes de Charango en la historia

¿Quiénes fueron los charanguistas? Existen pocas fuentes y escasos estudios que nos indiquen el estrato de la sociedad que cultivaba el arte de ejecutar este instrumento. José Sotelo ha hallado algunas referencias de un indio aymara charanguista, Pedro Obaya, que participó en la gesta de Tupak Katari a fines del siglo XVIII (Sotelo, 2010)[66]. En el siglo XX, dependiendo de la región, los ejecutantes eran indígenas, mestizos o cholos. Algunas fuentes señalan a los mestizos como ejecutantes por excelencia del charango y la guitarra. Y esto se podía corroborar con evidencias etnográficas y memorias que nos indican que fueron mestizos y algunos indígenas quienes se aficionaron por el charango en la región ayacuchana. Lo que sí es más evidente es que, en Cusco y Puno, los indios sí ejecutan el charango con gran estilo.

Por testimonios de la primera mitad del siglo XX podemos observar que, en la región sur de Ayacucho, hubo muchos ejecutantes de este instrumento. En una entrevista en 1987, un arriero huamanguino me confirmaba que, en Coracora

> ...*tukaq miki, ¡¡llapa charanguerukuna miki!!, viejo masiykuqa coracoreñuqa, kay don Carlos Canales tocachkanraq* (tocaban mismo, había muchos charangueros, los coracoreños viejos como yo, aún están tocando, don Carlos Canales ahora)[67].

Lo mismo se podría decir de pueblos como Chumpi y Pullo en Parinacochas; de Pauza en Paucar de Sarasara; en Puquio; Pampachiri en Apurímac. Los charanguistas eran por lo general mestizos o indígenas, en principio debido a que este instrumento era fácil de llevar en viajes y había una buena oferta de charangos simples de "madera blanca" y de cinco o seis trastes que eran traídos por comerciantes huamanguinos a toda esta región y los vendían en las ferias de Lampa, Incahuasi y Pampachiri.

Para mostrar la condición mestiza de los charangueros ayacuchanos podría ayudarnos la literatura. Como sabemos, José María Arguedas de-

---

66 Ver http://www.charangoperuano.com/contenido/articulos/Pedro%20Obaya.pdf (12/03/2019).

67 Entrevista a don Albino Huaripoma (Coracora: 27.11.87).

dicó su novela más voluminosa, *Todas las sangres*, a Jaime Guardia, el icono del charango en el Perú. Es claro que uno de los personajes de la novela estuvo inspirado en el charanguista paucino y su nombre ficticio es Gregorio Altamirano, pero veamos una descripción de este personaje:

> ...Las primeras notas, punteadas, del charango, alcanzaron todas las alturas y profundidades. El ojo sano del músico brillaba, ahogaba en dichosa luz todo lo que Gregorio era vida. De esa luz brotaban las notas límpidas de cada cuerda, de los dedos tañían con suavidad y energía no superables. ¿Desde qué honduras de la tierra y del hombre andino y europeo confundidos llegaban esas notas en que el universo nocturno se recreaba llorando? (Arguedas, 1979; 140, T I)

Gregorio Altamirano es pues presentado como un mestizo, Arguedas lo describe como tal: andino y europeo. Y creo que no fue por puro gusto ficcional que eligiera a un mestizo como charanguista, había una razón, y creo que fue porque la mayoría de los músicos de guitarra y charango que alternaron con Arguedas fueron mestizos. Ciertamente, en la novela aparece también un charanguista indio, Justo Pariona, pero sin la relevancia de Gregorio Altamirano.

No obstante, antes de la escritura de esta novela, Arguedas había publicado un artículo breve en 1940, El charango, en La Prensa de Buenos Aires, donde describe las diferencias regionales de los charangos peruanos, los correspondientes al mundo altiplánico y los de la región ayacuchana:

> ...El charango es ahora el instrumento más querido y expresivo de los indios y aún de los mestizos. Cada pueblo lo hace a su modo y según sus cantos; le miden el tamaño, la caja, el cuello, y escogen el sauce, el nogal, el cedro, según las regiones. Por eso el charango de Ayacucho no sirve para tocar el wayno de Chumbivilcas. Y mientras el charango del Kollao tiene 15 cuerdas de acero, de tres en tres y templadas en Mi, La, Mi, Do, Sol, el de Ayacu-

cho solo tiene cuatro cuerdas gruesas de tripa. El charango del Kollao es barnizado, y siempre tiene pintada en la caja, junto a la boca, una paloma en vuelo. El charango de los pokras es llano y de madera blanca, pero del extremo del cuello cuelgan diez o más cintas de color, y entre las cintas, a veces, una trencita de cabellos de mujer... (Arguedas 2012 [1941]: 254, tomo 1)

Esto implica su memoria fresca de haber vivido en Cusco, donde pudo escuchar y observar a sus músicos; así mismo evidenciaba la gran presencia de indígenas en la ejecución de este instrumento, mientras tanto en su novela de 1964 (Todas las Sangres) Arguedas acentúa su visión del charango tocado principalmente por mestizos. Además, debemos considerar que en 1940 no había conocido aún a Jaime Guardia, con quien después interactuaría asiduamente en la Sección de Folklore del Ministerio de Educación, así como en los coliseos y reuniones particulares.

1.4.- Estilos

No es necesario abundar sobre una definición de estilos musicales académicamente, basta señalar que debe entenderse como las particularidades en la forma de ejecución de un instrumento y las características locales o grupales que los identifican. En términos generales podemos decir por ejemplo que en Cusco existe una forma de ejecutar el charango que está representado por Julio Benavente y Pancho Gómez Negrón. Un estudioso como Tom Turino sobre el charango qorilazo ha descrito también una variante del estilo cusqueño. Es decir, estos ejecutantes sintetizaron una pauta a tocar, que aun hoy los conocedores lo reproducen y lo aprecian. Igualmente, en Puno existen grandes cultores del charango como Félix Paniagua. Los estudios del Chillador realizados por Omar Ponce son un gran avance en este sentido. Arequipa, que nos presenta básicamente una imagen guitarrística, también tienen una rica historia charanguera que quizás solo se muestra en la solitaria presencia del Torito Muñoz. En Ayacucho existen otros varios estilos que corresponden a las formas de ejecución de géneros locales. Así, en Pampa Cangallo, Huancasancos y alrededores aún se toca melodías de chimaychas con charangos con cuerdas de metal, y muchas veces se confunde con otro instrumento regional como es el chinlili.

De una forma más generalizada, es preciso estudiar el charango también como instrumento singular, a partir de técnicas de ejecución con propuestas propias que corresponden a grandes áreas y hasta a países. Debemos reconocer por ejemplo que existen las siguientes formas tradicionales:

- El kalampeo norte potosino.
- El punteado puneño-cusqueño-arequipeño.
- El repique parinacochano.

Entre otras características del charango andino, se podría identificar también tres modelos básicos de construcción, que también podría corresponder a escuelas de luthiers, las cuales fueron desarrollándose a partir de las tradiciones nacionales; en el siglo XX se formalizó algunos modelos que los grupos de música más populares y los solistas utilizan para su ejecución en la actualidad[68].

- El charango covado, vaciado boliviano.
- El charango laminado peruano en forma de guitarra pequeña.
- El charango argentino covado, con caja más rectangular.

Charango argentino

Instrumento musical de Jorge Espinosa, quien es músico y se dedica a la lutheria hace 35 años. Sus charangos son apreciados en Ecuador, Colombia, Peru, Chile, Uruguay, Japón, España, Inglaterra, Finlandia, Francia, Estados Unidos, México y Argentina (ver página siguiente).

El instrumento es tallado en una sola pieza de madera de lenga, con tapa armónica de siitka, golpeador taraceado con maderas duras como palo violeta, ébano, palo santo, diapasón de ébano con calados rellenos de resina.

Pieza seleccionada para representar al país en el VI Reconocimiento a la Calidad del Producto Artesanal del Cono Sur del World Craft Council,

---

68 Esta clasificación se refiere de forma general al charango de tamaño medio (diapasón 30 cm de promedio), puesto que existen una gran variedad de charangos, sobre todo de tamaños que van desde los pequeños (chilladores) hasta los ronrocos.

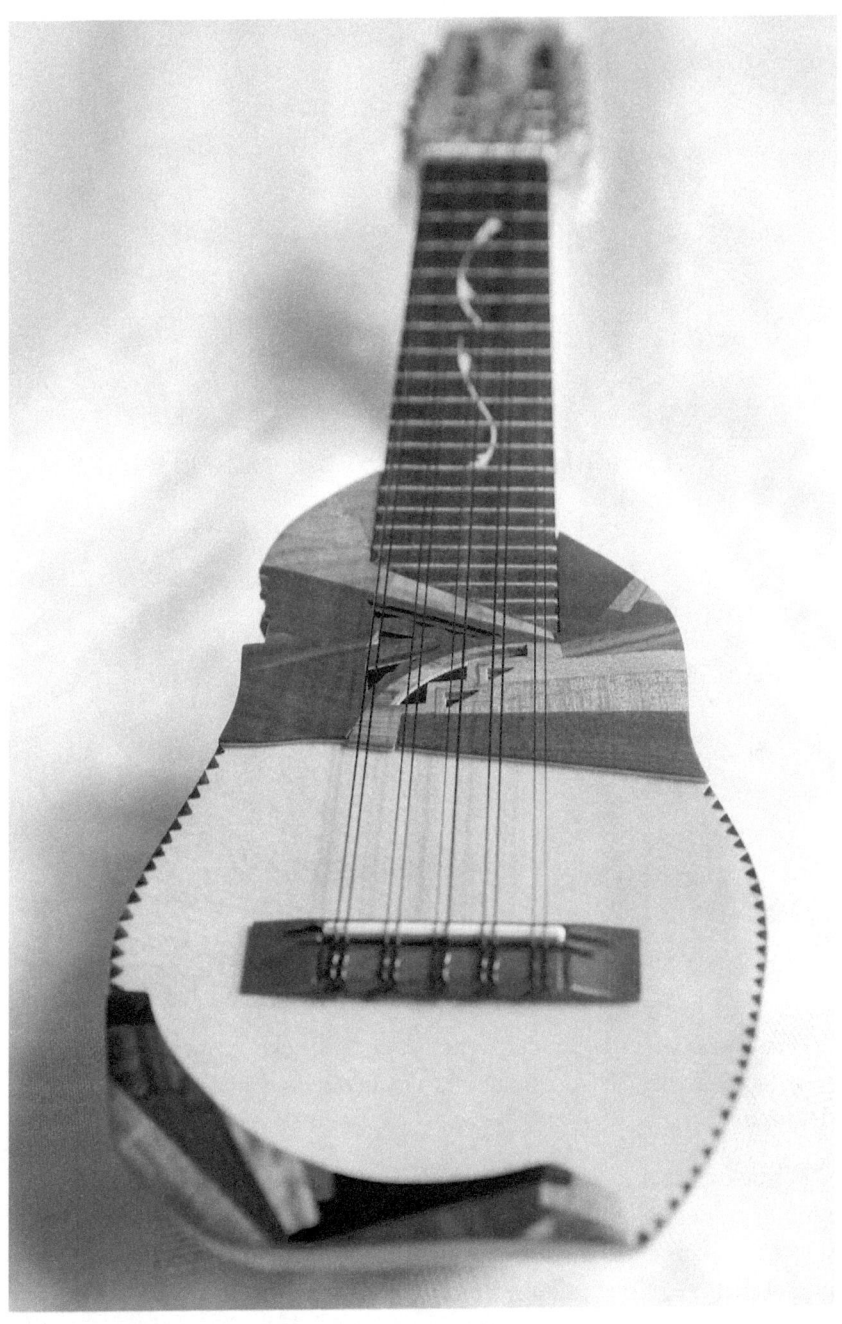

Charango argentino (Luthier: Jorge Espinoza).

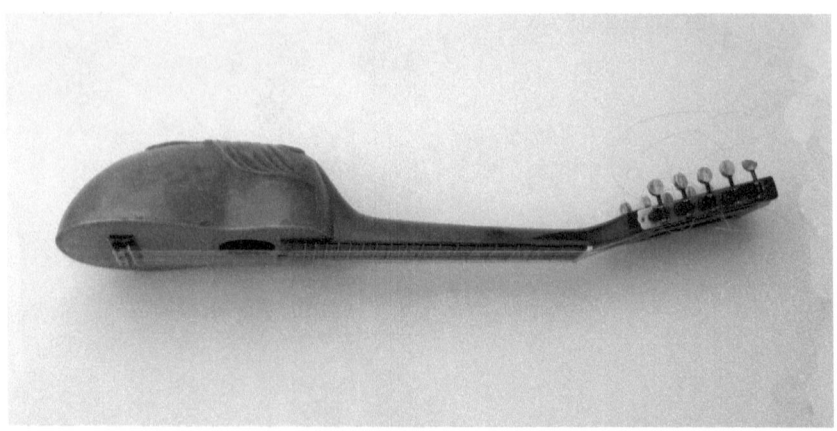

Charango boliviano clásico (1982: L. Landa V.)

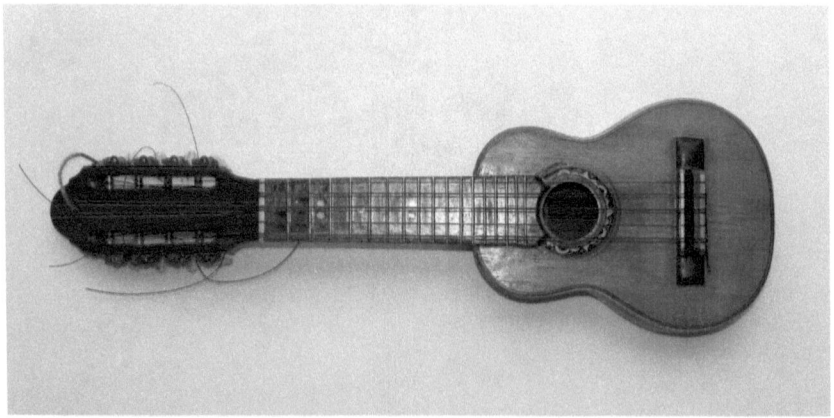

Charango parinacochano (Perú). Luthier: Pablo Ccanto (1979: L. Landa V.)

Cada uno de estos modelos, por supuesto tiene un timbre particular, y cada tradición de ejecutantes ha desarrollado ciertas técnicas que lo distinguen.

Cabe destacar que el charango clásico por lo general se ejecutaba sin ningún aditamento para sostener, pues los músicos lo sostenían para rasguear solo con el antebrazo interior, o en casos de punteado lo sostenían con el dedo meñique mientras ejecutaban con el pulgar y el índice. Hoy la mayoría de los charanguistas "profesionales" sostienen el instrumento con una correa, lo cual les permite tener libre toda la mano derecha y desarrollar técnicas muy diferentes a las tradicionales.

1.5.- La identidad del charango parinacochano

Hemos señalado que la discusión sobre el origen histórico del charango es un tema controvertido que ha llevado a estudiosos como Chalena Vásquez, Julio Mendívil, Oscar Chaquilla, entre otros, a plantear sus propias hipótesis y refutaciones sobre el origen. En este acápite, quiero más bien ubicar un espacio donde se domesticó un estilo que podemos identificar como charango parinacochano, el cual no ha sido aún estudiado adecuadamente.

Parinacochas, región prehispánica, hoy ubicada al sur del departamento de Ayacucho, fue una provincia hasta que en 1984 fue dividida y hoy corresponde a dos provincias (Paucar del Sarasara y Parinacochas). Parinacochas, en época prehispánica fue conocida como Parionacocha y en tiempos de dominio inca correspondió a la entrada del Contisuyo. En el periodo colonial, en un primer momento estuvo bajo la repartición eclesiástica de Cusco, habiendo definitivamente pasado a Huamanga en el siglo XVII. Esta variada influencia permitió diversos matices a su condición cultural, uno de las cuales viene del periodo colonial, donde la presencia de viajeros y de arrieros originarios de este espacio introdujeron costumbres y artefactos culturales. Parinacochas como tantos otros pueblos fue tierra de arrieros, peregrinos que trajinaron por grandes regiones, ellos trajeron el charango, que al llegar a esta región ha forjado su propia característica. El mismo arriero, Don Albino Huaripoma, que nos comentaba sobre los charanguistas coracoreños también nos decía: "nosotros traíamos charangos, de cinco cuerdas, costaban cinco, seis centavos... este charango venía de muy lejos, cuantos se romperían... se ponía encima de la mula con mucho cuidado (paltaykamuq kaniku), sobre la carga, no se apretaba como el resto de carga" (Landa, 1993).

Como en otros tantos pueblos del Perú, la actividad comercial con arrieros fue una característica de esta región, habiendo destacado los oyolinos y coracoreños quienes trazaron circuitos comerciales que comprendía un amplio espectro. Fueron hasta Huamanga en el norte, hasta Cusco por el oeste y hasta Puno por el sur; así como también hacia la costa hasta Atico y Chala (en la costa arequipeña). He estudiado este comercio desde fines del siglo XIX hasta la primera mitad del XX, y esto me ha ayudado a comprender precisamente la actividad comercial asociada a la cultura. Recuerdo también que arrieros como don Nicasio Chuquichanka (oyolino) y Albino Huaripoma (huamanguino) me decían en 1987: "Llevábamos cueros de chivo, retablos, mulapi, chayman paltaykamuq kaniku charangukunata mana pakikunampaq (en mulas, allí, encima de todo poníamos los charangos para que no se rompan)"

Así comprendemos que los arrieros fueron los difusores de instrumentos y por supuesto de la música. Alguno que otro peón o ayudante debía trasladar melodías aprendidas en otros espacios, pero sobre todo estos instrumentos podían servir para reproducir las propias. Es decir, los músicos locales al pulsar estos instrumentos traídos de otros espacios reconstruyeron sus propias músicas y adaptaron el instrumento a su estilo. Y los ebanistas comenzaron a copiar y luego a modificar al gusto y necesidades locales.

En el caso que estoy presentando, considero precisamente que las grandes ferias de Oyolo, Incahuasi, Lampa, Nahua y Coracora fueron los lugares que recibieron el charango en su forma elemental, de madera simple y cuerdas de tripas de chivo. Este instrumento, que pudo venir del altiplano, como de Huamanga, al parecer tuvo una gran acogida y se difundió entre los mestizos igual que la guitarra.

El charango que llegó a Parinacochas fue el modelo laminado o en forma de guitarra pequeña; viejos músicos de Coracora nos dijeron que tenía cuatro o cinco cuerdas (u órdenes), con clavijeros de madera igual que el violín y los más sencillos a veces solo hasta cinco o seis trastes.

El charango parinacochano es un instrumento secular por antonomasia, es decir, no participa en rituales importantes porque su música tiene que ver con la cotidianidad. Si tiene algo de ritual el charango parinacochano podría ser en cuanto a performances de enamoramiento o secreteos de artistas. Esto lo diferencia del arpa y el violín que comparten tanto la vida ritual como la cotidiana. Así se distingue de otros estilos de charangueado como son los carnavales y pukllays indígenas de Cusco y Puno, donde el charango está asociado mucho más a rituales.

Como hemos visto, el charango como instrumento ejecutado por mestizos y citadinos según relata José María Arguedas en su novela *Todas las Sangres,* es pertinente para comprender el caso parinacochano. El mismo autor señala precisamente a Coracora como lugar de grandes ejecutantes de este instrumento. Aunque en este pueblo ocurre una disputa entre la guitarra y el charango. Podríamos decir que históricamente la guitarra es el instrumento preferido de las elites coracoreñas, identificándose en cierto sentido con la aristocracia huamanguina. Mientras el charango, el arpa y el violín fueron más apreciados en su ejecución por los sectores populares y hasta indígenas. Para ser más precisos habría que aclarar que la ejecución de la guitarra corresponde a las elites locales, pero no significa que el gusto por escuchar y disfrutar del violín, el arpa y el charango hayan estado ausentes en esta élite aristocratizante; es más, las mejores jaranas de este grupo frecuentemente eran con arpa y violín; lo que pasa es que los ejecutantes de estos instrumentos, denominados populares, eran campesinos o personas de sectores subalternos en estos espacios; el arpa, el violín y el charango eran aprendidos básicamente por los sectores campesinos e indígenas a quienes recurrían las élites para disfrutar en sus fiestas. Por tanto, como etnógrafo perspicaz Arguedas tiene razón cuando identifica a los ejecutantes de charango con el sector mestizo y no necesariamente indígena ayacuchano. Podríamos agregar que el charango se identifica con este sector intermedio de las sociedades provinciales, los sociólogos podrían haberlo denominado, "Sector Cholo", que no pertenece ni a las élites ni a los sectores bajos. No obstante, tratándose de una novela ambientada en el sur de Ayacucho no representa una norma a nivel nacional. Habría que señalar que, en otros espacios como Cusco y Puno, el charango también es ejecutado, como ya señalamos, por los campesinos e indígenas.

1.6.- El estilo dialogal y el *tremolo* de los charanguistas parinacochanos

En cuanto a la pulsación, en Parinacochas se ha desarrollado de una manera especial el estilo de ejecución de punteado en dos cuerdas; yo le llamaría dialogado o contrapunteado entre la primera y la cuarta cuerda, así como la segunda con cuarta y quinta. En las primeras y segundas cuerdas con el índice, la cuarta y quinta con el pulgar, esto con rapidez. Se trata de un toque repiqueado que intenta cubrir un vacío tratando de emular una armonía. Es un modo que también se halla en el arpa ayacuchana. La forma de ejecución de los instrumentos en la versión parinacochana está en que el charango hace la voz cantante en todo momento, incluso cuando la voz está cantada, en ningún momento se rasguea[69], la

---

[69] El rasgueo en el charango se hace en la versión puneña, el chillador es el instrumento que permite una mejor ejecución, donde incluso con la primera cuerda y con los acordes se puede hacer melodía. En el Perú lamentablemente esta forma de tocar charango punteado está desapareciendo, porque el rasgueo boliviano se está imponiendo; Julio Humala

guitarra hace contrapunto y ornamentación y en muy pocas ocasiones hace la voz cantante; el estilo parinacochano es pues el charango punteado, esto consiste, repito en que las cuerdas que se frotan son la primera cuerda que hace la melodía principal y la cuarta hace "segundas", cuando se toca en el acorde de La menor, que es lo más común.

Es decir, el charango parinacochano parece valerse por sí mismo sin ayuda de acompañamientos, es un instrumento portátil que quiere defenderse solo en cualquier sitio. Esto no quiere decir que solo en Parinacochas el charango se vale por sí mismo, pues en otros lugares sucede de manera semejante. Sin embargo, este estilo repicado es muy representativo del sur de Ayacucho y Parinacochas es su legítimo heredero, y quizás hoy es el único lugar en el Perú donde aún se mantiene este estilo, porque los huamanguinos ya lo están olvidando, están siendo avasallados por los estilos bolivianos. Y los mismos parinacochanos también estamos siendo invadidos por estos estilos, hoy son pocos parinacochanos los que aún podemos hacer este repique melancólico con dos cuerdas.

Hablando del estilo parinacochano, grandes cultores de este estilo fueron y aún lo son los charanguistas de los grupos *Los Sureños, Los Hermanos Alvarado* y *Los Ecos de Parinacochas*, ellos siguen practicando este repique. Con las disculpas de grandes charanguistas muy conocidos, podría decir que *Los Sureños* son quienes interpretan mejor la identidad parinacochana, haciendo posible distinguir las influencias y cambios ocurridos en los últimos tiempos.

Ahora, permítanme argumentar sobre el complicado tema de la identidad, partiendo de esta forma de ejecución. Creo que los parinacochanos podrían regocijarse básicamente con el arpa, el violín y el charango porque en su estilo particular representan una identidad. Esto implica precisamente una identificación sedimentada a lo largo de una historia y explica sentimientos. Esta temática de la identidad tiene pues un componente bastante subjetivo que los científicos sociales no logramos explicar a cabalidad. A partir de este pensamiento podemos señalar a continuación estas coordenadas particulares del charangueado parinacochano.

En esta región existen varios charanguistas (en Coracora, en Chumpi, en Pullo y en Chaviña) que aún llegan a los corazones de mis paisanos.

---

nos decía que en las academias el estilo boliviano es más solicitado.

Aunque estos espacios tengan similitudes con otros lugares vecinos, sin embargo, el repique dialogado es muy característico en este eje de Pullo a Coracora. Para completar nuestra descripción, podría agregarse un elemento a esta particularidad melancólica, una cierta síncopa que ayuda también a identificarla. Diría que el corazón de estos músicos pareciera que están esperando le lloren o respiren en medio de su ejecución, es decir el parinacochano crea un ritmo propio según como su corazón manda en ese instante. Realmente es algo complicado acompañar la ejecución de un charanguista ayacuchano y en este caso de un parinacochano, porque no sabemos cuándo ataca la melodía y cuando se detiene; no es exactamente el ritmo clásico de negras y corcheas las que mandan en su ejecución, son sentimientos, que solo se pueden entender en el ámbito de la música popular y campesina. Los músicos ayacuchanos en cierto momento parecen decir a sus acompañantes: *déjenme llorar un poquito (o quizás reír) pero síganme.* ¿Cómo podría una orquesta sinfónica o una de cámara acompañar a estos músicos inconsecuentes con su ritmo sentimental? Eso es lo más dulce de la identidad.

Hasta antes de la década del 40, el charango original parinacochano fue de cinco órdenes simples (no dobles) y de seis trastes; con el intercambio urbano limeño y de otros espacios, aparecen charangos parinacochanos laminados de diez cuerdas, es decir dobles y con el diapasón mucho más desarrollado. Esto significa que los ebanistas[70] se profesionalizaron y se dedicaron al rubro de instrumentos musicales y construyeron este tipo de charangos.

Se puede decir también que Parinacochas es una región que ha negociado permanentemente su identidad jalonando entre Arequipa, Cusco y Huamanga. Pero finalmente Huamanga logra imponer su administración e imponer algún estilo cultural. Esta región que, en términos administrativos, desde hace veinte años nuevamente se ha dividido en dos provincias: Paucar del Sarasara y Parinacochas. Si uno observa con detenimiento algunas de sus características, pueden hallarse algunas diferencias, son áreas que están prácticamente divididas en dos cuencas: Huanca Huanca y Sanqarara, que a la vez son los dos ríos más importantes de estas pro-

---

70 Es bueno recordar que hasta hacen unos 30 años los constructores de instrumentos de cuerda eran denominados ebanistas y no se había introducido el galicismo "luthier". Don Ildefonso Murga, el más conocido de los constructores de instrumentos de Coracora se definía precisamente como ebanista.

vincias. Asimismo, la música tiene sus particularidades. Al parecer los paucinos y el valle de Huanca Huanca compartían un mismo estilo, que podía conjugarse con música interpretada con guitarra, arpa y violín.

Sin embargo, en la cuenca del Sanqarara comenzó a sentirse con más fuerza un estilo con características muy particulares, acentuando el trémolo en las cuerdas dialogantes. Con esta expresión, como hemos visto, queremos significar –y como saben los músicos que conocen el charango peruano— el tañido de las cuerdas utilizando básicamente el dedo índice con el pulgar en forma alternada. El charango parinacochano, al parecer no se rasgaba, sino que seguía a la voz cantante o reproducía la melodía; en suma, es básicamente punteado. Podemos admitir en el ámbito de la música popular, entonces, la existencia de una escuela de charango parinacochano, la cual geográficamente se ubica en lo que estoy denominando eje Pullo-Chumpi-Coracora, ciudades y pueblos que están ubicados en la cuenca del río Sanqarara. Es precisamente en este espacio donde podemos hallar a charanguistas que aún ejecutan el instrumento con ese estilo que se describe como repique o trémolo entre la primera y cuarta cuerda, que en nuestro idioma nativo se podría decir: *waqaykachinku una unaychata*[71].

No sabemos si este estilo, fue antiguo o fue una creación del siglo XX, sin embargo, se fue desarrollando y complementando con la introducción de las cuerdas de nylon desde los años cincuenta en adelante. El trémolo o repique (como dicen los músicos populares) puede ser escuchado claramente en las interpretaciones grabadas del grupo Los Sureños y Los Hermanos Caballero; esto es lo que efectivamente identifica al estilo parinacochano, que comprende precisamente al eje Coracora-Chumpi-Pullo. El charango parinacochano generalmente es tocado juntamente con una guitarra, por tanto, en la práctica es raro que se encuentren charanguistas solistas.

Otro índice de particularidad del charango parinacochano es el inicio de la melodía (entrada) y codas muy creativas, y esto posiblemente sea producto de la experimentación de músicos dedicados a esta actividad. Al parecer a inicios del siglo XX hubo un gran músico de nombre Albino –no sabemos su apellido– que marcó algunos elementos fundamentales

---

71 "le hacen llorar prolongadamente".

al estilo del sur ayacuchano. Esas codas y entradas hoy están impregnadas en el espíritu de ejecutores del violín, la guitarra y el charango.

El pueblo de Pullo, antigua sede minera, es quizás una de las canteras donde se ha cultivado el charango con más empeño, de allí son los hermanos Alvarado, quienes se iniciaron en la música profesional con Mama Paulina (Paulina Olaechea Rojas). Mamá Paulina es un referente importante para la música parinacochana, aunque fue conocida como ejecutante de la guitarra, sus amigos señalan que era también charanguista e incluso sabía tocar piano. La imagen de esta mujer música ha quedado impregnada en la memoria oral de Parinacochas, pero también a través de sus grabaciones de discos de acetato para el sello Virrey en los años sesenta. Recuerdo algunos relatos de mi padre y de un tío –aficionados ambos a la música— sobre Mamá Paulina[72]. Decían que antes de viajar a Lima, trajinaba por los pueblos ofreciendo su música, eran ocasiones festivas, de cumpleaños, donde su presencia era solicitada. Era invidente y tocaba en forma excelente su guitarra y a veces acordeón. Como homenaje a ella Los Hermanos Alvarado, sus paisanos, editaron un Long Play muy hermoso con la propia voz y guitarra de doña Paulina Olaechea, siendo el único testimonio de la riqueza musical de esta trovadora. Así el charango del conjunto Hermanos Alvarado y la guitarra de Mama Paulina hicieron posible marcar un nuevo estilo en la música parinacochana. Si escuchamos el disco LP con el Conjunto Pullo, podemos percibir una voz de mezzosoprano algo grave y un rasgueo de la guitarra, muy rítmico. Al llegar a Lima, Mama Paulina participó en festivales de coliseos, juntamente con los Hermanos Alvarado (sus paisanos de Sarasara) y con su hijo Antonio Huarcaya. Ella murió en 1968 en Lima. A estos grupos pioneros en la grabación, le siguieron otros como Los Sureños, integrado por Leonardo Huamán (director y compositor), Carlos Falcón Medina (primera voz), Porfirio Huamán Torres (charango) y Julio Portugal (guitarra). Luego Tulio Gutiérrez, otro Paucino, formaría su conjunto, Trío Sarasara, junto con Adrián Neyra y Wilman Perales. Pullo entonces, ha sido cuna de buenos charanguistas que han llegado a la capital; incluso el afamado charanguista paucino Jaime Guardia en un artículo (Guardia, 1986) reconoce a los siguientes charanguistas de Pullo: Hernán Gutiérrez, Víctor Olaechea, los hermanos Alvarado, los hermanos Huamán, los

---

72 Comunicación de mi padre Ladislao Landa Romero.

hermanos Caballero, mientras que de Pauza solo señala a: Néstor Canales, Tulio Gutiérrez Guardia y a la familia Zuzunaga. Es decir, hay más charanguistas conocidos de Pullo que de Pauza.

El pueblo de Chumpi, ubicado a 10 kilómetros de la capital provincial, también tiene buenos ejecutantes de charango y están identificados con este estilo, recuerdo a varios compañeros en la escuela quienes nos ofrecían, cuando éramos niños, estas formas de hacer música con este pequeño instrumento, de tal manera que no hay mayores diferencias con los otros dos pueblos.

En Coracora, igualmente existen varios ejecutantes de charango, aunque algunos de ellos provenientes de comunidades y pueblos aledaños. En este caso, recuerdo por ejemplo a Genaro Ccanto, hijo de un ebanista que ejecutaba en este estilo; podemos mencionar también a Marcelo Chocce, otros eran algunos hijos de huamanguinos residentes en este pueblo que optaron asumir este estilo local[73].

No obstante, debemos observar también que en el siglo XX ocurre otra adaptación, en este caso en el plano cultural, de ser un instrumento básicamente rural o del interior de los países andinos, se traslada a las ciudades grandes, pues muchos migrantes lo llevan al mundo urbano. Si uno toma en cuenta las trayectorias de los grupos musicales peruanos que tuvieron éxito en la difusión del wayno, por ejemplo, debemos considerar que fue gracias a su inserción en la vida urbana. Si recordamos que Julio Benavente en Cusco, Jaime Guardia (con la Lira Paucina), Los Hermanos Alvarado, Los Sureños, Roberto Teves y otros en Lima, todos estos músicos son básicamente inmigrantes en los años de 1960. Es interesante observar que llegaron muy jóvenes a Lima y prácticamente allí redondearon su conocimiento del charango, en diálogo con otros migrantes.

Con el proceso de emigración hacia la costa peruana, a Lima, sobre todo, fueron los músicos también parte de esta diáspora llevando sus formas de ejecución y el uso de sus instrumentos locales. Y en la capital

---

[73] Con varios de estos músicos tuve el honor de alternar en reuniones particulares tanto como músico y como investigador, con el afán de rescatar este estilo con una perspectiva etnográfica. A este respecto, he grabado algún material audiovisual de entrevistas y diálogos con estos músicos que estaré editando próximamente.

tuvieron contacto con músicos de otras regiones y combinaron géneros y estilos. Es sintomático que los charanguistas y músicos parinacochanos nos cuenten sus biografías señalando su inserción temprana en esta ciudad capital, la mayoría de ellos llegaron siendo adolescentes (Jaime Guardia, los hermanos Alvarado, Roberto Teves), de manera que su socialización musical se completó es esta urbe.

Si el tradicionista Ricardo Palma afirmaba para el siglo XIX que los huamanguinos eran los "más furiosos charanguistas del Perú", hoy parece estar quedando en el olvido aquella fama; por lo menos la señorial Huamanga se ha dejado seducir por la guitarra y por el charango boliviano, son excepcionales los charanguistas que siguen manteniendo el estilo ayacuchano. Por tanto, podemos decir que Parinacochas, aún con sus vaivenes, se presenta como uno de los últimos bastiones que conserva un estilo frente a la creciente imposición del charango boliviano. Parinacochas es quizá el lugar que con más ahínco sigue utilizando el charango laminado. Con esto no estamos tratando de formular un discurso chauvinista ni etnocéntrico sino solamente reivindicar un estilo que posiblemente se pierda, se trata de la preservación de un aspecto de la cultura local que permite identificar a una región, lo cual no significa que no se den cambios o trasformaciones, pero en todo caso cuando esto suceda, que ocurra de acuerdo con parámetros propios y no a partir de imposiciones externas, muchas veces agresivas. Podríamos decir que, igual que a nivel mundial se pierden varias lenguas indefectiblemente, según la UNESCO, es posible que también ocurra el mismo fenómeno con el charango ayacuchano y quizás el peruano.

1.7.- El charango como patrimonio y disputa

Recuerdo que en 2006 cuando trabajaba como investigador etnógrafo en la Dirección de Patrimonio del Instituto Nacional de Cultura (INC) en Lima, un amigo del entorno charanguista, Oscar Chaquilla llegó a nuestra oficina a conversar y proponer la presentación de un proyecto de patrimonialización del charango, debido a que en Bolivia ya había sido declarado como tal, y con lo cual pretendían defender una posición de originalidad para el país vecino. Para ese entonces, ya algunos charanguistas habíamos comentado sobre las discrepancias de declarar patrimonio al charango unilateralmente. Chaquilla envió oficialmente al INC un texto de más de 400 páginas argumentando la antigüedad del instrumento que posiblemente se creó en las misiones jesuíticas de Juli (Puno) a fines del siglo XVI.

En el INC trabajábamos especialistas en varios temas y nuestra sección se encargaba de evaluar los pedidos de patrimonialización relacionados con la cultura inmaterial. En el equipo de evaluadores se encontraban varios antropólogos, pero el texto fue entregado a un colega, Pedro Roel, hijo del gran etnomusicólogo Josafat Roel. En ese momento había ocurrido un cambio de gobierno y había nuevos directores en el INC, afines al aprismo. La propuesta de patrimonio para el Charango entregado por Chaquilla, debía ser evaluado por los investigadores que aún trabajábamos, pero como yo estaba condenado a salir, entregaron la elaboración del informe a Pedro Roel. Sin embargo, Pedro me sugirió que yo hiciera la lectura y evaluación de esta propuesta debido a mi experiencia con el charango, y así fue resuelto, escribí un parecer positivo y en seguida fue aprobada la patrimonialización del charango. Cuando salió la resolución ya me habían despedido del INC, de modo que para la celebración de dicha patrimonialización tuvieron que invitarme externamente porque el colectivo de charanguistas que había impulsado esta tarea consideraba que yo había contribuido con este proceso. La directora de la Dirección de Patrimonio, que me había despedido, reconoció en la ceremonia mi papel en este proceso de patrimonialización. Mi informe sobre el charango estaba escrito en el mismo tenor de la carta que elaboramos con el colectivo de charanguistas, que alertaba sobre los reclamos de uno y otro país. Nuestra posición fue reconocer que este instrumento es básicamente andino y que no existen estudios que nos permitan determinar un origen exacto.

2.- *La influencia interandina*

Los gustos musicales son difíciles de clasificar, pero vale la pena intentar pensar sobre esto, aunque fuera a manera de hipótesis. Los waynos a partir de la década del 80 del siglo pasado se han transformado y las evidencias han sido mostradas de varias maneras, sobre todo en sus denominaciones. En el ambiente de la música popular peruana se describe como wayno novo, fusión, novoandino, etc. y otras denominaciones informales; con estas expresiones se trata de describir en realidad un movimiento que fue ampliamente difundido desde los años de 1980, aun cuando esto ya se estaba gestando desde los años de 1960 en casi todos los países andinos.

Mi generación fue testigo del encumbramiento de este cuasi género híbrido que podría etiquetarse también como wayno "moderno-baladístico-bolerístico", un movimiento que ha tenido un impacto en las personas que escucharon música andina en los años 80 principalmente. Cuando hablo de esta generación me refiero básicamente aquellos que no solo se limitaron a escuchar el monopolio mediático del rock sino de aquellos que articulábamos nuestras identidades aún con el mundo andino, aquellos que crecimos con el wayno, huaylarsh, marinera, carnavales y chicha, como una herencia básica del Perú. Por supuesto que no solo estas influencias existen, se puede decir que también influyeron otras tantas músicas que aparecen en los medios de comunicación: jazz, blues, rock, bosanova, para hablar de lo mediático; hoy podríamos hablar de rap, ska y hip hop, que tienta a los jóvenes a hacer mezclas con el wayno.

El wayno, y en particular el ayacuchano, el cajatambino y el cusqueño sufrieron las influencias principalmente de fragmentos de música creada en Bolivia, Argentina, Chile y a veces Ecuador, sin mencionar la cumbia colombiana que tuvo un rol fundamental para la creación de la chicha. No puede obviarse por supuesto el intercambio con músicas de países más lejanos como la balada europea o la influencia de países centroamericanos, incluso se debe considerar los géneros contemporáneos cantados en inglés.

Como hipótesis, vale la pena seguir pensando en las memorias de la música popular peruana (y la culta de alguna manera) en el siglo XX bajo influencias que consistirían en: una primera llegada del fox trot (para la música académica indigenista 1910-1930); seguida del tango argentino que se infiltro en camadas urbanas y "cultas" rurales entre los años 30-40; tercero, la música cubana con sus sones y el mambo que están presente desde los años 40; cuarto, cuando llego la ranchera y el bolero con el cine mexicano (50-60); y por supuesto la avalancha del rock y la salsa desde los 60-70. Estas son las influencias más externas a nuestro núcleo musical andino y en este caso no pretendo investigar más por ahora.

Una persona del siglo XX toma conciencia, podrá descubrir las sedimentaciones de estas influencias. Y recuperando a Foucault podríamos señalar que la música también se desenvuelve como los discursos con enunciados que se enraízan y otros que desaparecen. En la *Arqueología del saber,* el autor francés nos decía que las formaciones discursivas se caracterizan por evidenciar ciertos elementos (enunciados) que van distribuyéndose y que aparecen nítidamente y en otros menos fuertes. La música también parece comportarse de esta manera y lo que comúnmente se menciona como modas reflejaría tal condición. Así podríamos hallar influencias de músicas como la denominada latinoamericana (a veces identificada como canción de protesta) que solo influyó de forma tenue; de otro lado, el movimiento de la "balada andina" o "bolero-balada" que está representado por los Kjarkas, por ejemplo (y sus precursores), se expresarían también como enunciados tenues, frente a los dominantes que fueron difundidos masivamente por la radio y la televisión. Para complementar la descripción y las transformaciones del wayno ayacuchano, veremos cuáles son las características de algunas de estas influencias y cuáles fueron los procesos en algunos de los países vecinos.

2.1.- La influencia boliviana

En Bolivia en los años 60, la difusión por medio de la radio y del disco, visibilizaron a figuras tradicionales como Encarnación Lazarte, por ejemplo, lo que permitió jugosas entradas económicas a Discos Lauro[74]. Hoy, la tradición boliviana se mantiene aún con mucha fuerza con sus huayños, kaluyos, cuecas, salakes y fandangos. Para este estudio no viene al caso profundizar en una distinción entre música indígena y criolla boliviana, pero existe una diferencia que tiene consecuencias en las transformaciones[75]. Indicaremos solamente que la guitarra también fue el eje de lo que en

---

74 Encarna Lazarte una campesina cochabambina fue una figura central en los años 60 en Bolivia; sus presentaciones en fiestas como la de Santa Vera Cruz y sus carnavales vallunos, convencieron a los ejecutivos de Discos Lauro a grabar a Lazarte en 1963 para convertirse en un éxito. Lazarte es hija de "pongos" y analfabeta, pero sus discos fueron vendidos ampliamente. Si la comparamos con figuras peruanas, se parecería a Picaflor de los Andes y a Jilguero del Huascarán. Un video muy visto de ella es precisamente este: https://www.youtube.com/watch?v=MTL1DVN48CY

75 Aunque Gonzalo Hermosa no piensa que exista distinción entre estos estilos (criollo-indígena), como se puede ver en esta entrevista: "La música criolla es parte del folclor. Muchas cosas las está aprendiendo uno mismo y están formando parte de nuestro común hacer de los hombres. Para mí no hay divisiones entre música criolla y música autóctona. Al final de cuentas, ambas son autóctonas. Al tratar de dividir la música ya sería remontarse mucho más lejanamente en el tiempo y posteriormente vendría a ser la música criollizada, que nuestra historia siempre ha conseguido, ¿no? La saya, la cueca son cosas criollas que han nacido, digamos, de mestizajes. El mestizaje vendría a ser una música criolla. Y algunas cosas se han mantenido puras, por ejemplo, el huayño. El huayño es

Bolivia se denomina música criolla, puesto que es desde la guitarra mestiza donde ocurrirán algunas de las transformaciones.

A propósito de las diferencias entre lo mestizo y criollo en la música de Bolivia y Perú, creo que vale la pena señalar que: lo criollo peruano se percibe como no contaminado y cuidando su pureza frente a lo andino, su nostalgia por lo colonial es evidente; en cambio en Bolivia lo criollo (representado principalmente por la guitarra) es a la vez mestizo y no tiene mucho temor a lo andino, aunque también parece tener nostalgias, pero es mucho menos.

Volviendo al ámbito boliviano de la segunda mitad del siglo XX, el proceso de transformación de la música boliviana parece acelerarse cuando grupos de jóvenes comenzaron a incluir melodías de música de otros países, sobre todo géneros populares argentinos como la zamba y la chacarera. Con la difusión del disco de vinil en Bolivia, también las canciones comenzaron a renovarse en los años 60-70. Ocurrió una definida modernización con grupos como: Los Jairas (1967)[76], Los Caminantes (1969)[77], Los Chaskas (1965)[78]. Los Laikas (1974)[79], Rupay (1974)[80]; y sus canciones ya no correspondían estrictamente a los cánones de la tradición indígena ni a la criolla mestiza, pues estaban incluyendo ritmos e instrumentos como el bombo leguero argentino, el bongó, e inclusive el órgano electrónico; recibieron también la influencia de melodías de otros países más lejanos; no obstante, fue en esta época donde se marcó el prototipo del grupo musical con: charango, guitarra, bombo leguero[81], zampoña y quena[82].

---

lo que más se ha mantenido puro. (Entrevista con Gonzalo Hermosa, 1984, citado por Céspedes, 2015: 122)

76 Véase: https://www.youtube.com/watch?v=vxVvu6Ghwgk

77 https://www.youtube.com/watch?v=0eU9lAIsu90

78 https://www.youtube.com/watch?v=b7DlEnw3eQ8

79 https://www.youtube.com/watch?v=pFzx1cCdv_E

80 https://www.youtube.com/watch?v=0eU9lAIsu90

81 Recuerdo que Los Kjarkas criticaban en Bolivia el uso del bombo leguero argentino y recuperaron un instrumento percusivo de conjuntos de sikuris que rebautizaron como wankara, pero no se notaba gran diferencia debido a que no es muy decisivo en la ejecución de su música.

82 Un libro que ayuda a entender este proceso nuevo desde los años de 1960 es posi-

Los Kjarkas recogerán esta tradición y agregarán elementos para lo que estamos denominando modernización. Los Kjarkas, según declaraciones de Gonzalo Hermosa, reavivaron varios géneros olvidados, sin embargo, tal vez sea más pertinente recordar que fueron ellos los que reacomodaron la saya: de ser un ritmo básicamente de los negros de las yungas (Coroico) la convirtieron en una especie de tuntuna y caporales para ser más del gusto de la "identidad" boliviana contemporánea y que a la vez tenga más atractivo para "exportar" a los países vecinos.

Para los Kjarkas se puede intentar la clasificación de algunas fases marcantes en su desarrollo (no necesariamente cronológico):

FASE	CANCIONES
Huayño y tradicional	Wayayay, llorando se fue, surimana
Bolerista-baladista	Árbol de mi vida, fría, la ventana, al final, el picaflor, son tantas noches, siempre he de adorarte
"Sertaneja" [83]	Hombre equivocado

Aunque en su retórica, Los Kjarkas seguirán definiendo su música como folklore (Céspedes, 2015), la mayor parte de las canciones que estamos definiendo como "bolero-balada" serán etiquetadas como chuntunqui, un género que se consideraba originalmente asociado a canciones navideñas de origen chuquisaqueño, pero desde la perspectiva kjarquera prácticamente reinventaron un género[84]. Una página cochabambina define así este género:

---

blemente la de Mauricio Sanchez Patzy, *La ópera chola, Musica popular en Bolivia y pugnas por la identidad*, Plural Ediciones/IFEA, La Paz, 2017. Lamentablemente no he podido leer la totalidad de este libro y no puedo hacer referencias a este.

83 El género sertanejo es típico de Brasil, sus representantes conspicuos en este país son: Chitaozinho e Chororo y Leandro e Leonardo. Propongo este concepto por las semejanzas muy cercanas.

84 El controvertido charanguista Ariel Villazón que ahora se ha convertido en "historiador" recoge también la idea de varios músicos que definen como "balada" el chuntunqui "romántico"; esta propuesta se puede ver en: (recuperado 12/05/20) https://www.youtube.com/watch?v=6TRSxlpMMmc

El nuevo estilo musical sonaba muy bonito cual si fuera una balada andina. Supimos que el novedoso ritmo en cuestión se denominaba, Chuntunqui o chuntuqui pero no sabíamos en honor a qué el apelativo. Con el tiempo descubrimos que el chuntunqui original es una danza chuquisaqueña que se origina en Villa Serrano. Es básicamente un villancico navideño muy alegre y festivo, popular por su baile, zapateo y final voltereta...el origen del ritmo se remonta a la época en que los jesuitas y franciscanos vinieron a estas tierras... ¿Pero qué relación hay entre el chuntunqui romántico con el chuntunqui navideño? Ulises Hermosa, desaparecido integrante del grupo los Kjarkas fue quien, inspirado en el chuntunqui chuquisaqueño, modificó el tiempo y la percusión de este para darle un estilo más lento y romántico. Aunque los primeros chuntunquis de este grupo fueron instrumentales, Gonzalo Hermosa escribió la letra de uno de los primeros chuntunquis cantados: "Pequeño amor". A partir de ahí todos los temas en dicho ritmo contenían mensajes románticos, que hablan de amor, del desamor, la ilusión y todo lo relacionado con el quehacer del corazón[85]

Gonzalo Hermosa es quien ha declarado varias veces que el bolero influyó mucho en su vivencia y en su modo de componer, lo cual luego se experimentó entre los miembros de Los Kjarkas. En una entrevista Gonzalo señala precisamente que a los cuatro años conoció al grupo Los Peregrinos[86] quienes habrían cantado "Sigue feliz tu camino que te vaya bien", un bolero, y luego más adelante en su evolución Gonzalo incluyó también rancheras[87]. Entonces la música de Los Kjarkas debe considerarse impregnada por diversas influencias extendidas fuera de los territorios exclusivamente bolivianos. Desde finales de los años 80 en adelante, la "exportación" de la música boliviana fue muy poderosa y fácilmente

---

[85] Accesado en 7/5/20: https://cochabambabolivia.net/articulos/chuntunqui-el-ritmo-del-corazon/

[86] El grupo *Los Peregrinos* fue un grupo boliviano cuyo líder fue Raúl Show Moreno, un cantante polifacético que integró por algún tiempo el famoso grupo de boleros *Los Panchos*. Información sobre este grupo puede verse en: https://www.youtube.com/watch?v=H28o6Klz5q4

[87] Esta entrevista realizada el 19 de diciembre de 2013 muestra la influencia del bolero. https://www.youtube.com/watch?v=JcB0RsFZDAo

absorbida por los oídos andinos, de modo que sectores importantes en países como Perú, Ecuador, Colombia y Chile entre otros consumieron activamente canciones de los Kjarkas, Savia Andina, Proyección entre otros conjuntos.

Desde entonces, grupos de Música peruanos comenzaron a ejecutar y a veces a componer en esta formación de instrumentos **charango, bombo, guitarra, zampoña y quena**. Recuerdo haber trajinado en este mundo desde fines de los 70 y puedo tener en la memoria a grupos como Wayanay (formalmente huancavelicanos) pero sonando a Kjarkas y Savia Andina; Yawar (la mayoría limeños) en su búsqueda de rockear lo andino (influencia de los Beatles) también experimentaron con sayas de los Kjarkas; el grupo Kuelap totalmente mimetizado como Kjarkas. Si en los años 60-70 el taquirari era seductor para los peruanos andinos, en los 90 casi todos se volcaron a tocar *sayas*.

En algunos casos la influencia boliviana fue mucho más "fácil" de asimilar debido a lazos comunes entre países, como ocurre con departamentos como Puno, Moquegua e incluso el propio Cusco[88]. Desde mucho antes, prácticamente todo el siglo XX (hasta donde se puede rastrear) el intercambio de géneros musicales del altiplano circula entre los carnavales de Puno y Oruro, cuyas Bandas de Bronces, viajan de uno a otro lado llevando y trayendo melodías. De modo que waynos, taquiraris, tuntunas, caporales, morenadas y tinkus son melodías viajantes (para algunas de estas melodías se hace difícil determinar sus autorías y menos sus arreglos). Es un conflicto que oídos modernos nacionalistas pretendan encerrar entre fronteras las melodías altiplánicas, este pensamiento parece obsoleto desde cualquier ángulo que se mire. Los argumentos que se esgrimen para estos nacionalismos son las grabaciones en discos, parámetro por demás artificioso y totalmente deleznable.

Para una idea de la *modernización baladística-bolerista* de Bolivia desde los 90, podemos dar una mirada a este video de música en YouTube organizado por DJ Sammy[89], cuyo repertorio es este:

---

88 Ocurre algo similar en la frontera con Ecuador con el género Sanjuanito, los tránsitos entre Loja y Cajamarca son tan naturales que este intercambio ha influido grandemente en la exitosa cumbia comercial de hoy en el Perú.

89 Se puede escuchar las canciones en este video: https://www.youtube.com/watch?v=-

GRUPO INTERPRETE	CANCIÓN
SAVIA ANDINA	*Por qué te fuiste*
HORIZONTE	*Cholita de ojos azules*
KJARKAS	*Muñasquetay*
SAVIA ANDINA	*Verbenita*
SAVIA ANDINA	*A los bosques*
PROYECCCION	*Secreto amor*
BONANZA	*Agosto 21*
MAYAS	*Se nos acaba el amor*
BONANZA	*Madre ausente*
KJARKAS	*Tiempo al tiempo*

Es interesante percibir en esta selección, que el DJ incluye una canción de Fernando Ubiergo, cantautor y músico chileno (agosto 21) ejecutada con instrumentos "andinos" por el grupo *Bonanza*.

3.- La amplificación de los instrumentos de cuerda y las transformaciones de la música popular andina

En esta parte deseo comentar sobre el papel de la electrónica en la reproducción de la música andina. No se trata de realizar una crítica gratuita a la música con recursos electrónicos ni a los sistemas computacionales, sino, solamente a lo que ocurre en el ámbito de la música andina tradicional. La pregunta pertinente sería ¿se puede seguir practicando los géneros de música andina al margen de la electrónica? O ¿cuán necesaria es la electrónica para la difusión musical andina contemporánea? También podríamos insistir diciendo ¿solo la música industrial es necesaria hoy para los oídos humanos? Esto debido a que la reproducción de la música ya no está exclusivamente en manos de los músicos: ¿Cuánto dependemos de la electrónica y electricidad? ¿Cuántos aprendemos música solo desde lo electrónico? Posiblemente el factor demográfico seria uno de los argumentos o justificaciones (grandes megaconciertos, difusión masiva por distintos medios y formatos). Los lectores que lo deseen pueden prescindir de leer esta parte, pues lo que sigue puede sonarles arcai-

tAnsd3QTvds

co. En todo caso algo se tiene que decir desde epistemes tercermundistas. A estas alturas necesitamos un texto como el de Walter Benjamin (2003), *Das Kunstwerk im Zeitalter seiner technischen Reproduzierbarkeit,* que nos explique sobre las "bondades" de la electrónica. Por cierto, no pretendo contradecir al "progreso".

El siglo XX es la época en que la música puede ser reproducida a través de mecanismos y tecnologías que prescinden de la ejecución humana, es decir la *grabación* se convierte prácticamente en el *modelo* para la realización de la música. Con la aparición del fonógrafo y los aparatos de grabación sonora se ha transformado mucho. En efecto, Turino (2008) nos recuerda que una de las revoluciones en la música fue la tecnología del fonógrafo que apareció a fines del siglo XIX, pero efectiva desde inicios del XX[90]. Fue el momento en que se comenzó a prescindir de los músicos y a confiar más en la tecnología.

Hasta fines del siglo pasado hubo una gran preocupación por tecnificar los sistemas de amplificación de sonidos de instrumentos de cuerda por medio de micrófonos externos. Hoy esto está cada vez más en desuso y se procede a la instalación interna de sistemas de captación de sonido. Esto genera consecuencias pues los cambios técnicos también incluyen gustos. ¿Quién y cómo se deciden estas transformaciones? No sabemos a cabalidad aún, tampoco pretendo dar una respuesta, tan solo algunas opiniones que pretenden abrir un debate.

---

[90] Tom Turino ha insistido, además, en que debería distinguirse entre *"presentational* y *participatory* music" (2008), lo cual significa observar las formas como se desarrolla una investigación en el campo de la musicología. Esto podría interpretarse también como situaciones donde se puede observar la realización musical de manera "natural", es decir, como parte de un cotidiano (podría ser un ritual también); la otra sería aquella que se realiza en un escenario muy bien preparado (como sucede a menudo en la música *profesional*). En suma, la interacción activa de los músicos con todas las personas es uno de los criterios centrales en esta distinción. Esto se aplica también al plano de la grabación de sonidos: "that music recordings are a ubiquitous fact of contemporary social life and production processes, uses, and the significance of recordings are as varied as for the sounds and activities of live performance. To help make sense of the diversity, I propose two distinct fields of making music recordings –*high fidelity* and *studio audio art*. What is important from my perspective is that we place fields, *as musical fields*, on par with participatory and presentational performance. That is, I propose that we conceptualize the making of high fidelity recordings and studio audio art simply as other distinct modes of musical activity, each with its own advantages and constraints" (Turino, 2008: 67)

Mi hipótesis es que hoy vivimos un proceso de domesticación de los oídos, pues quienes construyen sistemas de amplificación están concentrados en reproducir cierto marco limitado de sonidos. Si uno observa un aparato doméstico de amplificación, puede darse cuenta de la existencia de un mínimo de tipos marcados de parámetros de reproducción de sonidos: rock, jazz y blues (a veces *classic*). Esto es, los sistemas de amplificación en su mayoría se diseñan para este número limitado de músicas grabadas. En suma, los gustos ahora no dependen exclusivamente del que escucha, sino del técnico que controla los sonidos, tanto al grabar como al amplificar. Pero sobre todo del diseñador de los aparatos de amplificación de sonidos. Ya va siendo difícil que un amplificador pueda ser diseñado para la complejidad de una orquesta sinfónica o para géneros de música folclórica porque esto ¿no beneficiaría al mercado?

Por cierto, se trata también de un escenario en el que se presenta música en vivo[91], y aquí la democracia no funciona tampoco, los dueños de la reproducción musical dependen más de los sonidistas, los empresarios, los músicos y casi nada de los escuchas.

Una de las evidencias del cambio en la música popular es la universalización del bajo electrónico y el *drum* (batería electrónica). Las grabaciones de discos u otros formatos hoy suponen casi automáticamente de la inclusión del bajo electrónico en su formato de guitarra (y no del clásico contrabajo). Lo mismo sucede con la percusión electrónica que puede escucharse en casi todos los tipos de waynos (cajatambino, cusqueño, ayacuchano, puneño). Estas inclusiones suponen prácticamente un proceso posiblemente irreversible y creo que corresponde a cómo se está generalizando a exigencia de los equipos reproductores. El bajo y la percusión electrónica están presentes siempre en la sala de grabación, así como en el escenario "en vivo" de todo músico y cantante.

Y volviendo a las cuestiones técnicas, los músicos populares contemporáneos, en la mayoría de los casos ya están integrados a un sistema de

---

91 Aunque esto de "en vivo" puede tener muchas restricciones como el playback, las niñas bonita-fea cantando en la inauguración de las olimpiadas de China (Yang Peiyi-Lin Miaoke) y Milli Vanelli, son las exageraciones de esta vía. En principio el *playback* de hecho ya parece ser una "antimúsica"; y ¿quién decide la realización de *playbacks*, el dueño de los medios de producción o el dueño de la fuerza de trabajo? Este tipo de preguntas hacia Benjamin precisamente cuando comentaba las transformaciones del arte a fines del siglo XIX y por supuesto el XX. Sin duda estamos hablando de la industria.

reproducción de sonido amplificado, y esto implica la construcción de sus instrumentos con aditamentos o apéndices. Hoy los luthiers deben especializarse también en el uso de sistemas de captación de sonidos (pastilla, micrófono) que son muy semejantes a los de la guitarra eléctrica, para que el sonidista no tenga mayores complicaciones, de modo que solo tenga que "enchufarse" el instrumento con el sistema de amplificación. Hoy se construyen charangos y violines electrónicos, instrumentos sin caja de resonancia.

Un sistema de amplificación, hasta donde he podido entender, distribuye "normalmente" los sonidos de sus parlantes de esta manera: 70% sonidos bajos (correspondiente a los parlantes *bass*), 20% a los sonidos medios, 10% a los sonidos agudos (parlantes denominados *tweeters*)[92]. Si uno se pregunta ¿para qué tipo de música está pensada esta distribución? Sin duda es básicamente para el rock[93]. Un querido alumno (Miguel A. Salinas) en una de mis clases en San Marcos me decía que el sonido bajo tenía la función de "golpear en el plexo del escuchante" para estimularlo; y tenía razón, pues el bajo es físicamente muy evidente, se siente en el retumbar de ventanas u objetos, y claro, en nuestro cuerpo; si estamos entre cinco a quince mil RMS de potencia de un conjunto de amplificadores, por ejemplo. Posiblemente en la era de la música sinfónica no había esa necesidad. La tarea en este "reducido" mundo de tres vías de amplificación contemporánea, es complicada frente a sonidos emitidos por el violín, el fagot, entre otros. Pero en la música popular andina el charango, por mi experiencia, es igualmente difícil de amplificar.

En años pasados hubo una generación de sonidistas que experimentó con equipos de micrófonos y amplificadores para instrumentos de cuerda, pero respetando decisivamente la "autenticidad" del instrumento "natu-

---

[92] He leído alguna información sobre la experiencia de elaboración de parlantes que proponen cinco vías, lo cual implicaría que amplían el espectro a "ambos lados" del medio, es decir debajo del *tweeter* y debajo del medio. No obstante, este es un sistema muy sofisticado y la verdad nunca lo he visto personalmente. Posiblemente sea usado para conciertos de orquesta sinfónica y por sonidistas muy especializados.

[93] Los sonidistas profesionales posiblemente cuestionen estas preguntas y digan que se pueden ingeniar y utilizar un ecualizador para distinguir instrumentos "complicados", pero hoy día veo cada vez menos ecualizadores en el panel de control de sonidos de los conciertos, posiblemente la digitalización esté ayudando, pero mi oído no está aún satisfecho.

ral". En conciertos como el de los Chalchaleros en el Luna Park podía observarse, en la fotografía, hasta 4 micrófonos por músico, incluyendo la voz, o sea que se veía hasta tres micrófonos por cada guitarra y otra para la voz. Asistí a conciertos de Savia Andina, en los 80, en Lima, donde se observaba un micrófono externo exclusivo para cada instrumento[94]. Inti Illimani hacia lo mismo cuando visitó Lima en los 80 (aunque demoraba en preparar la calidad de captación: ensayo de sonido). Los sonidistas de *Los Kjarkas* desplegaron mucha técnica en la captación de sus instrumentos en los años 90, asistí a algunos conciertos donde el sonidista era fundamental; hoy sus instrumentos están enchufados.

En la década de 1980, en Lima, cuando participaba en mi grupo de música, Yawarmayu, confiábamos en Carlos Barrera, un amigo y gran sonidista de muchos grupos de ese entonces. Todo esto prácticamente hoy es obsoleto, todos tienen sistema de captación en sus instrumentos acústicos y si no los tienes el sonidista "te mira raro"; los luthiers ahora tienen que hacer agujeros (a veces exagerados) en los instrumentos acústicos para introducir estos aparatos. Con sinceridad, yo me siento apenado cuando prácticamente destruyen un instrumento al hacerle agujeros para instalar un control de sonidos y un *plug*. Supongo que un instrumento acústico es fruto de siglos de experimentación técnica, pero en un par de minutos se realizan agujeros en maderas carísimas, solo para instalar los captadores.

Nunca estuve satisfecho con estos sistemas pues considero que distorsionan la belleza de un instrumento que el oído humano puede distinguir y disfrutar. El avance de la modernidad y la masificación de la música es una justificación, pero considero que, a pesar de los avances técnicos, aún no se ha logrado una satisfactoria reproducción del sonido amplificado. Y si a esto le sumamos la cada vez más apabullante creación de "efectos" de sonido, tal vez estemos, efectivamente enrum-

---

[94] Y vale la pena recordar anécdotas como la que cuentan los integrantes del grupo cuando participaron en un concierto en México ("Junto a grandes como Maná"), donde los sonidistas les pidieron realizar un *play back*, a lo cual ellos se negaron y tuvieron que negociar para que al sonidista miembro de Savia Andina se le permitiera manejar el equipo, pero en principio la respuesta fue negativa pues no "confiaban en que un indio" pudiera manejar aparatos electrónicos, sin embargo, este indio les dio una lección que nunca olvidarían, se desenvolvió brillantemente e hizo escuchar satisfactoriamente los instrumentos y la voz en vivo.

bando a otros caminos, aún no previstos, que cambiaran nuestros gustos auditivos.

A partir de estas observaciones vemos que también se han generado ciertos cambios en la ejecución de la guitarra. La guitarra acústica con sistema de captación (cuando hace primera) prácticamente obliga al músico a tocar cuerda por cuerda (como la guitarra eléctrica) y no de manera armónica o a doble cuerda (que es la técnica clásica), por ejemplo, en géneros como el vals peruano o el wayno. El sonido metálico, "latoso" de la guitarra acústica amplificada se está convirtiendo en una norma, y esto inclusive se observa en grabaciones de estudio (totalmente innecesario, pues deberían continuar con el uso de un micrófono externo).

Este sistema de captación, en el caso del requinto peruano, en un momento se asemejaba a la guitarra de la bachata caribeña, debido al uso de un sistema de captación sencillo (posiblemente parlante pequeño con micrófono) aunque hoy ya no se los escucha sino se recurre a pastillas o captadores.

Entre los charanguistas aún existen dudas acerca de cuál sistema de captación es el más adecuado, pues no existe uno exclusivo y se adapta el de las guitarras. Los músicos bolivianos han intentado introducir un sistema doble: un micrófono suspendido al interior de la caja de resonancia y otro a modo de captador fijo en el puente.

¿Quién reclama o quien debería reclamar, el público o el músico? Hasta donde sabemos ninguno se ha atrevido a protestar. El público a veces da la sensación que necesita "más volumen" solamente; el músico se desespera por complacer y confía en la electrónica y en los sonidistas. Por ahora elevo mi reclamo en esta breve crítica a la *reproducción electrónica,* creo que debemos seguir luchando por una pluralidad del sonido en los oídos y no por la imposición de gustos monótonos y homogéneos.

BIBLIOGRAFÍA

ALTAMIRANO, Teófilo, 1980, "El campesinado y la antropología urbana". Separata editada por U. Católica, Dpto. CC. SS. Lima.

ARGUEDAS, José María,1975, *Formación de una cultura nacional indoamericana*, Siglo XXI, México.

ARGUEDAS, José María,1977, *Nuestra música popular y sus intérpretes*. Mosca Azul/Horizonte editores. Lima.

ARGUEDAS, José María, 1978, La Cultura Popular En José María Arguedas. Tarea 26/27.

ARGUEDAS, José María, El charango. Obra antropológica, tomo 1, Editorial Horizonte, Lima, 2012.

ASSADOURIAN, Carlos Sempat, "Sobre un elemento de la economía colonial: producción y circulación de mercancías en el interior de un conjunto regional" En *Eure*, Universidad Católica de Chile, No. 8, 1973, pp. 135/181.

ASSADOURIAN, Carlos Sempat, *El sistema de la economía colonial, mercado interno, regiones y espacio económico*, IEP ediciones 1982. Lima.

BALLON, E.; BOHLER, M.; LLORENS, J.; MONTOYA. R. y otros, 1987, *Radio y comunicación popular en el Perú*. Centro Peruano de Estudios Sociales, Lima.

BENJAMIN, Walter, 2003, *La obra de arte en la época de su reproductibilidad técnica*, Editorial Ítaca, México DF. Introducción de Bolívar Echeverria.

BERTONIO, P. Ludovico, *Vocabulario de la lengua Aymara* (1612); Facsimilar Editado por Julio Platzman, Lepzig 1879.

BOLAÑOS. C; ROMERO, Raúl y otros 1988, *La música en el Perú*. Patronato Popular y Porvenir Pro-Música Clásica. Lima.

BOZAL, Valeriano,1974, *Textos sobre la producción artística de Marx y Engels*. Ed. Comunicación, Madrid.

CABALLERO FARFÁN, Policarpo 1988 (1961). *Música Inkaika,* Cosituc, Cusco.

CAVOUR, Ernesto, 2003 (1962) *El abc del Charango*, Ediciones Tatu La Paz.

CAVOUR, Ernesto, 2008 (1980) *El charango, su vida, costumbres y desventuras*. Cima Editores, La Paz, 4ta edición.

CÉSPEDES, Gilka Wara, "Huayño, saya y chuntunqui: Identidad boliviana en la música de Los Kjarkas (1993)". En: Silvia Rivera Cusicanqui y Virginia Aillón Soria (coord.) *Antología del pensamiento boliviano contemporáneo* CLACSO Buenos Aires, 2015.

CHAQUILLA, Oscar, 2007, *Documento de sustentación para declarar el Charango patrimonio del Perú*, Lima (manuscrito).

D´HARCOURT, 1990, *La música de los Incas y sus supervivencias*, Occidental Petroleum Corporation of Peru, Lima.

DEGREGORI, Carlos Iván,1984 "Huayno chicha: el nuevo rostro de la música peruana". EN Cultura popular 13/14. Lima.

ELIADE, Mircea, (1949) *El mito del eterno retorno*. Emecé Editores, 2001. - Buenos Aires Traducción de Ricardo Anaya.

FOUCAULT, Michel, 1990 (1970) *A ordem do Discurso*, Edições Loyola, São Paulo, 5ta Edición. Traducción: Laura Fraga de Almeida Sampaio.

GARCÍA CANCLINI. Néstor; RONCAGLIOCO, Rafael (Editores), 1988, *Cultura transnacional y culturas populares*. Instituto para América Latina (Ipal), Lima.

GUARDIA, Jaime, 1986, "El Charango", En: *Revista del Centro de Folklore José María Arguedas*, Instituto Nacional de Cultura, N° 1, oct. Lima, pp. 11-16.

LANDA VASQUEZ, Ladislao, *Arrieros y comerciantes*, 1890-1950, aportes para un estudio de la provincia de Parinacochas, Tesis UNMSM, 1993.

LUKACS, Georq; 1969, *Historia y conciencia de clases*. Ed. Grijalbo, México.

LLORENS, José A, 1983, *Música popular en Lima: criollos y andinos*. Instituto de Estudios Peruanos/Instituto Indigenista Americano, Lima.

MACERA, Pablo, "Feudalismo colonial americano: el caso de las haciendas peruanas" (1971) http://acta.bibl.u-szeged.hu/2612/1/historica_035_003-043.pdf

MARGULIS, Mario (1982) "La cultura popular", en Adolfo Colombres, compilador, La cultura popular, México, Premiá, pp. 41-66.

MARGULIS, Mario, "Acerca de la cultura popular", En: Revista Perspectivas Metodológicas 10 / VOL. 10 NÚM. 10 (2010): DOI: https://doi.org/10.18294/pm.2010.472

MATTELART, Armand, 1974, *La cultura como empresa multinacional*. Ed. Galerna. Buenos Aires.

MONTOYA, Rodrigo, Luis y Edwin, 1987, *La sangre de los cerros*. Cepes/Mosca Azul/UNMSM, Lima.

MONTOYA, Rodrigo, 1984, La Música Andina (Entrevista), En *Cultura Popular* 13/14, Lima.

QUIJANO, Aníbal, 1980, *Dominación y Cultura. Lo cholo y el conflicto cultural en el Perú*. Ed. Mosca Azul, Lima.

QUISPE LAZON, Arturo, 1983, "Cumbia andina: la chicha". En *Travesía* N. 1.

REYES MATTA, Fernando, 1982, "Canto Popular. discos y alternativas". En *Que hacer* n. 17, Lima, pag. 118-126.

ROEL PINEDA, Josafat, 1959, "El wayno del Cusco". En *Folklore Americano* 6-7: p. 127-145

ROEL PINEDA, Josafat, 1990 [1959], "El wayno del Cusco". Municipalidad del Qosqo, Qosqo.

MAGISTERIO PRIMARIO DE LA PROVINCIA DE PARINACOCHAS, Monografía de la Provincia de Parinacochas, Centro de Colaboración Pedagógica. Lima, 1950.

MENDIVIL, Julio. "La construcción de la historia: el charango en la memoria colectiva mestiza ayacuchana". En *Revista musical chilena*. jul. 2002, vol.56, no.198 p.63-78.

TURINO, Thomas. *Music in the Andes, experience music, expressing culture*, Oxford University Press, New York, Oxford, 2008.

TURINO, Thomas, *Music as Social Life, The politics of participation,* The University of Chicago Press, Chicago and London. 2008a.

STOREY, John. *Teoría cultural y cultura popular,* Ediciones OCTAEDRO, Barcelona, 2002.

VEGA, Carlos, 1960, *La ciencia del folclore*. Ed. Nova Buenos Aires.

VALENCIA CHACÓN, Américo, "El siku bipolar en el antiguo Perú" En *Boletín de Lima*, N° 24, año 4, Lima, 1982.

VÁSQUEZ, Chalena: VERGARA, Abilio, 1988, *Chayraq. carnaval ayacuchano*. Cedap/Tarea editores.

VÁSQUEZ, Chalena, 2007, *El Charango en el Perú,* CEMDUC.

REFERENCIAS

ENTREVISTAS:

DE Lucy Núñez R. a:

3-2-89	Manuel Acosta Ojeda
7-3-89	Aquilino Ramos N. (Discos "Catalina Huanca")
3-3-89	Agripina Castro
1-2-89	Juan de la Cruz Fierro
3-2-89	Floresnillo Flores
3-3-89	Julia Peralta
10-1-89	Jaime Guardia

DE John Cohen a:

7-12-88	Ezequiel Soto (IEMPSA)
13-12-88	Gonzalo Sarria (IEMPSA)
16-12-88	Mónica Brenner (VIRREY)
18-1-89	Mónica Brenner (VIRREY)
16-3-89	Wilfredo Quintana (VIRREY)
22-12-88	Sebastián Silva Obregón (Discos Universal)

DE Ladislao Landa V. a:

31-1-89	Máximo Ledesma (Discos Puquio)
10-2-89	María Alvarado Trujillo, Edwin Montoya R.
2-2-89	Edwin Montoya R.
2-4-89	Máximo Alanya
12-3-89	Eriberto Ramírez (Discos del Puerto)
23-9-89	Julio Humala Lema
1-10-89	Walter Humala Lema
7-10-89	David Sandoval
17-12-89	Manuel Prado Alarcón.

Anexos

Entrevistas a importantes músicos peruanos

En estos Anexos se presentan dos tipos de documentos: primero las entrevistas a artistas y trabajadores de la música popular, y luego un cuadro sobre el papel de algunos músicos en relación con la producción y ejecución de la música popular y comercial entre los años de 1970-1990.

Al revisar los materiales originales he considerado que puede ser de gran importancia publicar las entrevistas que me permitieron elaborar el texto inicial. Para la investigación utilicé alrededor de 25 entrevistas a figuras que trabajaban en el ámbito de la música popular en Lima., realizadas en distintas etapas. Las versiones originales se obtuvieron en cinta magnetofónica y luego fueron transcritas a máquina de escribir por cada uno de los entrevistadores. Los entrevistadores fuimos: Lucy Núñez Rebaza, John Cohen, Isaac Vivanco Tarco y Ladislao Landa. Cuando trabajamos en este grupo, entre los años de 1988-1989, compartimos estas entrevistas y a mí me correspondió elaborar un informe sobre el tema de la evolución de los discos de vinil. Las entrevistas que presentamos ahora, realizadas hace más de 40 años podrían considerarse como documentos de archivo, toda vez que la mayoría de los entrevistados han fallecido.

Entrevista a María Alvarado Trujillo

"La Pastorita Huaracina"

10 de febrero de1989

M- Soy del distrito de Malvas, mi nombre propio es María Alvarado Trujillo, pienso que el arte, si se quiere casi nació conmigo, porque en las provincias las personas cantamos desde que tenemos uso de razón, solo de que con el transcurso del tiempo parece que vamos madurando, madurando un poco y a lo mejor Dios nos da un destino a cada uno de nosotros y digo esto porque yo he cantado desde muy tierna edad, inclusive según me dicen mis mayores, mi abuelita por ejemplo, desde que tenía cinco años, yo ya estaba bailando la Palla de acuerdo a lo que yo veía en las fiestas patronales, o sea que tenía inclinaciones sin saber qué significa la palabra porque para entonces yo ni siquiera hablaba castellano, solamente puro quechua, pero cantaba las canciones de acuerdo a cómo oía, era como un lorito repetía todo lo que escuchaba yo en las fiestas patronales y sobre todo creo a lo mejor, aparte de que Dios me dio a lo mejor un destino de cumplir en la vida, mi padre ha sido músico, el integraba la banda filarmónica de mi tierra, entonces a lo mejor también es hereditario el arte. Y entonces lógicamente esto, quiero decirles cuando yo llego acá a la Capital.

L- ¿En qué año más o menos?

M- ...Yo comencé a participar francamente,--para seguir esto— comencé a participar cuando entré al Colegio a las veladas (allá se dicen veladas cuando hacen presentaciones para el día de la madre, fiesta Patronal Santa Rosa o por decir por ejemplo en San Juan, de diferentes ciudades) por eso lógicamente de que eso se va incursionando, que se yo, entonces...fíjense cómo sería mi interés, creo que no me interesaba aprender a leer y a escribir tanto sino que más interés que llegue al canto porque la profesora decía: "a ver que niña quiere cantar" y uyy la primera en salir, en levantar la mano, así que yo creo que el arte nació conmigo sinceramente, ya estaba destinada para ser artista. Al fallecer mi Santa madrecita pues huyo de mi tierra donde unos familiares acá a la capital al poder de mi hermana, eso ha sido cuando yo tenía ocho años, ya tengo actualmente 59 años que he comenzado, así que saquen la cuenta cuántos años, ¿en qué año? Uds. saben mejor matemáticamente que yo... Al llegar acá prácticamente...daba la impresión, con toda mi ingenuidad, con toda mi inocencia, llegar a la capital que nunca había visto, las luces de noche pues, me pareció que era...que había llegado a la gloria, era la verdad porque pensé que la capital era la gloria, era tan ingenua... yo no...es que en mi tierra solamente veíamos la luz en la mañana del sol, en la noche la luna y las estrellas, entonces cómo podía imaginarme de que...yo creo que todavía existe mucha gente con esa ingenuidad, mucha inocencia en nuestros...en lo más recóndito de nuestro país, no vamos a decir actualmente, ya saben qué cosa es luz eléctrica, sabrán pero hay mucha gente que todavía ignora eso porque todavía, en ese sentido, todavía estamos bastantes... Entonces, al llegar acá yo al poder de mi hermana, lógicamente llegué a una casa muy grande, grande, grande y sinceramente pues creo me sentía como que si fuera un mundo completamente desconocido, en primer lugar yo veía algo extraño, de que en mi tierra, mis padres me enseñaron, desde que tengo uso de razón a saludar a las personas mayores, inclusive a mis hermanos por ejemplo mi hermano mayor era como representante de mi padre, en la ausencia de mi padre, mi hermana mayor igual, y la prueba es que nosotros al hermano mayo le decíamos papá y a la hermana mayor mamá, entonces lógicamente de que cuando yo llego acá pues no existe nada de eso, esto es otro mundo completamente diferente, hay veces yo saludaba a la gente y no me contestaba mi saludo y ero un poco chocante para mí; entonces, bueno, fue pasando el tiempo y ya mi hermana me enseñaba la nueva vida acá en la capital, que así era la gente y no veía sinceramente las costumbres de mi tierra o sea que en cierto modo fui perdiendo esa identidad mía, con el transcurso del tiempo había...la influencia de la música mexicana, argentina, cubana y entonces fue influyendo tremendamente en mí, especialmente la música mexicana, es la época de Jorge Negrete, de Lucha Reyes, La Mexicana, eh... Libertad Lamarque en su buena época, como se llama...Gardel y muchos otros artistas que brillaban pues acá, como que si fueran del lugar y la influencia de esa música en las emisoras también caló hondo en mi porque la prueba es que yo me aprendí de memoria las canciones de Gardel, de Libertad Lamarque (soy su hincha de paso porque es una mujer que canta muy lindo) y cómo sería la intención mía de que yo quería cantar igualito y la voz, verdad, me salía igualita a ella, a Libertad Lamarque, por eso de que mis paisanos posteriormente cuando nos reuníamos me decían pues Libertad Lamarque de Malvas y cantaba música mexicana muy bien; y la música mexica....con decirle de yo me iba Matiné, Vermouth y Noche a ver la música mexicana...ja; y entonces es que el tipo de música de ellos es una música muy telúrica también así como el de nosotros, entonces influyó muchísimo porque en la radio se escuchaba eso nomás pues, la música criolla, pero el folklor ni en sueños! porque entonces había un complejo de inferioridad, todos los serranos querían ser costeños aunque hablaran muy mal el castellano, todos eran de Lima, de Trujillo, de CHECLAYO, pero no nunca de Huaraz, de Huancayo, de Cusco, no, nadie podía decir eso, parece que era un –sinceramente—que digo yo, ahora que me doy cuenta un poco, parece de que el provinciano sentía cierta vergüenza de decir soy serrano, es que nos habían acomplejado de tal manera, como que los blancos fueran diositos lindos y eso nos dejó desgraciadamente la conquista, la conquista que nos asustó, que por decir, que fulano de tal dios nos va a castigar y dios no castiga, yo soy creyente, creo en dios sobre todas las cosas pero eso no quiere decir que estoy de acuerdo con todo lo que ha dejado la colonia, lo único que nos dejaron –sinceramente-- la ociosidad, el egoísmo, la inferioridad de un ser a otro y eso no puede ser de ninguna manera, cada ser humano tiene un derecho, tiene un deber, tiene un pensamiento, su propia independencia en su sentir y en su pensar, pero eso me he dado cuenta lógicamente con el transcurso del tiempo, he ido descifrando poco a poco y entonces yo creo que más o menos con...lastimosamente tuve mala suerte por la sencilla razón de que, pobrecita mi hermana que se llamó en vida Claudia Castro, cuando ya iba yo, después que me acostumbré un poco a la capital que me chocó bastante, iba a seguir mis estudios porque yo estudié en mi tierra solamente hasta tercer año de primaria pero no las llegué a terminar, ni siquiera ya dí examen, no la finalicé, dejé el estudio prácticamente casi en los primeros meses de estudio; entonces al venirme acá mi hermana quería que yo acostumbrara un poco para que ella me ponga al Colegio y siga estudiando, terminara mis estudios, pero lastimosamente ella se enferma y fallece, entonces prácticamente a los doce años que iba a comenzar a estudiar tuve la mala suerte de perder a ella, al perder a aquella persona que iba a velar por mí ya yo me veo, si se quiere ya abandonada en la orfandad, yo tengo, tenía mucha familia aquí en la capital pero no conocía sus direcciones y entonces lo único que quedé con una persona que quería mucho a mi hermana para que me empleara, y bueno pues mi primer empleo me acuerdo que fue por acá por Barrios Altos cuidando un niño y de ahí fui pasando, pasando, después cambié de casa pero esta vez a una casa más grande, lo que fue la familia Loayza, que cada vez que paso recuerdo del salón azul, de las arañas, de María Schubert, en fin...Mi vida es una novela en realidad, valgan verdades, así que en esas circunstancias averiguo del Campo de Matamulas que hoy es el Parque de los Héroes ya, y al Parque de la Reserva era la reunión de todos los provincianos, los que trabajaban como domésticos, como obreros, como constructores o como universitarios pero era la reunión de todos los provincianos y ahí también se reunían mis paisanos, así que lógicamente buscando siempre la familiaridad de mis gentes voy buscando una ubicación con ellos y entonces después de jugar el vóley, el futbol, etc. etc. nos reuníamos en la familia de paso por aquí por Petit Thouars, entonces algunos tocaban guitarra y yo cantaba, cantaba porque mi vida era cantar, yo no tenía vergüenza, cantaba algunas canciones que recordaba de mi tierra o también cantaba rancheras pues, con compas o sin compás, pero la cosa es que yo cantaba, cuando tenía una voz que ahora, valgan verdades, yo no sé cómo con el tiempo he perdido, aunque todos dicen que sigo conservando, pero tenía la voz mucho más potente, tenía una voz demasiado fina, cantaba pues así, y ahí en esas circunstancias ya habían, escuchaba de vez en cuando la existencia de grupos de baile y que ya iban haciendo folklor pero casi a las escondidas en el teatro, en fin, que se yo; entonces llego a conocer a ... en el transcurso del tiempo en esas reuniones me invitan a una casa de chiquilla y conozco a una persona que se llama Francisca Mejía, pero para esto –perdón—antes de esto había ido yo acompañar a mi hermana al Teatro Francisco Pizarro a ver a la Compañía Ollanta, una de las mejores compañías después de Sumaq Tika, después de la Compañía ·El Condor Pasa", la época de Coronado, Ima Sumaq, uhhh el folklor es un bagaje pero maravilloso para hacer historia, de gente que ha luchado para poder imponer el folklor, son gente que se ha entregado a la difusión de nuestro folklor, y entonces lógicamente en esas circunstancias es cuando yo entro como suplente a la Compañía Atahualpa bajo la dirección de un gran foklorista: Luis Durand, y puedo decirles a grandes rasgos... entonces lógicamente me quedé allí, llega un momento de debutar con "Torcacita Huaracina" posteriormente "Pastorita Huaracina" con la que ya me identifico, pienso yo que hasta la muerte, el año 45, 1945, un 19 de diciembre, pues debuto, de ahí es cuando ya prácticamente –claro que ya estoy contando a grandes rasgos-- para decirles que mi primer disco, por ejemplo, grabo el 53 con el Conjunto Ancashino Atusparia.

L -- ¿Cómo graba Ud.?

M—Bueno, cuando ya prácticamente ya comencé a ser conocida, yo debuté, pienso yo, con el pie derecho, porque desde que salí a cantar al escenario tuve una gran suerte... con decirles que si bien, me empujaron para salir al escenario, tuvieron que sacarme porque la gente no me dejaba salir, interpreté doce canciones, el mismo día de mi debut en el Coliseo Bolívar, antes se llamaba Manzanilla ahora es Tacora Motors. Entonces es desde ahí donde comienza ya la Pastorita surgiendo, surgiendo y se va alimentando de algo que ha estado borrándose con música foránea, si bien son de países hermanos, pero que no era lo auténtico, de lo nuestro; voy aprendiendo a tener mi propia personalidad y voy recuperando esa que está dormida en todos los peruanos, la huachafería de querer ser mejor que nadie ante los demás pero menospreciando lo nuestro, nuestra identidad, nuestra personalidad, que hace falta tanto en Uds. la juventud, sinceramente. Entonces la tarea de la Pastorita es hacerle la guerra a su propia capital, de ver que come ven al serrano con el cuento de que apestan a queso, apestan a llama, etc. pero si viven de los serranos los capitalinos, sin los serranos no son nadie los capitalinos, ellos huelen a gallinazo y nosotros a llama pero a mucha honra, así es, cual es la diferencia entre un costeño y un serrano, los peruanos somos igualitos todos, porque la Patria es una sola; entonces creo yo que esas ideas que he tenido a base de las acciones, a base del público, más bien me he aferrado a querer despertar ese sentimiento que está dormido en el alma del peruano, tenía, sencilla razón, de un egoísmo tonto, de una indiferencia de su propio origen, de su propia raza, de su propio pasado, entonces cuando nos encontramos a nosotros mismos, en recuperarnos nuestra identidad cultural, nuestro pasado, nuestro presente, nuestro futuro, entonces el Perú va a ser otro y esa es la tarea de la mayor parte de los artistas, por lo menos a lo que concierne a Pastorita. Pastorita durante sus cuarentaisiete años de labor artística ha logrado ya la mayor parte de sus objetivos, pero no está satisfecha porque todavía lucha contra la corriente de la indiferencia, de la gente que hay veces solapadamente engaña y entonces en este momento el despertar del pueblo, puede ser que sea lento, pero si ya es más decidido, ósea que, ya se encuentra consigo mismo para poder sentir lo que es y decir orgullosamente de dónde es, su tierra pequeña o grande, pero ya lo dice con toda honestidad, aunque no hable bien técnicamente el castellano pero ya lo grita y eso es importante, quiere decir que estamos despertando, esa ha sido mi tarea y seguirá siendo hasta el final de mi vida. Ahora, durante esa trayectoria he grabado discos, creo que he llegado a ocupar inclusive un lugar --a dios gracias-- en todas las clases sociales, por ejemplo...

L-¿Cuándo grabó Ud. la primera vez, me dijo con el grupo Atusparia?

M- Si el Conjunto ancashino Atusparia, uno de los mejores grupos, pienso que para IEMSA-ODEON del Perú y esa canción me abrió las puertas, como se dice, para la popularidad a nivel nacional e internacional.

L- ¿Y quienes integraban Atusparia?

M- Ah eso sí es bastante difícil, pero la mayoría, todos eran ancashinos.

L- El señor Maguiña...

M- El señor Maguiña... pobrecito ya es, el que estaba haciendo permanecer hasta ahora, pero que ya falleció.

L- ¿Cómo grabaron en aquella ocasión?

M- Bueno en aquella época no existía grabaciones acá, se grababa acá en una salita y se hacía la matriz en la Argentina.

L- ¿Y cómo?, a mí me dijeron que grababan con un solo micrófono.

M- No, no, eso era, con un solo micrófono era en la época que el Dr. José María Arguedas hacía un estudio para la preservación del Folklore nato, entonces el llevaba, por ejemplo, a una salita o a su propio domicilio para ser cantar en un solo micrófono con una grabación que ahora se utiliza esas grabaciones, pero había, pues, una cosita así que recién, sabe Dios, cómo se habrá conseguido el Dr. pero él para estudiar, como era tan estudioso y tan conservador de la autenticidad, así es, pero cuando ya se graba, claro que ahora se utilizan pues en FM, no sé qué, no sé cuántos, hay equipos de grabaciones de 38 canales, 40 canales, pero si habían dos canales, un solo canal, entonces había que hacer milagros para poder grabar, así es.

L- Ahora... tal vez haya una evolución en los acompañamientos...

M- Si, la tecnología del hombre está avanzando tremendamente, entonces musicalmente inclusive se ha introducido muchos instrumentos de viento, entonces ahora, eso no quiere decir que ha muerto la conservación de la música auténtica, los instrumentos autóctonos como las zampoñas, como el charango, como el pinkullo, la flauta qué son los instrumentos muy autóctonos de nuestra tierra, el rayan, la roncadora, etc. inclusive hasta en la selva hay un instrumento: la hoja, la hoja es un instrumento, pero eso no ha perdido su esencia ni su pureza, se sigue conservando en los lugares de origen, pero el hombre con su tecnología ya crea mayores instrumentos, pero la música andina también se acopla a esa música, la prueba ahí está en los chicheros, por ejemplo, lo único que han hecho es dejar de lado todos los instrumentos autóctonos para llevar al órgano electrónico y han puesto una guitarra eléctrica y al mundo, a la juventud como ustedes qué esperan pues de algunas novedades, creen que el huayno ya debe bailarse moviendo el esqueleto como locos y ha cambiado de sabor y eso es todo, y se le llama cumbia, pero es el mismo huayno que ha interpretado todos nosotros con mucho sacrificio y que ellos vienen pues ya en mesa servida lo malogran y bueno pues se han vuelto millonarios de la noche a la mañana, mientras nosotros con 47 años, 50, 30, 40 años, seguimos andando con el "número once" (a pie) no tenemos ni carretilla, ni bicicleta, así es la vida, nadie sabe para quien trabaja, así es que, pateando latas, vendiendo tarjetitas para hacer ya nuestra parrillada, pero manteniendo la esencia de la cultura musical, es así...

L- ¿Qué le parece el acompañamiento del violín, del acordeón?

M- No, no, eso le da mucha dulzura, la prueba es que el Atusparia también tenía violines, ahora actualmente el conjunto los "Bordones del Perú" también tenemos al conjunto "Estudiantina Perú" de Huancayo, o sea que sí ha evolucionado, pero esos conjuntos siguen conservando la esencia de la música, los instrumentos pueden, inclusive un rockero puede tocar folklor, pero con toda la esencia siempre y cuando conozca la dulzura de la música de cada región.

L- Yo la he escuchado cantar con los Bordones y también, por decir, a Nelly Munguía, a Edwin Montoya, entonces parece que hay un grupo estable para todos los cantantes; a mí me llama la pregunta: ¿Hay una diferencia entre Ancash y Ayacucho?

M- Ah, por supuesto, claro, eso ni hablar. La música puneña es cadenciosa, la música ayacuchana sentimental, la música ancashina es muy alegre y hasta el que no sepa bailar lo baila, pero la música huanca es más telúrica por ejemplo, la música cusqueña igual; esas diferencias, cada músico y tiene que ser uno del lugar para que la sienta, es una cosa muy diferente, por ejemplo los Bordones Ayacucho se pasan tocando pero música ancashina (no) lastimosamente, ¿por qué? porque todavía quién sabe no se han preocupado también en tomarle la dulzura de la música ancashina, la verdadera esencia, pero el día que lo hagan sí como buen músico lo pueden hacer ya eso depende de él, claro.

L - Y díganme, ¿cuántos discos grabados?

M - Yo tengo 20 Long Plays, muchísimos, cientos de 45, dos Miniplays, porque yo vengo grabando desde el año 53 y primero se grabó en 78 carbón que usted a lo mejor ni conocen porque estarían en proyecto de nacer, pero en 45 tengo muchísimos.

L - ¿En carbón grabó?

M - Claro, todos grabamos así, en carbón, en discos 78, que se caía y plak ahí nomas quedaba, ya después posteriormente ya se fabrica pues esto de los 45 allí he grabado cualquier cantidad, después tengo 20 Long Plays con música de todas las regiones porque no solamente de canto de Ancash y posteriormente más bien con tanta piratería porque las disqueras están en decadencia, no grabó ya 12 años, o sea, más bien estoy proyectando grabar en este año, si Dios quiere, no sé, todavía estoy... porque ya el público está reclamando nuevas grabaciones y ojalá que con la situación económica que es un poco difícil parece, pero la gente dice que debo grabar nuevas canciones antes que –bueno-- la voz se vaya pues ¿no?

L - Díganos su opinión sobre la canción que a usted la ha caracterizado: "Quererte Quisiera".

M - Fue una gran casualidad en mi vida privada, en mi vida sentimental y en mi vida artística, entonces quién sabe lo he interpretado ese tema con mayor sentimiento, porque estaba viviendo yo un momento difícil en mi vida sentimental al cantar este tema; cuando yo formo nuevamente... cuando me privan de usar el nombre del conjunto "Los Andes del Perú" y yo me veo obligada a formar un nuevo conjunto: "Melodías del Perú", busco nuevos integrantes y entonces pongo el nombre de "Melodías del Perú"; y yo hago una grabación, mi primer Long Play con este nuevo conjunto que formó perteneciendo a Industrias Musicales "El Virrey" precisamente hago mi primer Long Play "Así canta Ancash" con nuevas innovaciones, inclusive con nuevos arreglos porque contaba yo con un músico que escribe y lee música, entonces ahí inclusive hago una nueva innovación para no parecer a nuevo conjunto, sino un nuevo estilo de Pastorita con el nuevo conjunto, donde precisamente se hacen arreglos ya con partitura y donde intervienen más violines, oboes y violonchelo y el órgano electrónico que todavía no se utilizaba en esa época, yo fui la primera persona que introdujo el órgano en este tema: "Quisiera quererte", que inclusive muchos de mis compañeros me criticaron, algunas personas dijeron "cómo es posible, que ha malogrado introduciendo ese instrumento", imagínense ustedes yo inicié eso y hoy en día es una cosa muy popular, y entonces, es que la tarea de Pastorita, no es que solamente se quede ahí la música sino también yo con esto he querido demostrar que la música andina también puede ir igual al pentagrama, igual que la música de Chopin, Beethoven, ¿por qué no? si no se necesita que un músico; verdad que la música andina no entra como debía de ser cuando un músico no tiene conocimiento básico, escribe por escribir y quitándole un poco la dulzura, pero en este caso yo conté con un músico provinciano, un violinista egresado del Conservatorio y que se dedicó, cómo lo siente la música y lo escribió como tal, por eso que salió con esa dulzura y eso necesita dedicación, y eso muy pocos los folkloristas... músicos folklóricos que tocan por música y yo tuve la suerte de tener como integrante a un músico que escribía, y mis ambiciones de llevar --aunque yo no leo—música, ni escribo tampoco, pero sé mis notas musicales y llevo mi compás muy bien-- y entonces me valió eso para que, bueno pues, inclusive en mi Long Play "Siempre Nuestra" yo tengo cuatro temas orquestados, orquestados con la Sinfónica donde intervienen 17 músicos de la Sinfónica, y eso yo... sé que ese Long Play no se ha vendido cómo se ha vendido con el Conjunto pero ha llevado a otro nivel, a otro nivel que le gusta también el folklor, entonces mi ambición ha sido eso, no tocar la puerta solamente para la gente de La Parada, sino también para la gente de clase media para arriba; y eso es una lucha titánica pues, y ha sido mi ambición, casualmente no por lujo ni por figuración, simple y llanamente para demostrar que también no solamente Schubert puede ir escrito sino también la música andina y se puede hacer, lo que pasa es que se necesita mucha dedicación y contar con gente que verdaderamente colabore con uno.¿

L - Si no es indiscreción, ¿con cuántas disqueras ha grabado?

M - Yo, modestia aparte, no quiero exagerar, pero hay mucha gente que es testigo, yo grabé en IEMPSA la primera fábrica, estuve por mucho tiempo, cuatro discos mensuales grababa en aquella época, ¿cómo se venderían mis discos? de ahí, cuando Virrey nace también me fui con él mismo... es decir, honestamente, Dios no me deja mentir, se peleaban por, no sé porque razones, así que entonces me lleva El Virrey con las mismas ambiciones pero mejorando económicamente, de ahí Sono Radio, se peleaban las tres primeras fábricas que existían, claro la primera IEMPSA, Virrey y Sono Radio, o sea que yo he dejado grabaciones en las tres disqueras, aunque Sono Radio, ya fracasó, pero Virrey sigue sacando mis grabaciones antiguas, IEMPSA ni hablar, así que siguen permanentemente; más bien posteriormente cuando nacen los Piratas, bueno ya, quería poner mis condiciones y no me aceptaron, por una parte tienen razón. Pero la mayor parte de los artistas actualmente graban por su propia cuenta, ya no hay control de...

L - ¿Usted ha grabado por su cuenta?

M - Yo... esta vez parece que me voy a decidir a hacerlo por mi cuenta, voy a convencerme si todavía la gente me sigue queriendo.

L - ¿Qué piensa de los otros artistas que ahorita graban para industrias un poco más pequeñas?, bueno como Panorama Huaralino, ¿qué piensa de los artistas que no han logrado todavía... las empresas grandes no quieren, por decir, acoger?

M - Porque, desgraciadamente, cuando una artista pone sus condiciones, pues ellos no quieren arriesgarse por la competencia grande que existe de la Piratería, en cambio estas disqueras chicas les dan oportunidad de grabar porque ellos mismos, o sea que por ejemplo graban una cantidad y ellos se dedican a vender sus discos, aparte de que bueno, como sea pequeño, aunque sea pero hacen sus promociones, les ayudan, pero le ponen una condición de que... no yo no sé si le pagarán derechos de autor, derecho de intérprete, derecho de regalía, yo ignoro eso de las disqueras chicas, no sé si en ese sentido los artistas se darán cuenta de que inclusive les pagarán sus derechos sociales, no sé porque yo no he hecho la prueba, entonces pues, pero de alguna manera creo yo si les apoyan en la difusión, que aunque venden ellos mismos sus discos a sus admiradores o cuando van a sus actuaciones, yo creo que de alguna manera es una lucha, yo no estoy contra eso, me parece que al contrario, al contrario a pesar de que un pequeño capital pero les dan oportunidad aunque sea para que vendan, qué se yo, yo creo si está bien, no puedo decir; pero no sé si estarán contando con todo ese apoyo que merece el artista: su derecho social, derecho de intérprete y derecho de regalía autoral y regalía de intérprete, son muchas cosas que tiene que dar una disquera, por eso que las disqueras grandes se abstienen porque mientras que los piratas ganan sin pagar nada de eso, ellos pues tienen que cumplir con todas las leyes que corresponde; ahora las disqueras chicas no sé, porque yo nunca he grabado con ellas. Han habido tentaciones pero no he aceptado, creo que en ese sentido también digo: de cura a sacristán, no puede ser...

L -¿Quién es su compositor favorito?

M - Hay muchos yo no tengo preferencia en ese sentido, yo creo que todos los compositores dicen su vivencia y depende del artista que también le da forma para poder interpretar, cada uno de ellos tiene su valor, no puedo desmerecer la intelectualidad, la inspiración de cada uno de ellos, ya depende de mí si le doy éxito, así es...

Gracias...

Entrevista de Ladislao Landa Vásquez

Entrevista a Floresnilo Flores

3 de febrero de 1989

¿Cómo se llama?

Yo me llamo Floresnilo Flores.

¿Qué cargo tiene?

Yo soy secretario de Actas del Sindicato de Trabajadores de Artistas Folkloristas del Perú, nosotros estamos como dirigentes desde Noviembre de 1987 en el cargo, como Secretaria General la señora María Hinostroza Poma y el año pasado ejecutó el plan de asegurar a todos los folkloristas, trabajadores folkloristas, quienes trabajan en peñas o diferentes escenarios, en cuanto a los regímenes de la seguridad social.

Usted verá que dentro del sector cultural, digamos, hay trabajadores artistas dedicados expresamente a la cultura, no importándoles la retribución por el arte que practican, más bien importándoles el prestigio y el agradecimiento cultural, adecuar o poner al nivel reivindicar al folklore peruano pero también hay personas que nos dedicamos íntegramente, a tiempo completo a la labor de difundir, preservar el folklore, así que nuestra institución cuenta con trabajadores artistas, los llamamos así porque cumplen esta labor en los centros, en los locales que nosotros llamamos peñas o en los campos deportivos o también en locales que se adecúan de asociaciones culturales o departamentales en la ciudad de Lima. Entonces, estos trabajadores requieren en su calidad de trabajador que como cualquier trabajador se les asegure en los regímenes de la seguridad social, que tengan estabilidad laboral, que tengan una serie de beneficios que otorga a los trabajadores las leyes del Perú.

¿Cuándo se les ha asegurado a los trabajadores?

Este es un anhelo desde hace muchos años de los trabajadores artistas pero la labor principal ha sido de la Secretaria General.

El sector folklorista no es un sector bien organizado laboralmente, quizás culturalmente tenemos personalidades en el folklore que vienen llevando adelante el folklore pero en el sector laboral no, en el sector laboral muchos desconocen la ley 19479, decreto ley 19479 de 1972 que abarca a todos los folkloristas, les da la calidad de trabajadores artistas, entonces, ¿qué sucede?, así como hay trabajadores de trabajo de gasfitero que nadie reconoce el trabajo de gasfitero, no podemos decir hay empresarios de gasfiteros, no hay; entonces se les llama a estos informales, así hay artistas que ni siquiera son artistas aficionados, hay. Entonces, frente a esto mucha gente desconoce el trabajo del trabajador folklorista, no aceptan como tal al trabajador folklorista en su calidad de difusor de la cultura y no en su calidad de trabajo porque dicen que el arte no se debe comerciar, no se debe vender; Pero la ciudad en que se viene es distinta, hay trabajadores que se dedican a tiempo completo a difundir el folklore, estos necesitan del amparo de la seguridad social, así es y de los regímenes laborales de la seguridad social.

Como le decía que existen trabajadores, el Sindicato de Trabajadores de Artistas Folkloristas ha tratado de asegurar por intermedio del mismo Sindicato porque para inscribir hay que tener un libro de Registro Patronal, entonces el Sindicato ha obtenido su planilla de sueldos y salarios y un Registro Patronal, entonces mediante ese Registro hemos tratado de asegurar bajo el amparo de la seguridad social.

Ese es un plan que al momento que hemos sido elegidos, hemos presentado en los meses de Mayo, Junio y Julio de 1988. Hemos asegurado a distintos artistas, como Margaracha, Nila Villanueva, Carranza, Chinita Huancayina; también; también hemos asegurado a muchos artistas que no me acuerdo; Néstor Flores Flores, compositor muy conocido.

Como le decía en el sector artistas, los ayacuchanos saben que la cultura se debe difundir, entonces se dedican al folklore científicamente a desarrollar científicamente más no laboralmente; así es científicamente los ayacuchanos se dedican, entonces desconocen la ley 19479, que le dije, es en la cual se estipula primeramente que se dé a conocer quiénes son los artistas folkloristas, quiénes son actores, quiénes son los artistas del circo, los músicos, todos ellos, esa es la ley 19479 de 1973 en el Gobierno de Velasco. Entonces, el sector artistas que trabajan que son retribuidos por cantar, por interpretar el huayno, muchos desconocen esto. Nosotros hemos tratado de difundir por todos los medios, tal es así que en 1978 se edita el libro "El Artista", cuando era Secretario General de esta institución el señor Simón Rojas Vidal, tratando de difundir las leyes y las normas jurídicas que amparan al sector trabajador, vale decir que este libro es una recopilación de todas las normas jurídicas que rigen el trabajo del artista en el Perú. Aún así nosotros no hemos tenido acogida, muchas veces como te digo no le dan valor, muchos cantan por amor al arte que así se le llama, porque les gusta cantar, otros porque quieren ser populares, qué otras personas les digan qué bien que tú cantas, eres una artista; lo demás no les interesa. Hay todavía compañeros que trabajan en forma gratuita, hasta pienso que hay gente que puede pagar, los aficionados informales al iniciar el trabajo artístico, cuando todavía no son populares pagan a empresarios que organizan espectáculos en locales o campos deportivos.

¿No ha hecho un artículo para difundir a los artistas?

Eso le he manifestado, nosotros tenemos este libro y también tenemos el "Informativo al Artista", una revista que publicamos a veces anualmente o de acuerdo con la economía que tenemos y también a través de nuestras reuniones los días Lunes tratamos de difundir o individualmente a todos los asociados que concurren al local.

¿A través de los periódicos?

Sí, a través de los periódicos muchas veces se ha hecho, pero hay un compañero, el compañero Juan de Dios Rojas Ortiz que ha estado difundiendo cuando él tenía a su cargo el diario La República.

Realmente hay limitaciones respecto a esta ley, cuál es el impuesto a los espectáculos públicos no deportivos. Este impuesto como grava a todos por igual, a todo sector, sea sector taurino, no sé, a todo graba igual, no nos da cierta amplitud, qué sé yo, al sector folklorista. entonces muchos empresarios no quieren organizar, no quieren cumplir con la ley 19479 porque hay que pagar 30% de impuesto a los espectáculos públicos no deportivos y es muy alto y esto se graba a la recaudación total.

En 1969 haciendo un poco de historia, toma en la secretaría de la institución, el cargo de Secretario General el compañero, extinto ahora, Jilguero Huascarán, el era Presidente del Comité de Unificación que en la época se lanzó y dentro de su plan de trabajo estaba luchar por una ley que ampare al sector trabajador, no solamente folklorista, a todo el sector artista; entonces se logra con la participación de este compañero en 1971 la creación de esta ley. El Comité de Unificación ofreció en la época un local propio, reivindicaciones, seguridad social, la ley del intérprete solidariamente estableció el bien común y la seguridad individual y antes de esto en 1969 fue el Primer Congreso Nacional de Folklore en octubre de 1969, estos son los planes que llevaron a Jilguero Huascarán a ser Secretario General, Plan de Trabajo de la Federación Nacional de Trabajadores Artistas Folkloristas.

¿En qué fecha fue creada esta institución?

Esta institución fue creada en 1959, siendo los primeros socios fundadores el compañero Máximo Alanya, Carhuancay y muchos artistas ya fallecidos ahora. La Asociación Nacional de Folkloristas es el brazo cultural del Sindicato, como un Sindicato tiene limitaciones en la labor del aspecto cultural, los mismos socios del Sindicato también forman parte de la Asociación Nacional que también está registrada, reconocida y tiene personería jurídica.

¿Qué objetivos y funciones tiene en su inicio?

Lo de siempre, desde 1927 el gobierno de la época trata de incluir en la fiesta de Los Amancaes a cultores de la música andina, tal es así que se trae del Cuzco, de Huancayo, de otros lugares a Lima, en 1927 los trae el Gobierno del General Leguía. Entonces, continuamente, año tras año, han venido migrando de provincias a Lima cultores andinos y poco a poco se han ido formando lugares donde pueden actuar estos artistas, tal es así que se llega a los Coliseos, en esa época han habido más de 30 o 40 Coliseos, no sé, donde ellos trabajaban y en ese tiempo también eran informales, ellos eran explotados, el artista cantaba por el gusto de ser visto, de ser aplaudido, porque muchos cultores lo que buscan no es cobrar y ellos gastan su dinero porque también se ocupan en otras labores.

A raíz de esto, en 1946 se funda la Asociación de Artistas y Conjuntos.

¿Quién ha sido el fundador?

No le puedo decir. De 1946 al 50 es lo que ellos llaman la época de oro del folklore y José María Arguedas propone la formación de la Asociación y luego mediante los empresarios y en los Coliseos se ha ido explotando al artista y dada la ineficiencia de esta institución es que se funda clandestinamente el 8 de diciembre de 1959 el Sindicato de Artistas Folkloristas del Perú.

¿Por qué dice clandestinamente?

Porque no se podía ejercer todavía, porque marginaban a los trabajadores que formaban parte del Sindicato, en esa época se les marginaba, el empresario no los volvía contratar nunca más, así es. Por eso clandestinamente funcionaba hasta que fue reconocida. El compañero Máximo Alandia y César Villanueva, Víctor Alberto Gil, fueron los primeros Secretarios Generales. Nosotros tenemos 1,786 afiliados, algunos que han fallecido y otros en actividad, unos 900 o 1000 en actividad.

Lo que sí puedo decirle es que el folklore siempre ha estado en auge, lo que sucede es que ha estado incomprendido en ciertos estratos sociales y hasta ahora es incomprendido, pero en 1980 han tratado la mayoría de los cultores en Lima de expresar sin temor lo que es el folklore, cantar el folklore sin temor. Hay muchos compañeros que lo hacen, no tienen vergüenza porque antes hasta era un delito cantar, en la época de 1946 al 50 era un delito cantar huayno.

¿Ud. puede definir la música folklórica y la música comercial?

Sí, yo creo que el folklore nacional es aquella expresión genuina que nace del pueblo sin su tergiversación, sin su variación con el tiempo, pero la música comercial es aquel folklore que es fácil de comercializar, vale decir que cuando decimos genuino podemos escuchar que es un bien que puede ser transferible y que puede tener un valor comercial ¿verdad? Comercial llamamos a la música utilizada, a la que se puede bailar o tiene un poquito de tonos ya eróticos, entonces sigue siendo folklore, pero no auténtico, no genuino, pero dada esta cualidad y el público que gusta de ello se hace comercializable, así es.

A veces entra algo de elaboración y gusta al público porque en el Perú creo que no hay gente culta que sepa apreciar realmente lo que es la música.

¿Cuál es su opinión sobre las disqueras y la música folklórica?

Sí, mire, las disqueras que están encargadas de llevar al acetato, los cassettes, grabación de fonogramas, que se yo, ellos actualmente explotan al trabajador artista; tal es el caso para muestra de contratos que se han celebrado hace muchos años con la compañera Pastorita Huaracina en los que se especificaba tasas fijas por la regalía o derecho al intérprete, entonces esas tasas ahora han perdido todo su valor. Si se fijaba S/. 3.00 por disco vendido, actualmente el empresario-dueño de una disquera quiere pagar el monto como eran las tasas fijas y a veces les pagan por cumplir con la ley, ¿por qué?, el contrato los favorece a ellos. La ley del artista contempla esta situación en que dice que los contratos artísticos se deben hacer por dos años y que todo contrato artístico se debe celebrar por escrito, no hay contrato verbal en los que (eso sí no se especifica) debe mencionar, tasas porcentuales para el pago de regalías, derecho de autor, derecho de intérprete.

Actualmente yo pienso que la mayoría de las disqueras viven del trabajo del artista folklorista tal es así que aún ahora vienen acá los empresarios y dicen que más ingreso les da la venta de música de folklore que de otros discos, en el interior del país por ejemplo más aceptación tiene el folklore que la salsa; la salsa si la baila un pequeño grupo, quizás pero no tanto como el folklore.

¿Las disqueras se aprovechan de los derechos reservados de la música anónima?

Eso es cierto también. Mire lo que sucede es esto, cuando entramos en la parte comercial la música se considera como un bien, por lo que para su creación como cualquier producto necesita que intervengan otros factores. Entonces, para la creación de un disco se necesita que un tema haya sido creado por un autor o un compositor, luego se debe poner música, luego el intérprete que lo canta acompañado por los músicos, todo esto es el trabajo y luego viene el capital. Entonces, el capital lo pone el empresario para hacer el producto, ahora, en este caso, el trabajo no es bien retribuido y ahora ocurre lo siguiente, muchos artistas, intérpretes quieren grabar por grabar, le pagan al empresario para grabar un disco, porque el empresario dado el riesgo que se corre (puede vender o no el disco) le dice hagamos los dos la empresa, hagamos el disco, pero yo te voy a pagar en cassette o con 100 discos o con 50 discos o en todo caso te pagan I/. 20,000.00, eso no es favorable, entonces muchos artistas van al interior del Perú, escuchan en su pueblo natal cantar y algunos se adueñan, pero en otros casos ni siquiera ellos se adueñan, ponen Derechos Reservados.

Los Derechos Reservados de acuerdo a la ley deberían cobrarlos la Asociación de Actores y Compositores APDAYC pero no lo cobran, para que cobren tienen que tener un documento de que les han autorizado a administrar determinado tema, como no lo tienen, para ellos constituye un ingreso. la disquera aun cuando tenga autor se apropia, tal es el caso actualmente del tema PIO PIO. El PIO PIO ha sido grabado por los Ases de Huaracoche que es una orquesta de Huancayo, su director Luis Angles es el creador de la música que se grabó, hace más de 7 u 8 años le pusieron letra, le puso letra Chato Grados, le puso letra Amanda Portales, lo demás no es tan conocido y esto lo han grabado muchas disqueras; ahora lo han llevado al género chicha y hasta en la salsa ya se escucha. Cada persona que graba o que canta esto le pone su nombre como autor; nosotros preguntamos al compañero Eusebio Grados y él dice que no cobra por este derecho, la disquera no le paga y Luis Angles actualmente no recibe ni un solo centavo. Esto ha ocurrido siempre, yo creo que esto del autor y compositor es un tema que tiene que registrarse, es el derecho del intérprete.

La nueva Ley del Derecho al Artista contempla esta situación, pero todavía está en la Cámara de Senadores o en el Poder Legislativo pero todavía no se ha dado.

¿Puedes definir la usurpación de los temas musicales y también el plagio y la piratería?

Sí, la usurpación de los temas musicales es el resultado que un determinado músico asista a las fiestas tradicionales que se realizan en el mismo lugar de origen, van a Provincias y del mismo lugar copias. Al comienzo las disqueras han hecho esto para grabar, entonces lo traen acá y se autodenominan dueños de las letras y esta es la usurpación.

¿No van a la Biblioteca Nacional donde hay un registro de compositores y autores?

Así es, en la Biblioteca Nacional se debe registrar, eso es cierto, todos los autores y compositores tienen derecho a registrar en la Biblioteca Nacional. Cuando vienen les sugerimos que vayan a registrar a la Biblioteca Nacional cualquier creación musical.

También hay cantantes chicheros que se han adueñado de muchos temas musicales, tal es el caso de "La Sureñita", de Pastorita Huaracina, tantos temas que ellos pusieron como creación de ellos y en realidad no es así, hay por eso muestras que pueden evidenciarlo.

La piratería es distinta, es consecuencia de 3 factores, primero de que el artista folklorista en promedio no es un hombre instruido, tal es así que contamos con artistas que apenas tienen primero de primaria, pocos de ellos tienen secundaria y al menos esos conocen las leyes que los amparan. Algunos por apatía, por indiferencia tampoco se preocupan, simplemente tocan porque les gusta tocar, esos, más allá no ven. El segundo factor es que cualquier artista o empresario al haber un tema que puede ser popular va a la Biblioteca Nacional a ver si se ha registrado o no este tema, entonces si ve que no es una persona fuerte que puede enfrentarlo, entonces esta persona lo registra, lo toma como propio, eso es lo que ocurre. Hay temas antiguos, tradicionales del Perú que ahora hay gente que no sé de dónde aparece diciendo yo soy el creador. Y creo que nadie puede reclamar esto porque ni en el mismo pueblo se sabe quién es. Esto nace en las fiestas, en el mismo baile, porque las fiestas duran una semana y cuando no hay que cantar, como en Provincias se estilan los contrapuntos, dos, tres grupos, no pueden cantar el mismo tema, entonces siempre hay uno que en el momento tiene la habilidad para poder componer, entonces por insulto que se yo, crea un tema y ese tema se constituye tradicional, se canta 2- 3 años y el que va a ese lugar se copia el tema, vienen acá y ya es de él.

¿Usted es artista?

No, yo soy animador, maestro de ceremonias, pero estoy metido en el arte porque creo que acá puedo servir a la sociedad, yo soy de Apurímac, de Abancay, del Distrito Cachara.

La piratería actualmente es un fenómeno comercial que consiste en que un tema que tiene popularidad es copiado por los vendedores ambulantes para comercializarlo, a ellos no les interesa el público porque muchas veces el producto que venden no dura ni 2 ni 3 semanas, el mismo cassette, ellos lo comercializan. Anteriormente se daba esta situación porque el cassette salía más barato que el disco porque basta comprar un disco y en cualquier tocadisco lo copiaban, sacaban miles, miles de copias y comercializaban, entonces este es un fenómeno que creo que la Prefectura de Lima y otras instituciones han tomado en cuenta, pero no se ha llegado a ninguna conclusión. Por ese lado ningún artista ha recibido ni un centavo, en contadas ocasiones nos han informado la Federación de Artistas Folkloristas. En contadas ocasiones se ha requisado esta mercadería, pero este fenómeno tiene como le digo al artista, le quita fuente de trabajo y de ingresos.

¿Las mismas disqueras hacen la piratería?

Al discutirse la nueva ley del artista, nosotros hemos tratado ese punto en el Ministerio de Educación, dado que esta ley también contemplaba el aspecto empresarial. En ese aspecto empresarial liberaba algunos impuestos para las disqueras, entonces nosotros veíamos que la disquera podía traer a bajo costo y comercializarlo como actualmente se da, se importa insumos por un total de 200 y solo se utiliza 50, lo demás los 150 lo comercializan, o sea, le sale más rentable para ellos. Ellos mismos por debajo lo venden a los informales.

¿El trabajador artista acá no es retribuido?

¿Las disqueras son enemigos? ¿Qué medidas están tomando?

El Sindicato de Trabajadores Folkloristas como toda institución sindical que vela por la reivindicación de artistas, por el ingreso o la remuneración justa, hemos visto en muchas Asambleas esta situación, de que los empresarios informales y las disqueras explotan al artista y muchos se enriquecen actualmente en las disqueras con el trabajo del artista. Entonces en la Asamblea nosotros decidimos oficiar a las disqueras para que se abstuvieran de importar estos cassettes y ellos mismos comercializaran, más bien otorgar a los trabajadores artistas ciertas facilidades para que puedan ellos adquirir y comercializar sus propios discos, sus propios cassettes, sus propios temas; vale decir que si un artista sale de gira el empresario le dé una cierta cantidad de cassettes para que él mismo pueda vender su tema en Provincias con ciertas facilidades.

Como hay pocas disqueras y pocos empresarios, los asociados acá no quieren ir en contra de una disquera porque no les va a dar trabajo luego, quiere decir que la oferta empresarial es menos que la oferta del trabajador artístico. Hay más gente que quiere grabar y pocas disqueras y otra cosa que ocurre es esto, en los años anteriores cada artista tenía su propio sello, tal es así que se constituyeron en esa época discos Alicia, de Alicia Delgado, Sono Sol de Mario Mendoza y otros tantos que todavía existen, pero también esto ha llevado a otro fenómeno, la explotación del artista por el artista. Muchos fenómenos que se suscitan entre nosotros, por ejemplo, los artistas ya populares explotan a los que no son populares, no son conocidos en el ambiente y recién se inician, así es.

Le voy a decir cómo es la figura de la explotación del artista por el artista, de hecho, el empresario explota a cualquier trabajador y el sector artista es un campo virgen donde el empresario puede hacer negocio, eso es claro, evidente en todo sitio. Pero la explotación de artista por el artista se da del siguiente modo, un artista organiza su espectáculo y pide colaboración a sus compañeros artistas, tal es así que yo tengo una planilla de 30 colaboradores que colaboran con él, hasta la banda colabora con él. Si tiene programa radial con mayor razón colaboran con él. También vamos a tocar el punto de cómo el conductor de un programa radial explota el artista y más aún todavía, entonces colaboran con él, con el artista que está organizando su aniversario, o qué sé yo, a ninguno de ellos les paga, son 30 artistas, estamos poniendo un mínimo de 30.

¿Qué sucede? Se supone que el artista debe ser retribuido en su actuación ¿no es cierto?, él debe retribuir con su actuación pero en el campo artístico no todos tienen la misma aceptación del público, la misma popularidad, una determinada artista tiene más aceptación, entonces se le retribuye al artista que está en su nivel o por encima, si lo retribuye pero aquel artista que está por debajo de la aceptación del público no le retribuye, dice si voy, hace que lo programen y no va, entonces el artista de menos popularidad no es pagado, debe pagar su pasaje, el desgaste de su vestuario y lo que equivale a llevar un conjunto entre otras cosas que corren a su cargo, entonces acá se da que el artista explota a otro artista.

¿Qué medidas ha tomado este Sindicato frente a las disqueras?

Nosotros siempre hemos tomado las mismas medidas que pueden tomar los Sindicatos frente a la reivindicación de sus trabajadores.

¿Sin control?

Debería responder esta pregunta la Secretaria General.

Yo le puedo hablar de cómo explota el conductor de un programa radial a un artista. el conductor del programa promete al artista publicitar su disco que haya grabado en retribución a esto exige que el artista esté a su disposición. Si nosotros comparamos lo que cuesta en una emisora el escuchar un disco (debido a que constituye materia prima para el conductor del programa), entonces en este caso no es publicidad, si una productora de radio pone determinado disco no es publicidad, puede conseguir publicidad cuando repetidas veces pone el mismo disco, entonces puede conseguir publicidad, pero tendría que ser necesariamente en mayor número, pero si se pone una vez al día yo creo que no es publicidad. la explotación está en que el artista tiene que estar a disposición del productor radial y el productor radial organiza 1 ó 2 espectáculos mensuales y el artista tiene que ir a trabajar en forma gratuita.

¿Usted conoce la ley de los derechos de autor?

A grandes rasgos sí, la ley 13714, en términos generales sí, la ley de Autores y Compositores.

¿Usted cree que es necesario reformular la ley, el reglamento?

Todas las leyes son buenas, la ley 19479 del trabajador artista es buena pero no depende de lo bueno que sea en su contenido, en su espíritu, depende de cuán efectivo es en su aplicación. Si las personas, las autoridades no lo hacen cumplir se puede dar muchas leyes buenas, nosotros nos preciamos de la Constitución como la mejor de América Latina pero no lo es pues en su aplicación es una letra muerta, se maneja en el Perú en razón del poder económico de la persona, la ley es así. Como alguien dijo lo único vigente en el Perú es la clandestinidad, no es la ley, así es.

Usted sabe que los problemas sociales que se susciten deben normarse, en este caso yo creo que actualmente la ley no se ajusta a los problemas sociales, no se adecúa a las actuales circunstancias la ley 13714 que norma los Derechos del Autor y Compositor. Yo creo que se debe reformular, debe tomar en cuenta a todos los sectores porque crear no solamente es componer, mucha gente hace arreglos musicales, eso es una adecuación, el creador es quien ha tenido la idea de poder hacer una composición, de su propia creación, eso es creador.

Como le digo, yo conozco a grandes rasgos la ley, pero creo que no se adecúa a las actuales circunstancias, yo creo que debería precisar en todo caso lo del sector trabajador artista folklorista, podría ser Huaylas, Canchis, Marinera, que esté normado y que se norme por la cantidad de veces que se utiliza, vale decir como un producto cualquiera, si la música se escucha 100 veces debería de estar normado de acuerdo a las veces que se utiliza. Yo creo que en este sentido debería, como usted dice, reformularse.

¿Ustedes como Sindicato tienen relaciones con SAYCOPE o APDAYC?

Simplemente relaciones institucionales, no más allá. No tenemos relaciones, nosotros somos Sindicato que defendemos distintos aspectos.

Muchas gracias por la información.

Gracias a usted.

Entrevista de Lucy Núñez Rebaza

Entrevista a Simón Rojas Vidal
6 de febrero de 1989

¿Qué funciones cumple actualmente en el Sindicato?

Yo soy Director Ejecutivo del Sindicato de Trabajadores Folkloristas del Perú, así es.

¿Puede definir la música folklórica y la música comercial?

Primeramente, en nuestro país la prestación de servicios de un artista ante su empleador, una empresa de discos o una editora, se ciñe sobre bases legales que al respecto existen, de modo que la mecánica se llama prestación de servicios personales. El artista realiza una grabación por decir, entonces está prestando servicios a una entidad netamente comercial porque ese disco va a ser comercializado, porque el artista recibe una remuneración por la prestación de servicios porque va a generar una renta la impresión posterior de ese disco. Entonces mal hacemos en decir que es un disco comercial y no comercial, podríamos decir que un disco no comercial es el que el público no puede adquirir porque no es de su agrado y el otro es comercial porque agrada al público y adquieren los ejemplares de estas grabaciones.

Yo diría que la prestación de servicios como cualquier trabajador se genera en razón a la valorización del propio elemento; artistas que se hacen respetar porque les asiste un derecho y un deber, en consecuencia las personas que contratan los servicios saben a quienes contratan y a quienes no contratan, allí el que se deja explotar por cuanto cada persona sabe cuánto vale su trabajo, ya sea en las grabaciones, ya sea en las presentaciones artísticas, entonces no se trata de contratar por contratar ni hacer las grabaciones por hacerlas, sino eso tiene un fin y en consecuencia tanto el artista como el cantante asumen sus propias responsabilidades. Yo como artista señaló expresamente que uno debe hacer prevalecer su razón, su valor, cuánto debe pagar, cuánto debe cobrar por el servicio que presta.

¿Usted puede describir la historia de este sindicato? ¿La fecha de fundación?

Bueno, este Sindicato se formó hace 30 años, el próximo 8 de Diciembre se va a celebrar 30 años de existencia formal. Han transcurrido 30 años en que priman la unidad, la fraternidad entre los artistas organizados pues en nuestro país existe la libertad de asociarse, a nadie se le puede obligar a pertenecer o formar parte de una asociación, en tal virtud los que pertenecemos a esta institución lo hemos hecho por propia voluntad, por decisión y venimos trabajando con los asociados, quienes han depositado su confianza en el Consejo Directivo, en el seno de la institución y de la colectividad artística que forma el Sindicato.

¿Cuáles son los antecedentes de esta fundación?

Los antecedentes históricos, naturalmente como toda institución tiene sus fundadores. Los fundadores son quienes han estampado su firma en el acta de constitución de la institución, de quienes yo no tuve el honor de formar parte, yo formo parte recién desde 1966-67 y como como dirigente a partir de 1968-69, desde ahí conozco yo la marcha administrativa, económica y financiera del Sindicato. En 1969 elaboramos el Plan de Trabajo Sindical con el extinto compañero artista Ernesto Sánchez Fajardo, el Jilguero del Huascarán, entonces este plan como cualquier plan de gobierno institucional necesitaba la ejecución permanente hasta que se culmine con lo planeado y es lo que venimos haciendo a la fecha, la dación de bases legales de protección y amparo del artista, la promoción cultural, la compra de un terreno para construir la casa del artista sin la intervención estatal.

Así por el estilo a lo largo de 20 años es el trabajo que venimos exhibiendo.

Los propulsores son en la primera etapa los fundadores que tuvieron a bien dar su partida de nacimiento a la institución y no somos nada nosotros para juzgar los actos administrativos de los compañeros, muchos ya difuntos, algunos alejados de la actividad artística, algunos alejados del ambiente sindical, somos respetuosos de ellos.

¿Cuáles son los nombres de los fundadores?

Entre ellos podemos citar a Máximo Alanya, podemos citar a Carlos Vidal Negreiros, dirigentes de mucha trascendencia; ellos son de los primeros diez años. A partir de 1969 tenemos al compañero Ernesto Sánchez Fajardo, en un corto plazo a César Fernández, luego Simón Rojas Vidal. Compañera María Hinostroza, Chinita Huancaína. En honor a la verdad nosotros hemos desempeñado el cargo por varios periodos, la gente depositó su confianza, cuando hemos decidido retirarnos el Comité Directivo vio conveniente nuestra presencia física como asesores y asumiendo el cargo simplemente de Directores de la Casa del Folklorista, esa es nuestra colaboración que va en beneficio de todos los asociados.

¿Las disqueras cobran por derechos reservados?

No, en realidad en la ley 13714 no existe esta denominación de derechos reservados, lo que en la práctica derechos reservados significa es que cualquier propietario denominado autor o compositor está sujeto a poder cobrar este derecho que le corresponde por ser autor intelectual de la obra musical ¿no? entonces las disqueras suelen colocar en la etiqueta derechos reservados (DR) o derecho a disposición del autor, en tal virtud la música anónima sería propiedad de la jurisdicción municipal, por ser un patrimonio cultural de dicha jurisdicción. Algunas disqueras ponen ahí Consejo Provincial porque no hay a quien asignarle, pero como es una canción popular anónima, por decirlo de un pueblo, si la canción es oriunda de un lugar, no hay autor identificado, naturalmente debe ser propiedad del Consejo Provincial para que el derecho económico sea transmitido al Consejo, ese es el procedimiento.

¿Teóricamente?

Usted sabe que la aplicación de las normas legales funciona en razón entendible de quienes ejercen la función y el cargo, de modo que las disqueras que saben la aplicación de la ley consideran de hecho que es propiedad Municipal y si desconocen al autor, naturalmente colocan derechos reservados, lo cierto es que nadie cobra esos montos por ese concepto.

¿Las disqueras se apropian?

Lógicamente. pues ese es un dinero que no está registrado, es un derecho no registrado y la industria discográfica se queda con el derecho igual por fallecimiento de un autor, compositor, cantante, que de acuerdo con el mandato de la ley debe esperarse la decisión judicial para otorgar a los herederos.

¿Es necesario reformular la ley de los derechos de autor?

Bueno, ese es un proyecto de hace muchos años ¿no? en la nueva ley del artista algo se ha hecho sobre el patrimonio cultural, entonces en la nueva ley del artista esto será plasmado evidentemente en uno de los artículos que consideren ese derecho y con eso se estaría subsanando esta deficiencia.

¿Actualmente no hay nada al respecto?

No, actualmente no, no hay nadie tampoco que se interese, en un pueblo tiene que interesarse su alcalde ya sea a nivel provincial o distrital, si bien es cierto que dichos repertorios corresponden a su pueblo.

¿El gobierno actual no ha dado la ley?

No, la ley general se encuentra en proceso de revisión en el Senado de la República.

¿Puede distinguir entre la usurpación, el plagio y la piratería como problemas constantes?

Naturalmente, en las actuales circunstancias ese es un problema permanente ¿no?, cualquier persona le agrada tal o cual repertorio y se apodera, cambia la letra, utiliza la música, pero definitivamente la ley por ese derecho adquirido con anterioridad se inclina por el autor principal, en todo…CASO…SI………….. no hubiera escrito la letra se considera al autor primigenio, autor y compositor del repertorio toda vez que el……AUTOR………. en ningún momento autorizó a la persona para poder redactar el texto de las letras de tal o cual canción. De modo que en ese asunto los autores y compositores están protegidos por la ley.

Es verdad que esto sucede, pero para esto la autoridad correspondiente y las personas que se sienten afectadas, entonces en caso concreto hay que aplicar la ley. Un autor compositor se siente con absoluto derecho, eso está vigente, la ley actoral, la 13714 y sanciona penal y civilmente, no hay ningún problema al respecto y de autor anónimo también son las autoridades quienes tienen que velar y ninguna otra persona puede abogar por una cosa que no le pertenece.

¿Pero es teoría nada más?

Por eso digo pues, si usted no es autor compositor de un determinado repertorio. Usted es alcaldesa por decirle de un pueblo Espinar en el Cuzco y una danza cusqueña de ese lugar se la ha puesto el señor Efraín Cuba Cuba por poner un ejemplo, entonces usted sabe que ese repertorio no le corresponde a él, entonces usted como autoridad conoce qué es un repertorio oriundo de su pueblo, entonces hace valer su derecho, el derecho intangible naturalmente de que nadie está facultado a apoderarse de una composición de una expresión del folklore que no le corresponde, ese sería el trámite a seguir.

¿Los artistas que trabajan con las disqueras son pagados o no les pagan?

Ya le he dicho al principio la prestación de servicios es un convenio entre las partes, entonces los fiscalizadores son quienes tienen a su cargo el cumplimiento de la ley, de modo que, si existiera un contrato al margen de la ley, para eso tienen su Sindicato correspondiente donde al artista le asiste el pleno derecho de hacer valer lo que por justicia le corresponde, lo otro sería una especulación. Por decirle y por grabar un L.P. con vienen en el monto de I/. 300,000.00 son acuerdos que ambas partes han adoptado y debe cumplirse y eso se traslada a un documento denominado contrato de trabajo artístico que es absolutamente legal el acto porque es un acuerdo bilateral, hacer lo contrario ya es informalidad y la informalidad en ningún momento está exonerada por ley, todos son responsables, sindicalmente tenemos bien definida esa posición.

¿Usted es abogado?

Soy persona versada en la materia, conocemos algo y estamos siempre al servicio de los artistas, asumimos su defensa ¿no? Hemos ido a la cárcel, entramos, pero siempre en defensa de los artistas, lo que nos interesa a nosotros es aplicar la ley y sancionarla de acuerdo con la gravedad de la situación que puede cometer el supuesto empresario.

El sector artista no es una excepción, eso es lo que esperamos se supere con la nueva ley general del artista, el propósito fundamental de la dación de la nueva ley nos anima a que se cumpla, pero para esto necesitamos una verdadera institución llamada Instituto Nacional de Cultura, Ministerio de Educación, que cumplan con sus funciones de lo contrario sería una ley más de todas las que se dan. El trabajador artista no tendría apoyo, las empresas informales o formales seguirían explotando, usurpando los derechos del artista, todo eso. Hemos presentado a Izquierda Unida para el nuevo plan de gobierno, para el próximo ejercicio un plan para el sector artista en general porque nos solicitaron, hemos presentado un trabajo para la Comisión de Cultura con todos los proyectos para reactualizarse en el nuevo plan de gobierno, tomando en cuenta el sector de artistas organizados, así es.

¿Hay estatutos de esta institución a la mano?

En este momento no tenemos, pero le podemos remitir para que Ud. tenga una noción de su base interna, su reglamento ¿no?

¿Uds. como Sindicato tienen relación con SAYCOPE y APDAYC?

Con APDAYC tenemos una estrecha relación por ser la institución máxima representativa que agrupa a los autores y compositores en la república, no lo decimos nosotros, sino que la Organización Internacional de las Sociedades Autorales así como la Asociación de Propietarios de Radio y T.V. a nivel de Latinoamérica lo han considerado así.

¿Qué puede decir respecto a APDAYC?

La APDAYC es una institución muy respetable, institución decana del derecho autoral, se fundó en 1948 o 50, entonces nosotros como gremio sindical somos respetuosos de su existencia legal por agrupar a la inmensa mayoría de autores y compositores, es una institución muy respetable. Ellos tienen una ley por la cual nacieron y aplican la ley y nosotros como Sindicato también tenemos nuestras normas por las que nos regimos.

¿El año pasado nos han dicho que han asegurado a los socios de este Sindicato?

Bueno, de acuerdo a la ley todos los artistas son asegurados, entonces incluso en la ley del IPSS, todos los artistas siguen inscribiéndose a efectos de gozar de los beneficios que otorga el IPSS.

¿Cuándo comenzó a componer e interpretar la música?

A escribir hace 25 años, desde Octubre de 1964 a escribir composiciones.

¿Sabe lectura musical?

No, autodidacta.

¿Qué expectativas tenía al principio?

Naturalmente como todo provinciano, no tenemos expectativas primero económicas sino el placer de componer, de difundir las expresiones oriundas del lugar, entonces mi deseo personal era promocionar las expresiones musicales de mi tierra, de la provincia de Raymondi ¿no?, mi honda preocupación era hacer conocer al Perú el nacimiento de una nueva circunscripción provincial que nacía en pleno corazón del departamento de Ancash, bajo el nombre de Antonio Raymondi, como usted podrá notar era hijo de la nueva circunscripción, mi interés era dar a conocer lo que era entonces la décimo sexta provincia de Ancash, por eso es que me propuse escribir mi primera composición bajo el título de Antonio Raymondi mi Provincia y grabamos el difunto Gorrión Andino y yo, grabé en dos oportunidades y para qué tenía bastante acogida este repertorio y posteriormente en el año 70 nos lanzamos personalmente como intérprete cantante.

¿Cuáles eran antes las posibilidades que existían?

Las posibilidades para el artista en general existían una vez ubicado el lugar de un nuevo intérprete, realmente eran posiciones de carácter pecuniario, económico. Por decir, se editaba un disco, salía a la venta y era del agrado del público, entonces al público le gustaba ver a tal o cual artista y los empresarios estaban a la orden del día para proceder a la contratación y presentarlo en los espectáculos de Lima y Provincias, entonces de ahí va naciendo el interés que despierta frente al público un nuevo intérprete del folklore, entonces va ganando adeptos, al empresario le conviene contratarlo permanentemente, así se hacía antes la carrera artística.

¿Antes de los discos?

En realidad, antes de los discos como dije anteriormente, existe mucha expectativa.

A veces ocurre que una persona concurre permanentemente a los ensayos, concurre permanentemente a los espectáculos y nace esa vivencia de querer cantar también, de querer ser, de seguir los pasos como músico o como bailarín y 25 años atrás la iniciación de un artista en el folklore comenzaba así según me han contado nuestros mayores, ellos comenzaban llevando maletas de los artistas y poco a poco se iban contagiando y de ese modo se han involucrado en la vida artística, en la labor artística.

¿Los Coliseos aparecen antes que los discos?

En el año 50 existían los Coliseos, existían los nuevos cantantes cuando en Lima interpretaban el folklore era muy difícil, a través de la radio, pero todavía. Gracias a Jacinto Palacios esa música del folklore ancashino tiene su sitial. Posteriormente de la década del 50 al 60 con Jilguero del Huascarán, Pastorita Huaracina, ya tienen aceptación a través de la radio cuando se difundía la presentación en vivo y en directo a través de las emisoras, llámese Radio Excelsior, Radio Victoria y Radio América, en consecuencia los espectáculos en Coliseos iniciaron una nueva temporada con el Coliseo Mundial y otros tantos y en forma paralela surge la promoción de los discos, por eso yo señalaba en la intervención anterior que la carta de presentación de un artista siempre han sido los discos.

Como vimos el año pasado que ciertos intérpretes están ganando la popularidad a través de sus discos, entonces el público valoriza al intérprete del folklore a través de sus discos, la presentación artística es un círculo cerrado, un espectáculo en el Pardo y Aliaga o Teatro Municipal solamente ve la gente que concurre, el disco no, el disco a través de las emisoras que se propaga puede ser escuchado en las punas de Huaraz, en el valle del Cuzco, Puno; gente que necesariamente no conoce al artista, pero para eso existen los promotores de espectáculos que empiezan a contratar al artista. Ese es el gran valor de la difusión de los discos a través de los medios de comunicación.

¿Antes que usted comenzará a grabar en los discos, cuál era su público?

Bueno, yo como autor y compositor también me dedicaba a producir programas de radio, yo trabajé en Radio Nacional, tuve programa de radio y estaba contentísimo porque tenía mucho público, audiencia a nivel nacional, cuando uno está en la radio, recibe cartas de Puno, Cuzco, Madre de Dios, de Cajamarca, de Amazonas, de Ancash, de cualquiera de esos pueblos más apartados y es una satisfacción grande, cuando yo salía a las 9 de la mañana o 10 tenía la impresión que ese público, ese pastor de ganado me estaba escuchando de tal modo qué me remitían cartas y folders, me enviaban monografías de su pueblo en el 68-69-70 y eso me dio oportunidad para crear una sección especial. "Cuando canta el Perú" era el nombre del programa y la sección especial se denominaba "Hablemos de mi pueblo", entonces daba lectura a las monografías y en carne propia sentía la satisfacción que recibía dicho autor de la monografía cuando dábamos lectura a su obra porque las monografías eran de 5 folios, de 10, entonces nosotros dábamos a conocer ese trabajo hecho, teníamos perfectamente entendido que les daba una gran satisfacción entonces de esa manera cumplíamos nosotros con nuestra sección especial "Hablemos de mi pueblo".

¿Qué significado tuvieron las grabaciones en tu vida, las primeras grabaciones?

Para mí, una satisfacción grande porque como intérprete cantaba en los años 71-72-73-74 y fue la mejor época ¿cómo no va a ser satisfacción grande cuando los periódicos se ocupan de uno dando publicidad a los éxitos musicales? La industria discográfica editaba en ese tiempo un L.P., 2, 3 o 4 45rpm., un mini play al año, eso era un premio para el artista y en el récord de venta era una satisfacción ocupar el 1,2,ó 3 puesto, éxito musical del mes, era acá la evaluación que hacían los vendedores de discos; todos esos eran incentivos para el artista y tenía el artista derecho de actuar en la televisión por la venta de sus discos, podía actuar en los teatros, en los Coliseos, la industria discográfica se encargaba de hacer los interlazos, para mí personalmente fueron mis mejores años, hay meses, fechas importantes como cuando hemos recibido las distinciones que a su juicio consideraban otorgarnos.

¿En qué fecha ha sido la primera grabación?

Fue en 1971 en Sono Radio.

¿Ayuda al desarrollo de la música o restringe de alguna forma?

Yo señalaría al respecto dos aspectos muy marcados, del campo del autodidacta que se define como el fiel mensajero de la expresión autóctona, pura y legítima del pueblo. Yo cuando interpretaba mis canciones en quechua, viera usted como le gustaba al público que asistía al espectáculo, ahora nos estamos preparando para el 28 de febrero en que vamos a ofrecer nuestras canciones en quechua en el Teatro Municipal y eso es lo que le gusta a nuestro pueblo; como intérpretes propios del departamento de Ancash, nuestras inspiraciones son 80% en quechua y 20% en castellano porque consideramos esa vivencia autóctona, hecho a la manera del pueblo, como se habla allá. Entonces nuestros paisanos se comunican directamente y saben qué es lo que estamos diciendo a través de la canción y así ocurre con compañeros de otros pueblos, de Ayacucho, de Cuzco, de Puno; entonces, ¿quiénes son los seguidores?, justamente son sus paisanos, mucha gente no interpreta el mensaje de la canción, pero dado el aplauso y el calor del público se da cuenta uno que vale eso.

Lo otro, la parte profesional, musical por partitura, que se yo, también tiene su público, de esos somos nosotros respetuosos. Lo que a nosotros siempre nos desagradó y nos desagrada es la desnaturalización del folklore como esta forma corriente llamada chicha porque ellos han desnaturalizado el folklore. Mundialmente las definiciones de folklore son conservación, preservación del patrimonio cultural intangible, entonces no podemos desnaturalizarlo, las composiciones no se pueden mutilar, por decir, cuánta pena me da cuando interpretan las formas chicheras, de la forma como ellos lo hacen, mal remedado todavía. Ese es nuestro punto de vista, si estamos equivocados lo estaremos, pero creo que no cometemos un delito al señalar que esto no debe hacerse así, como si a nuestro himno patrio le pongan son de chicha, a mí tampoco me gusta que al ancashino lo hayan satanizado en cuestión de chicha, el Carnaval Huaracino, el Cajamarquino, acaso ¿no es bello? escuchar la música oriunda original tal como es, una música orquestada por ejemplo, ahí tenemos a Los Destellos, hace años grababan El Huascarán pero sin desnaturalizarla. Una persona que ejecuta el piano por ejemplo quiere hacer su versión musical de El Cóndor Pasa, lo hace, pero de ahí a que lo vuelva al son de la chicha, desmerece.

¿Ud. ha ido a inscribir composiciones a la Biblioteca Nacional?

Sí, como autor compositor, soy socio de la APDAYC también.

¿Ha inscrito algunas piezas musicales?

No. En la Biblioteca Nacional aceptan los dos comportamientos, en la parte musical, la partitura o las letras escritas en original y copia a máquina, esas dos reglas funcionan en la Biblioteca, el disco CON LAS letras, con eso le extienden el registro autoral.

¿Cuántas ha registrado?

Yo he registrado más de 50 obras en honor a la verdad. Las obras inéditas que no he grabado no las he registrado, mis últimas grabaciones tampoco, por falta de tiempo, pero la mayoría las he registrado y tengo los certificados correspondientes.

¿Usted realiza algún otro trabajo además de la música?

Bueno, nos dedicamos a realizar estudios, investigación de las expresiones del folklore, la danza, la música, pero como nuestra especialidad es letras, hemos dedicado más tiempo a hacer estudios de carácter legal, jurídico y por eso más nos hemos ubicado en el campo de la investigación y protección y amparo del artista, esa ha sido siempre nuestra preocupación.

En la década del 68-70 me decían ¿cómo se te ocurre que los artistas van a tener la calidad de trabajadores? José María Arguedas nunca creyó en el artista como trabajador, era esa su posición. Soy respetuoso de ella, pero yo hablo por mí, yo considero que es así, simplemente yo me he remitido a la Constitución donde dice que el trabajador percibe una remuneración por que presta un trabajo, entonces los artistas desde el momento que recibían dinero a cambio de una labor ejercitada, de hecho eran trabajadores, no se podía distinguir de uno y otro, entonces en la práctica eso es lo que pretende lograr la ley del artista, conseguir el beneficio para el artista, por ese lado ha sido nuestra lucha siempre conjuntamente con Delfina Paredes, Carlos Gassols, Alfredo Verástegui, con todos ellos hemos venido trabajando; a eso nos dedicamos, después nos hemos dedicado a la construcción de este local, a grandes renglones esa es nuestra colaboración con el artista.

¿Algunos artistas no viven de la música solamente?

No pues, hay que distinguir la eventualidad del trabajo, no todos viven de la labor artística, hay otros que sí; podemos poner a Pastorita Huaracina por ejemplo, que es una mujer con 47 años dedicados a la labor artística, otros tienen otras profesiones, otras actividades, entonces realizan la presentación cada vez que hay oportunidad de hacerlo.

¿Cómo ha cambiado la música del huayno a través de los años?

Yo diría que no ha cambiado, lo que se busca es la permanencia, la intangibilidad de esa expresión del folklore que no todos entienden lamentablemente, yo creo que, así como van las cosas se va a extinguir y me da mucha pena. Quiero mencionarle de una Chuscada Huaracina, actualmente no todos saben bailar chuscada porque no contamos con bailarines ni cantantes netos de los lugares, entonces como no hay promoción radial en las emisoras, esta tiende a desaparecer, entonces los que quedamos sabemos perfectamente de que nuestra misión es de conservar y lo hacemos de alguna manera, pero necesitamos seguidores y para eso necesitamos en el país una institución rectora de la cultura, cosa que no tenemos desgraciadamente. Yo he hablado con la Ministra, con sus Asesores, hemos mandado memoriales y a raíz del fallecimiento de nuestro compañero Jilguero del Huascarán, pero no consideramos que recién cuando se muere se debe decir sí, esto está bonito, esto hay que hacer.

Por lo menos la actual Ministra tiene la intención pero sus asesores, sus colaboradores no están puestos para ejecutarla. Actualmente el Instituto Nacional de Cultura para los folkloristas es como si no existiera, inoperante, nada hace; tanto en el gobierno del señor Belaunde y en el actual gobierno, nada, no que es nada; se dedicaron a hacer un montón de gastos con el famoso CICLA, todas esas cosas, en realidad fue un gasto en vano cuando con ese dinero se pudo hacer una promoción muy buena con elementos nacionales, en fin, ya pasó y seguirá pasando.

¿Cuál es la diferencia o relación entre folklore y huayno?

La UNESCO cuando señala el patrimonio cultural establece lo que son expresiones folklóricas y expresiones del folklore que no necesariamente es folklore. El huayno es una denominación de una ejecución musical, el Huaylas es una expresión igual pero no deja de ser expresión del folklore. Hay folklore Serrano y costeño.

Las expresiones folklóricas son las canciones vivas nacidas del pueblo lo que usted le llama expresiones anónimas, esa es la expresión folklórica y las expresiones del folklore son las que una persona ha escrito basado justamente en el nacimiento de esas canciones, es la creación campesina que es pura, que han nacido del pueblo y los que son inspiradas al folklore son las que tratan de asemejarse, esas son expresiones inspiradas en el folklore.

¿Usted canta la música que le gustaba desde niño?

Mis composiciones son precisamente inspiradas en el folklore porque desde muchacho escuchaba la emisora y me nacía tomar lápiz y escribir una composición desde que tenía 9 años.

En el campo escuchaba la radio y me nacía el deseo de cantar, pero esos años no los cuento porque no eran actividad, entonces como usted verá el deseo es desde muchacho pero de ahí a que me plasme hay mucha distancia. Tengo una composición del rapto en mi tierra, el rapto de un joven a una jovencita que se escapaban de la Sierra a la Costa sin que sepan los padres, los hermanitos, las hermanitas, después de 2 días visitaban a la familia más cercana y se daban cuenta de que no habían llegado, entonces automáticamente ya se sabía que la habían raptado, se ha ido con Moisés, con Bonifacio, en el camino preguntan ¿ha visto mi Haide? sí la he visto con José que va por tal sitio a pie, entonces todo eso lo he plasmado por escrito, son composiciones autóctonas del pueblo, entonces ¿ cómo no va a gustar?, el Carnaval Ancashino por ejemplo que habla de la plantación de los montes, baile alegre, colocando las serpentinas, echando los polvos que era estilo antiguo, los famosos chisguetes que uno pedía permiso a la dama para echarle chisguete, entonces ella decía siga nomas, le permitía su cara o para echarle polvo con mucho cuidado; todo eso era lo antiguo ahora ya no se ve; son paisajes populares andinos que hemos volcado a una composición de expresiones del folklore.

¿Cuándo y cómo comenzó como artista?

El 26 de octubre de 1964 de modo que este año voy a celebrar las Bodas de Plata como folklorista y estamos preparando una nueva grabación de un L.P. vamos a editar por octava vez el libro del artista, tenemos presentación en un teatro acá en Lima y otros trabajitos que estamos planeando hacer, ojalá nos salga todo bien.

¿Qué clase de música cantaba su madre?

Algunos versos y yo iba captando cuando mi mamá lavaba la lana, la tendía y en ese proceso de limpiar la lana yo la ayudaba, me gustaba ver, sacar una pajita, algo, en ese momento mi mamá cantaba y yo era muchacho y la escuchaba; me gustaba y cuando yo iba a pastar o iba a la chacra a recoger la papa yo cantaba no que había escuchado de mi mamá y ella me contaba que mi padre era un gran guitarrista, no me consta porque nunca lo vi, pero podríamos precisar que es algo de contagio el que me hace ser artista, hay un dicho que dice "no todos nacen para hacer artistas", ese dicho parece haber ocurrido en mi caso.

Entrevista de Lucy Núñez Rebaza

Entrevista a Jaime Guardia

10 de enero de 1989

¿Cuándo empezó la industria de grabación y las disqueras?

Bueno, las disqueras hasta donde yo conozco empezaron más o menos en el año 49 o 50 pero los discos no los hacían acá, los hacían en Chile, eso es lo que me contaban porque yo no lo he visto. Los primeros que han grabado la música folklórica lo han hecho con Arguedas. En esa época que él hacía las calificaciones de los conjuntos. Entonces, los primeros discos que salieron fueron de Jacinto Palacios y tuvo que ir a Arguedas a hablar con el Gerente de Odeón que hasta ahora existe para que grabaran esos discos porque no querían; decían que no iban a vender; no les aceptaban grabar; ha ido varias veces a suplicarle para que grabe esa música con Jacinto Palacios. Primero hicieron unos 200 discos, eso voló en el acto, la gente ahí mismo compró y se acabó, no duró mucho, entonces ahí recién vieron que era posible. Entonces grabó Silvia Peralta, Cuscullacta y así poco a poco, entonces ya el mismo Gerente tenía interés en hacer la grabación y cuando el Ministerio tomó esto a su cargo, Arguedas ya no quiso intervenir y lo dejó a cargo de los mismos artistas y así comenzó pues; pero por entonces no pagaban nada el artista, sino el artista grababa por tener su voz en el disco, ahí yo comencé con la Lira Paucina pero ya había grabaciones, justamente Philco era la que distribuía los discos de Odeón y una grabación se hacía con una sola grabadorcita chica y de frente se grababa al disco, ahí salimos con discos de 78. Nosotros con la Lira Paucina grabamos bastante música; recuerdo que una tarde hicimos 14 canciones, o sea como 7 discos, pero solo grabábamos con el entusiasmo de que en nuestros pueblos se escuchara la música, nada más.

Bueno, pasó el tiempo y en el Coliseo, Jacinto Palacios me dice que estaban pagando las regalías, me dijo anda, averigua, de frente dices que vas a cobrar por qué a mí me han pagado. Fui pues y efectivamente comenzaron a realizar sus planillas y me citó para que regresara dentro de una semana y cuando fui me dieron un cheque por S/. 300.00 y S/. 300.00 en ese tiempo era plata, en el año 53-54 más o menos.

Yo contento recibí mi dinero y me fui y todavía nos regalaban discos, 8 o 10 discos y ahí comenzamos, ya después nos dijeron que teníamos que hacer contratos. En esa época comienza la industria de los discos acá, ya después apareció la industria Sono Radio.

¿En ese momento trabajabas con José María Arguedas?

No, todavía no, yo a él lo conocí en el Coliseo Lima. Había 3 Coliseos por entonces;

Lima, el Coliseo Bolívar que estaba por donde está Tacora y el Inca por la Plaza de Acho. En el Coliseo Lima es donde lo conocí a Arguedas pero no trabajaba todavía en la Casa de la Cultura, yo estaba muy jovencito; eso ha sido en el año 52 más o menos.

¿José María Arguedas era Jefe de la Sección Folklore en el Ministerio de Educación?

Sí, pero no lo conocía, yo lo conocí en el Coliseo y de ahí me mandaron a sacar el carnet, entonces yo fui y justamente quien me lo dio ha sido Juan de la Cruz Fierro, era el único que estaba encargado ahí, el Jefe era Arguedas, él ha estado hasta el 54 más o menos en el Ministerio y de ahí cuando estaba cantando en el Coliseo Lima se me acercó y me felicitó por lo que había estado escuchando que yo tocaba y cantaba; me pidió que no cambiará el estilo, que no dejará de tocar tal como es en el pueblo, también que trate de aprender más canciones de las que se tocaban en el lugar y es lo que yo he seguido hasta ahora.

En el año 55 ya hice contrato con las disqueras, pero para esto ya habíamos ganado concursos en Radio Nacional, la Lira Paucina tenía un cierto apogeo y por entonces era el único conjunto de nuestro lugar. Después apareció el conjunto Juventud Chumpi, el conjunto de Paulina, los Campesinos, los Errantes. Ya en la década del 60 aparece el vals.

¿José María Arguedas se hace cargo de la Casa de la Cultura?

El se hizo cargo el 64 en los primeros meses, en Enero si mal no recuerdo porque yo entré en Marzo porque él me llevó. Con Arguedas es que se creó el Departamento de Folklore.

¿En qué consistía tu trabajo?

Yo entré como ayudante, tenía ese cargo, pero al poco tiempo me pusieron como auxiliar y de frente entre a la Calificación de Conjuntos; como me gustaba tanto yo hacía las grabaciones y el doctor era el que calificaba, pero después ya me quedé solo hasta ahora.

Desde esa época está a mi cargo esta tarea de la calificación de los conjuntos, empezamos de nuevo porque no nos entregó nada el anterior Jefe que era don Florentino Gálvez, él no entregó nada de archivo, todo lo había votado. Entonces hicimos nuevo registro, hicimos nuevas fichas todo, todo. Esto ininterrumpidamente hasta el año 74; no se interrumpió.

Actualmente ¿tú ocupas el cargo de Director de este Departamento?

Cuando usted entró, recién hemos hecho una reorganización y comenzamos otra vez desde cero; porque cuando se creó el Instituto, se creó el Departamento de Folklore y ese ha sido también el motivo para que él renuncie, Roel no quiso quedarse, si no van a tener Folklore acá ¿para que me quedo? Dijo, ya después hicieron un agregado a la Ley creando la Dirección de Promoción Cultural pero no era específicamente de folklore porque el Departamento de Folklore era importante a nivel nacional, tenía subvenciones incluso, tenía su presupuesto propio, todo, pero desapareció hasta el día de hoy. En ese Departamento se hacía la tarea de calificación, promoción, investigación y asesoramiento a toda persona que tenía interés.

¿Qué funciones cumplía la participación de José María Arguedas?

En el Ministerio por la Sección de Folklore, era una pequeña Sección que cumplía las mismas funciones del Departamento de Folklore, pero no tenía mucho alcance, era solo una Sección.

Esta preocupación de calificación del folclore nace en el Ministerio con la inquietud de Arguedas, del Dr. Luis Valcárcel y de otros intelectuales que había ahí porque en Lima se empezaron a dar las actividades folklóricas pero cada lo hacía a su manera, inventaban los vestuarios viendo los libros de historia, usaban túnicas como usaban los Incas y cada uno a su manera porque no había un asesoramiento y por este motivo hicieron un reglamento para la calificación, porque ya en Lima habían Provincianos que querían difundir su música pero no lo hacían con tranquilidad porque no tenían quién los asesore; de ahí viene la calificación. Este proyecto se da todavía en el año 46 con el Dr. Valcárcel y se llevó a cabo a partir del 49.

De ahí cada uno interpreta su región para difundir cómo era el folklore de cada pueblo, porque los de Huarochirí tocaban música de Puno y de otros sitios, los del Cuzco tocaban de cualquier parte y se ponían cualquier vestuario, entonces ahí vino el ordenamiento. Los del Cusco tenían que representar a su zona y usar el traje típico de la región; en eso los dirigió Arguedas con el reglamento que se hizo para que la gente en Lima use el vestuario, la música de cada región. Este reglamento ha sido distribuido a todas las Municipalidades, a los empresarios de teatros, a los empresarios de Coliseos. En esa época los grupos se llamaban compañías y una compañía podía sostener toda una función; en estas compañías había solistas, instrumentistas, inclusive monologísticas, cómicos que hacían sketchs; toda una función hacia una agrupación, tenían buen repertorio y eso es lo que exigían en el reglamento. Una vez aprobada la calificación daban un carnet para que sirva como documento de identidad y con eso ya el empresario tenía seguridad del grupo que estaba presentando libremente ante el público porque ya estaba calificado.

Con eso ya se sentían artistas profesionales y representaban cada uno a su lugar, a su departamento; hacían danzas de sus mismos lugares y así aparecieron grupos de Ancash, del Cuzco, del Cuzco siempre ha habido pocos; por entonces había más de Ancash y aparecieron orquestas de Junín; todavía los grupos de baile eran pocos; ya después en el año 51-52-53 comenzó a aparecer Junín, entonces cuando se fundó el Coliseo Nacional era donde más iban los grupos de canto y de baile. En el Coliseo Lima estaban más los del Norte; de Ancash, de Cajatambo, de toda esa zona y el Bolívar todos porque antes era el único, pero ese desapareció y ha quedado solamente el Nacional, el Inca y el de Lima y poco tiempo hubo el Mundial por La Parada pero no duró mucho.

¿Qué otras funciones cumplías?

En el Ministerio cumplía también la conservación de los Monumentos, eso se llamaba la Sección de Folklore Arqueología e Historia de Extensión Cultural todo lo que hace el Instituto ahora lo hacía esa Sección y después empieza a aparecer y eso mismo se convierte en Departamento y en el Ministerio se convierte en Dirección General de Cultura y esa Dirección se convierte en Casa de la Cultura.

¿Quien dirigía?

Estaba a cargo del Dr César Miró, cuando él estuvo pasó a ser Casa de la Cultura hasta el 72 que se convierte en Instituto; entonces la Casa de la Cultura asumió todas esas tareas, los Museos, etc. y el Departamento de Folklore era solamente para las manifestaciones de folklore y todos sus cantos, literatura, música, danza, trajes típicos, inclusive el Departamento de Folklore era quien daba la autorización para exportar al extranjero, por ahí pasaba. Nosotros teníamos que verificar si eran réplicas u originales, incluso los huacos, también trabajó con nosotros Francisco Iriarte, estaba Alicia Gamarra, Alejandro Ortiz, Hernando Núñez, ha habido buena gente en el Departamento de Folklore.

En el 50 se forma la Asociación de Artistas y Conjuntos Folklóricos y las elecciones eran como si fueran las elecciones de Gobierno, con ánforas cerrada, voto secreto. Es la única Asociación reconocida por Resolución Suprema, no hay otra, después ha ido decayendo se creó el Sindicato, nacieron los problemas entre el Sindicato y la Asociación, porque incluso Arguedas para dar facilidad a los artistas alquiló un local en Luna Pizarro frente a Guitarras Falcón que era del Dr. José Castellanos para que sirva de local para los artistas, para que hagan sus actividades folklóricas, sus ensayos, inclusíve puso un guardián-administrador porque consiguió una partida.

Cómo se peleaban la Asociación con el Sindicato iban donde Arguedas. Un día consiguió una partida de S/. 70,000.00 que era plata en ese tiempo ¿qué pasó?, la Asociación quería que esta partida fuera administrada por ellos y no por la Casa de la Cultura, entonces Arguedas dijo que la plata era del Ministerio y la plata del Estado no podía administrarse privadamente, pero no quisieron, criticaban a Arguedas hasta que se amargó y quitó todo. Entonces con esa partida empezamos a hacer promoción de folklore, comenzamos a llevar artistas pagando su movilidad, los llevamos a Comas, Cerro San Cosme, Cerró 7 de Octubre, Cerro El Agustino, sitios donde la gente trabajaba. Hemos hecho bastante. inclusive el tesorero de la Casa de la Cultura iba a los mismos lugares a pagar a los artistas, de día y de noche. Por eso cuando ahora se presentan en el Patio del Instituto y dicen que, por primera vez, yo digo que es mentira porque nosotros hemos llevado a Pueblos Jóvenes, así que nadie ha descubierto la pólvora y ellos lo hacen con presupuesto grande y hasta ahora piden plata a los conjuntos.

Nosotros hemos llegado a Provincias, hemos ido a Talara, Tumbes, Negritos, Zorritos, a Piura, a Trujillo, Chiclayo; llevando todo el programa de folklore para no devolver la plata del alquiler del local. La señora Elena de Palomino estaba de Directora de Teatro y firmamos un convenio con Arguedas para llevar folklore y teatro a Provincias.

Cuando iban al teatro solos no tenían apoyo, por eso se hizo el convenio, Arguedas dejó todo bien implementado, el Departamento de Folklore incluso; teníamos una camioneta de doble tracción y en esa camioneta hemos ido a Cajamarca, Tumbes, Huancayo, a todas partes y nos la quitaron cuando salió Arguedas. El doctor Silva Santisteban le prestó al Grupo Jueves y de ahí ya no la devolvieron.

El obligaba a los empresarios a que paguen a los artistas porque muchos de los empresarios los llevaban como para prueba, por eso se les daba el carnet para que se sientan profesionales y cobren por su trabajo, estaban obligados a pagar, el mismo Arguedas hablaba con el empresario y los les obligaba a pagar, él se preocupaba mucho por eso. Por ejemplo en el Coliseo al Jilguero del Huascarán le estaban pagando S/. 100.00, entonces cuando Arguedas llegaba decía, tú no debes ganar S/. 100.00 sino S/. 500.00, al empresario cóbrale así; a mí también me dijo eso porque no tenía por qué regular el trabajo decía, ellos cobran entrada, están ganando, ya cuando toques en mi santo vas a tocar gratis si tienes voluntad; ellos se están llenando de plata.

¿Los empresarios de las disqueras?

Eso no sé si se habría tocado. Al principio dijo ya está abierto el camino, entonces ustedes hagan contrato, nunca toquen así no más porque los empresarios los van a querer convencer pero ellos tienen que hacer un contrato. Pero mucha gente no estaba muy ávida de dinero cuando se trataba de grabar, la cosa era escuchar la voz en el disco y de eso se aprovechaban mucho las disqueras; nosotros mismos por esa ilusión de escuchar nuestra voz y mandar el disco al pueblo, hemos grabado cuántas veces gratis; ya después comenzamos a cobrar. Así es que han hecho fortuna las disqueras. Arguedas hizo una estadística y lo que más se vendía era música folklórica en todas las disqueras.

¿En qué año?

66 - 67. Fué a las empresas a preguntarle a los empresarios, inclusive en la escuela misma había un alumno que trabajaba en una disquera, entonces él le pedía todos los datos, ahí es donde se ha visto que lo que más se vendía era la música folklórica; sobrepasó a todos los géneros, tanto en Odeón, en Sono Radio, en Virrey con eso es con lo que se ha llenado y a los artistas no les pagaban pero al extranjero le pagaban cualquier cantidad de dinero y a los criollos también, siempre los criollos eran los mejor pagados; en cambio el artista folklórico era el último, pero así siempre nos hemos mantenido.

Cuando yo conocí la Casa Odeón era un corredorcito y la oficina eran dos cuartos de triplay y ahora tienen un tremendo edificio de casi una manzana y aparte en otro sitio la sala de grabación.

¿Puedes recordar si corrieron paralelamente la organización de los espectáculos en teatros, Coliseos, casas, etc. y la industria del disco o cuál es la primera forma de difusión de la música andina?

Bueno, al principio eran los Coliseos, solamente los Coliseos, ya los discos vinieron en el año 55, comienza con fuerza y más en la década del 60, comienza con todo furor la industria del disco. Después con la aparición de los cassettes ya no es negocio, han caído las disqueras, han quebrado todas.

¿Puedes recordar cuáles son las disqueras más grandes del principio?

MAG, Odeón, Sono Radio que ya no existe ahora, Virrey y RCA Víctor qué no hacía mucho folklore.

¿Cuándo comienzan a aparecer las compañías pequeñas clandestinas o no registradas?

Eso después, cada promotor patentaba su nombre y hacía por su cuenta los discos pero eso tampoco ha surtido efecto porque alquilaban la sala de grabación pero de todas maneras tenían que caer en la fábrica para que haga el disco, entonces ahí les sacaban el alma. Las disqueras decían, si ustedes quieren hacerlo por otro lado, háganlo no más, pero sabían que igual tenían que terminar ahí y les sacaban el alma y además el problema de la distribución porque tenían que corretear para distribuir, en cambio en las fábricas ellos tienen toda una cadena. Si yo mando a ser mi disco tengo que andar de casa en casa, de tienda en tienda, entonces no sale a cuenta y no recuperó el capital, mucha desventaja hay.

¿La edición clandestina de los cassettes?

Es incontrolable porque ahora sacan un disco y graban miles de cassettes y no pagan impuestos, no pagan al artista, no pagan nada y esas son casas grandes. Muchos de los ambulantes no son los dueños de ese negocio, son las mismas casas que les dan; así como los emolienteros; ellos no son, así los que venden cassettes pagan su porcentaje.

¿Cómo se daba el cobro de los derechos de autor si la música andina es gran parte música anónima?

Justamente otra de las ganancias de las disqueras es esa, autor anónimo, derechos reservados se ha quedado para ellos, nadie cobra y al autor le pagan una miseria.

Por ejemplo, la APDAYC, la SAICOPE cobra, pero eso es otro robo porque ellos también ¿a quién le dan?, es para mantener su institución, la gente que trabaja ahí de eso no más vive. Eso me pasó a mí, si aparecía una regalía de S/. 3,000.00 iba a cobrar a SAICOPE y me daban S/. 170,00, 10% para esto, 15% para lo otro; total todo se quedaba, mandé todo al diablo, ya no pertenezco a ninguna y todavía tenía que ir a buscar 2, 3, 4 veces para una miseria, más gastaba en el pasaje.

¿Has ido a la Biblioteca Nacional para entregar canciones tuyas?

Sí, tengo gran parte registrada ahí, todo porque sino no pagan regalías.

¿Has entregado discos?

Si, dos discos de cada uno y ahora es difícil porque por cada canción hay que llevar dos Long Play y están en I/. 6,000.00.

¿Cuándo comenzó a cantar y a tocar?

Yo comencé el año 46 en mi pueblo, a mí me gustaba desde chico cuando había reuniones en mi casa, pero en público el día de la madre del 46 cuando celebraron en el colegio y de ahí me buscaban en los cumpleaños, a veces me pagaban, otras no y yo me iba nomas para aprender porque me gustaba, iba con músicos viejos para aprender, ahí cantaba lo de los músicos mayores y es por eso que ahora dicen siempre estás con tu música antigua.

¿Cuáles eran las expectativas que tenía?

Yo nunca pensé ser artista, yo cantaba porque me gustaba y nada más pero no pensé ser artista, pero poco a poco he llegado hasta donde estoy y para qué me siento contento, pero siempre me gustaba que la gente me escuchara, cuando cantaba en el campo con los animales me subía a un molle para que me escuchara la gente que pasaba porque yo creía que si cantaba en el en el suelo no se iba a escuchar y tenía por entonces 8 años, esa era mi idea, para que digan Jaime está cantando.

¿Cuáles eran las posibilidades y las limitaciones que existían cuando has venido a Lima?

Vine en el 41, chico todavía, estudié y como soy enfermo de la vista tenía que internarme en el colegio Salesiano en Magdalena, para esto había que dar un buen examen; en el de conocimiento salí bien y en el examen médico es cuando me rechazaron por la vista e inclusive el médico qué me revisó en el Hospital del Niño le dijo a mi mamá que yo ya no podía seguir estudiando, que podía perder las dos vistas; mi mamá se puso a llorar y dejé de estudiar dos años. Después vimos conveniente ir a la Sierra, ahí estaba mi abuelita, me fui y me matriculé allá otra vez. Ya había salido acá de tercer año, salí con 12 pero no estaba muy seguro, entonces me matriculé allí otra vez en tercer año y de ahí comencé cumpliendo con las tareas de la casa, con la chacra, con todo, pero terminé muy bien mi sexto año de primaria.

¿El comienzo de la vida artística al venir a Lima?

Eso fue en el segundo viaje, en el 46 y el 50 volví a venir como artista.

¿Qué panorama encontraste en Lima?

Era bien difícil, no le gustaba a la gente, a los propios paisanos no les gustaba escuchar huayno, no querían que se toque huayno en sus casas, entonces nosotros cuando nos juntamos con la Lira Paucina después de cada ensayo nos íbamos a dar serenata a los paisanos para que nos escuchen, comprábamos nuestra botella de capitán, pisco mezclado con Cinzano y nos íbamos, ¿a dónde vamos?, decíamos y una noche de ensayo a un sitio, otra noche a otro sitio para que nos escuchen, que supieran que existía la Lira Paucina, unos no sabrían, otros tenían vergüenza; otros nos llevaban adentro y toquen despacio decían; tenían vergüenza los propios paisanos hasta que poco a poco hemos ido acostumbrándolos.

Cuando salió el disco nos buscaban, pero antes era un perjuicio.

¿Antes que usted comenzará a grabar discos, cuál era su público?

Los Coliseos, también era difícil, yo canto un poco triste, yaravíes, el público del Coliseo no me aceptaba muy bien; llorón me decían, pero yo no hacía caso al público, lo que yo quería era demostrar lo que sabía, no me importaba que el público pítee, grité; lo que yo quería era demostrar lo que yo sabía, nunca me atemoricé cuando me gritaban y de ahí domine al público porque yo tengo entendido que el artista debe dominar al público y no hacer lo que el público quiere.

Anoche he visto en el Pardo y Aliaga, ¿les gusta esto?, ¿quieren lo otro? y eso no pues, el artista debe ser serio y poner lo que él quiere.

¿Qué significado tuvieron las grabaciones en su vida?

El único afán de tocar y cantar ha sido por la inquietud de que nuestros paisanos, nuestra familia nos escuchen nuestro pueblo, que sepan que grabamos, representar artísticamente al pueblo, sin pensar en el dinero, en ser un artista profesional, no como una profesión sino como un recuerdo para el pueblo, pero poco a poco eso ha ido cambiando pero no hemos cambiado lo que hemos aprendido de la música, hemos conservado nuestros cantares y una vez que desaparezcamos creo que ahí queda porque la nueva generación ya tiene otro matiz, todo es protesta. En lo antiguo también hay protesta, pero en otro sentido; por ejemplo, ese huayno que dice: "¿de qué le sirve al cautivo tener los grillos de plata, cadenas de oro cuando libertad le falta?" esa es la protesta, pero es una protesta muy elegante, ahora exageran demasiado, ya más parece insulto que canto. Judith Palomino cantaba bonito, tenía dulzura para cantar, ahora no, ahora parece que está insultando, mejor que se ponga a pelear ya.

Muchas gracias por la información.

Entrevista de Lucy Núñez Rebaza

Entrevista a Agripina Castro

3 de marzo de 1989

En 1938 yo estaba en estado de mi primera hija, ya era casada y fui al mercado una mañana de Junio, al mercado de Lince porque vivía allá en Lince y había un muchacho que repartía volantes, me dieron uno y vi a mi tío Julio C. Vivas que estaba su cliché y decía artista laureado por el Presidente Leguía nuevamente en Lima, directamente de Amancaes al cine Independencia de Lince, esta tarde, vermouth y noche veremos a los que han venido de Amancaes. Yo agarré el programa y me fui a mi casa contenta para irme temprano a verlo a mi tío porque mi tío tenía su orquesta Orfeón Huancayo, él era el artista, el director y la esposa de ese artista era la hermana de mi mamá, Justina Aguilar, mi mamá es María Magdalena Aguilar y Justina Aguilar su hermana mayor. Entonces él era mi tío y yo lo quería porque era muy bueno, me daba golosinas, yo los quiero mucho a mis tíos, entonces de ver que mi tío va a actuar me sentí alegre, contenta y me fui a primera hora, a las 2 de la tarde me fui a comprar mi entrada y sentarme adelante, era la cazuela delantera, en vez de platea, ahí junto al escenario y la platea era atrás, en los cines de barrio, pero habían programado mamberas de fuego que estaba de moda esa vez el mambo, esos bailes exóticos y como un intermedio era el folklore y había muy poco serrano en Lima señorita, para verse o encontrarse con un paisano había que ir a La Parada y La Parada era en la Av. Grau por el Hospital 2 de Mayo, toda esa avenida era La Parada, entonces uno tenía que ir a La Parada una vez al mes o a la quincena para encontrarse con algún paisano, no encontraba paisanos en el jirón de la Unión, no, no, en el jirón de la Unión había gente ga-ga nada más, los serranos no. Entonces para ver a ellos había que ir a La Parada, pero en otros sitios de Lima no encontrabas ni un serrano y los que había no eran pobres, eran hacendados, tenían casas bonitas, entonces la situación era totalmente diferente.

Entonces yo me fui temprano al cine de barrio para ver a mi tío pero como el espectáculo comenzó con música ajena no con folklore peruano, pero esa música era la que apreciaban mucho todos los criollos, aplaudieron, gritaron, urreaban, todo eso y cuando después de eso anunciaron al artista laureado por el presidente Leguía con medalla de oro, ganador de Las Pampas de Amancaes, aquí va a interpretar huaynos; sale mi tío con su arpa, fuera serrucho, no queremos, tomates podridos; en segundos señorita, el escenario era un muladar y mi tío con su arpa se defendía para que no le caiga.

Mi hija nació en Agosto, era Junio, me faltaba dos meses para dar a luz y mire usted que sentí una desesperante angustia, lloré, era el esposo de la hermana de mi madre, que paraba con mi papá, con mi mamá en su casa, yo lo quería mucho pero era el rechazo total del público limeño al serrano, eso me dio el valor para ser lo que hoy soy señorita.

Entonces me levanté pedí permiso para entrar al escenario porque era alto, no había escalera, nada, había que entrar por el costado y aparecí en el escenario, me abracé de mi tío y lloré con toda mi alma, mi padre ya había muerto, entonces le dije a mi tío, a esta fiera la voy a domar tío, la voy a domar, yo te lo prometo, nunca más tío, a estos limeños los voy a domar, los voy a domesticar tío. Eso fue el comienzo de toda mi labor; el rechazo total de los serranos acá en Lima me dio fuerzas para luchar y como se lo prometí. Usted sabe que cuando una está en estado es muy susceptible, entonces mi dolor era peor, yo estaba pues embarazada, yo tengo medio siglo haciendo esto, 50 años de folklorista.

Mi esposo era cabo de la Guardia Civil, era y es muy bueno, muy condescendiente, era mayor, bastante mayor, yo tenía más que quince años y ya estaba en vísperas de ser madre, entonces mi esposo cuando regresé lloré y le conté todo, me dijo no te pongas así Pinita; todo lo que deseas vas a hacer y yo te voy a secundar, él me ayudó bastante, él no toca, ni baila, ni canta nada a pesar de que es cusqueño, nunca tocó nada, nunca hizo nada, pero me apoyó. Fíjese usted teníamos ensayo hasta las 3 de la mañana en Barranco, en Surquillo en la casa de alguien porque yo vivía en el jirón Ica pero en una casita chiquita, no cabía para hacer ensayos; eran en la casa de alguien que tenía un poquito de amplitud y él a mi lado hasta las 2 o 3 de la mañana, toda la noche; veníamos en tranvía a Lima, hasta la Plaza San Martín y de ahí a pie hasta la casa y a veces llegábamos a las cinco, cinco y media de la mañana y yo le decía, acuéstate una horita aunque sea, se cambiaba uniforme de policía y se iba de frente a trabajar sin dormir nada, pobrecito, por estar conmigo, por darme gusto en que yo haga lo que deseaba hacer, así es que en ese sentido ha sido muy comprensivo.

¿Cuándo has decidido continuar acá en Lima tu carrera artística?

Ahí pues comencé, aquí en Lima ha sido.

Después de lo que ocurrió con mi tío en 1938 que nació mi hija, comencé a cantar con los paisanos, a reunirme, irme donde el Dr. Castellares, donde Dolirice que tocaban, entonces comencé a ensayar para tocar en los bailes sociales, de grupos de deportistas, de fútbol que tenían local, no me acuerdo el nombre pero era en el jirón Callao, ahí hacían bailes sociales los Sábados, los provincianos, los pocos que habían, a veces los huancavelicanos, ayacuchanos o los huancaínos hacían sus bailes sociales. En esos bailes se bailaba la música de moda, el bote, el mambo, entonces yo iba a buscar a un guitarrista, un paisano y le decía ¿no me puedes acompañar? quiero cantar un huaynito, entonces agarraba el micro y cantaba un huaynito, una mulisa.

¿Cómo se llamaba el local?

No me acuerdo el nombre, pero quedaba junto a la Comisaría de Monserrate en el jirón Callao, hasta ahora es local, ahí ensayan grupos. Ahí había bailes sociales.

Después había otro en Miró Quesada, otro local, cerca al Mercado Central y también me iba, los Sábados eran los bailes sociales que organizaban. En los bailes sociales eran la mayor parte provincianos, ya no eran puros limeños como en el teatro, entonces como eran provincianos al menos me aceptaban y uno que otro limeño que entraba a bailar la música moderna qué en bailes sociales tocan más eso, entonces yo sabía que a ellos no les gusta pero agarraba el micro y decía; distinguido público, permítaseme hacer un intermedio en esta fiesta que organizan los ayacuchanos, o los huancavelicanos, o los huancaínos, quíen organizara ¿no? acá hay una mayoría de limeños y pido a los limeños que sean condescendientes porque queremos recordar, porque añoramos la tierra es como si ustedes se van a la Sierra, quisieran oír la música de la Costa ¿no?, les voy a obsequiar un huaynito de mi tierra, así que por lo menos los suavizaba para que no me rechiflen ¿no? y les cantaba pues por lo menos pasaba, ya no me silbaban y como era joven no mal parecida entonces así pasaba, era una cantante espontánea en los bailes sociales, anónima, buscaba un guitarrista, invitaba a una cervecita, algo a los músicos para que me acompañen ¿no?, así es que así era. Así pasé hasta 1947 en que todos los años había concurso nacional en los Amancaes, una vez al año a nivel nacional, venían de todos los departamentos del Perú. Me inscribí pues en ese año, en 1947 como solista de canto y tuve la suerte de obtener pues un primer puesto como cantante vernacular, entonces nos dieron el premio, eran S/. 100.00, en el Teatro Municipal, nos entregaron me acuerdo, eso me halagó bastante porque nunca había cobrado un centavo y recibir S/. 100.00 eran S/. 100.00, y en el Teatro Municipal por primera vez todos los que habíamos concursado, entonces ya eso me dio bastante estímulo y continué. Ya más adelante el Dr. Castellares tenía audición de radio con una cantante porque después de Ima Sumac salieron muchas cantantes de coloratura, y el Dr. Castellares tenía su conjunto musical con una cantante pero una vez vino el doctor a mi casa apurado y me dijo, ¿sabes qué?, quiero que la reemplaces a mi cantante porque está enferma, tengo audición, ahora dentro de media hora, entonces yo le dije, ¿cómo voy a cantar? Yo no se eso que cantan las sopranos, yo se cantar huaynitos en quechua o en dialecto, pero no sé esos gorgojeos, no, no, no, yo no quiero que hagas eso, yo quiero que cantes lo que tú sabes en quechua, eso justamente típico; ah ya le dije, pero ¿si no gustó en la radio?, no, no, si vas a gustar, tú tienes tu vocecita me dijo, trajo su guitarra y en 10 minutos me dijo que nota iba a cantar y me llevó a la radio, así que sin saber.

¿En qué radio?

Radio Central o Radio Colonial, en las dos he trabajado. Bueno, cante en quechua y había un montón de llamadas que repita el mismo huayno, era la primera vez que en Lima se oía en radio audición cantando en quechua, nadie había cantado, hasta en eso soy la primera, no solo en la grabación. Entonces el Gerente de la radio ordenó que repita porque habían llamadas insistentes.

Entonces yo le dije voy a cantar otro huaynito, no quiere el público que llama que repitan el mismo huayno así que, repetí el mismo huayno, bonito era, así es que cante otra vez lo mismo y cuando terminé me llamó para adentro el señor, sería pues el Gerente y me dijo usted va a firmar un contrato porque el público quiere que usted siga cantando y me contrataron y sin saber nada fui contratada por el Dr. Castellares que me llevó para cantar dos audiciones semanales. Y así fui cantando en radio y después el Dr. Castellares dijo, vamos a formar la agrupación Antara, la compañía Antara, le puso el nombre de Antara.

En esos momentos también había un conjunto Ollanta que dirigía Miguel Vallejos, ayacuchano, donde era guitarrista Alejandro Vivanco, ellos actuaban en el cine que está en la Plaza Italia, ahí actuaban una vez a la semana, entonces Castellares formó la compañía para actuar en cines porque no había pues otros locales. Actuabamos en el cine Progreso de Barranco, en el Callao, en el cine Bolívar, en el cine 28 de Julio. Entonces actuábamos una vez a la semana en un cine la Cía. Antara, ahí era cantante y bailarina, cantaba India Collao, cantaba otra soprano, yo era la cantante aborigen, típica, yo nunca fui soprano pero gustaba, era bailarina y era cantante, así que esa agrupación duró un tiempo pero después se desintegró porque las chicas del cuerpo de baile eran cuatro hermanitas Moriverán, eran de Ayacucho y las chicas creo que estudiaban y después que terminaron empezaron a trabajar y ya no tuvieron tiempo para ir a los ensayos, entonces se desintegró y yo más adelante me fui a Huancayo y formé la primera compañía Catalina Huanta, no me acuerdo en qué fecha ha sido, traje a Lima en la Feria de Chosica, creo que ha sido en 1948.

Cuando vivía mi mamá en Huancayo yo siempre me iba a ver a mi mamá, cuando estuve allá salió en La Voz de Huancayo todos los días que se iba a realizar la primera feria en Chosica y que fueran todos los que querían llevar víveres, artesanía, folklore, la Municipalidad auspiciaba eso; fui y me inscribí en la Municipalidad para traer a Catalina Huanta, allá formé con Zenobio Daga, ahí se fundó la Juventud Huancaína para venir a Chosica, trajimos danzas, canciones, una orquesta por primera vez en Lima, de ahí pasamos acá a Lima, en algunos cinemas actuamos, me quedé allá un año y cuando vine a vivir nuevamente a Lima formé la Progreso de Junín con el Infantil Chuquer para ya los Coliseos. Inauguré con Varel el primer Coliseo Bolívar, antes ese Coliseo ha estado donde ahora es La Parada, pero después parece que la Municipalidad le quiso ya clausurar, era un circo, un circo para los que venían de Abancay, para hacer espectáculos, así. Entonces a Varel se le ocurrió en base a mí porque me dijo usted me firma un contrato por un año y me pone su agrupación como base.

Era un espectáculo mixto porque era criollo, ahí cantaba Jesús Vázquez, muchos cantantes, Chabuca Granda y Varel traía orquesta espectáculo de España, traía a las Dolly Sister, era un espectáculo mixto, era folklore y varieté en el Coliseo Bolívar.

Él tenía una escuela taurina ahí donde formaban a los toreros, pero parece que estaba en decadencia como escuela porque ya nadie se matriculaba, entonces él quiso hacerlo Coliseo y lo hizo Coliseo en base al folklore y al varieté. Ahí hemos trabajado mucho tiempo, no sé cuántos años, pero después se formó el otro Coliseo porque como ya eran llenos, llenos, llenos cada Domingo, entonces un señor Basurco formó el Coliseo Lima por Alfonso Ugarte, una cuadra más abajito había dos, así que yo habría programa en el Bolívar y habría programa en el Lima. Después, más adelante se formó otro Coliseo que se llamó El Inca, frente a la Plaza de Acho, ahí donde ahora están remozando bonito, era una carpa de circo, así que habían 3 Coliseos, era más folklore que varieté, ya iba dominando el folklor, ya, porque ya se veía más provincianos sobre todo el público eran soldaditos, a todos los serranitos los tenían de soldaditos, añoraban su tierra, iban al Coliseo los Domingos pues a aplaudir, ese era nuestro público, el Ejército y bueno así siguió lo de los Coliseos, el último Coliseo fue Tiravan, creo en la avenida Grau, un local que había para bailes sociales lo hicieron Coliseo y bueno el Nacional era para acá cachascán, para espectáculos generales era el Nacional pero ya cuando decayó ese deporte lo tomamos nosotros. El Dr. Arguedas nos llevó a organizarnos a todos los folkloristas, ya éramos bastantito.

¿En qué fecha más o menos?

No me acuerdo la fecha. Nos reunió en el Colegio Alfonso Ugarte que estaba esa vez donde ahora es el Ministerio de Educación, ahí no existía el Ministerio, o sea que el Ministerio funcionaba en diferentes sitios las oficinas en cambio ahora están en un solo sitio. Entonces ahí nos reunía los Domingos a los folkloristas el doctor y nos hablaba de lo positivo que era difundir nuestra cultura, yo he sido una de las que más he escuchado con más vehemencia he tratado de hacer lo que el doctor nos recomendaba, que el folklore había que conservar tal cual es su raíz, que no había que estilizar porque eso era nuestra cultura, entonces esas cosas creo que a mí se me grabó más que a los demás y como él nos reunía nos hablaba, nos alentaba, él ha sido para mí el padre del folklore, si él viviera no estaría el folklore ahora cómo lo ve, yo tengo mucha pena cuando veo que los nuevos folkloristas están haciendo muy mal, no hay quien diga nada, si digo algo pues soy una egoísta, bueno yo no soy nadie, no tengo ningún título, no soy un doctor como el Dr, Arguedas que sí pues ha sido un personaje del Perú que ha conocido a fondo las cosas, yo también conozco pero no tengo la formación en la parte intelectual del doctor a quién le han respetado y le respetan toda la vida. Yo soy simplemente una intérprete folklorista y si tengo una incipiente educación secundaria pues no es suficiente, hay que haber sido estudiosa, universitaria para que le den bola a una ahorita.

¿Qué objetivos y funciones tenía José María Arguedas en esos momentos?

Él era jefe de la Sección de Extensión Cultural del Ministerio de Educación, él era eso esa vez, le competía pues toda la cultura y él ha escrito libros, todos le teníamos el debido respeto que él se merecía, en esa época se hacía el folklore con mucho cuidado, ahora no hay quien diga nada, entonces cada quien se ha disparado por su lado. El iba a los espectáculos con su esposa en primera fila para ver de comienzo a fin a la compañía, solista o cantante que destacaba, al día siguiente salía en los periódicos en forma oficial de la Sección que él era Presidente.

Entonces salía la Sección de Extensión Cultural del Ministerio de Educación felicita a Zenobio Daga, A la señora Agripina Castro de Aguilar, magníficos exponentes del Valle del Mantaro, las estampas que presenta Domingo a Domingo es la fiel expresión de la gente de la zona, uf, porque mis bailarines eran de allá, ellos hablaban en dialecto, nosotros hacíamos cuadros vivos, reales en escena, que merecido todo el aprecio del doctor y me lleno de dicha, de orgullo de decirlo que el doctor ha sido lo máximo en esa época, por él soy lo que soy, sino tal vez se me hubiera ocurrido, tergiversar dármela de cantantita criolla, no, no, me aferré a lo mío y acá estoy con lo mío.

Él se preocupaba, con decirle que utilizaba sus descansos para irse a los ensayos a ver si estábamos haciendo bien o mal, esto no me parece decía, esto debe ser así y todos los Domingos iba al Coliseo a ver el espectáculo, a ver si algo está mal. Ah, y una cosa, conjunto o solista que presentase algo indebido, caricaturizado como ahora se hace, inmediatamente suspendía por 2 meses, por 3 meses hasta que se rectificara. Los cantantes que se presentaban con un vestido con lentejuelas, con esas cosas, suspendía hasta que rectifique su vestuario, así era, solo así se ha podido mantener el folklore bien, ahora no hay quien diga nada, esa es la cosa porque él sí tenía pues autoridad. Nosotros para cantar, los folkloristas teníamos que dar un examen en el Instituto Nacional de Cultura y nos daban un carnet, un pase para actuar en teatros, Coliseos, cantante, bailarín, todos teníamos un carnet, entonces si había exageración en el baile, el vestuario, o el canto o no estaba bien, cualquiera de esas cosas era sancionada de inmediato, entonces eso servía de ejemplo para los demás para que no se presenten más así.

¿José María Arguedas a través del reglamento y los estatutos para la evaluación de los intérpretes en la Casa de la Cultura frenaba?

Todo lo que sucedía lo frenaba de inmediato porque así tenía que ser señorita, no se puede decir porque es el paisano no, no.

¿También difundía la música folklórica?

Pero buena. eso es positivo. Si hubiera alguien como el Dr. Arguedas no estaría pasando lo que pasa.

La cuestión de la grabación tiene su origen, yo le dije al Dr. Arguedas de que yo quería unos discos para los ensayos porque acá en Lima no había ni un músico huanca, había un clarinete, pero Concepción Saenz me acuerdo, pero un clarinete, no había más y él trabajaba, era profesor, tocaba clarinete, pero era profesor en colegio, entonces no tenía tiempo para ensayo, nada y con un clarinete no se puede hacer nada.

Entonces todos los Sábados viajaba la Juventud Huancaína de Huancayo a Lima en tren, ellos perdían todo el Sábado, no trabajaban en nada porque se embarcaban a las 7 de la mañana, a las 5, 6 de la tarde estaban llegando a Montserrat y de Monserrate a una cuadra está mi casa en el jirón Ica y mi salita la hacía dormitorio, compré 6 colchones y compré 6 frazadas para no pagar hotel pues, imagínese. Entonces en mi casa yo cocinaba para los 10 o 12 músicos que venían a mi casa; comida del Sábado, desayuno, almuerzo y comida del Domingo; el Lunes se iban en la mañana después de tomar desayuno a las 7 se embarcaban y se iban, pero hasta el Sábado que llegaban y con un solo ensayo el Sábado era incipiente pues la actuación del Domingo, yo tenía que ensayar por lo menos 2 o 3 veces durante la semana sobre todo las danzas coreográficas para poner en un escenario ¿con qué ensayaba?, con mi canto todas las danzas.

Entonces yo le dije al Dr. Arguedas que quería grabar discos para ensayar con discos y me dijo, está bien, anda a Odeón, a RCA Víctor, no había más que esos dos sellos. pero a esos sellos no les interesaban huaynos porque hasta entonces había habido un solo huaynito más o menos ayacuchano. estilo Ayacucho pero grabado con un conjunto un poquito bajo, no se vendió fue la huesería para las disqueras. por eso cuando fui me dijeron. no grabamos hueserías, hemos grabado un disco de esos de huaynos y no se ha vendido ni siquiera 10 discos y esta empresa no puede grabar para almacenar sino para vender. así es que no nos interesa huayno.

¿En ese momento usted estaba actuando en Amancaes?

No, no, no, yo quise grabar cuando ya traía la orquesta de Huancayo y ya actuaba en Coliseos. Yo estaba los Domingos en Coliseos, por eso traía la orquesta de Huancayo, porque cuando fui a radio actué con conjunto de acá, residentes acá, pero no huanca. Castellares tenía un conjunto musical y yo comencé a cantar sola, solista de canto en la radio qué me contrataron con solo de arpa, con Dolorier, fue ya más adelante cuando fui allá a Huancayo formé la Catalina Huanca con Zenobio Daga, vino acá como una Embajada, desde Chosica para acá, también actuamos en teatros porque no había Coliseos, pero cuando ya me vine a radicar definitivamente en Lima, entonces formé Progreso de Junín Infantil Chupuro por su pueblo de Daga, Chupuro, entonces Cia. Progreso Viques de Junín e Infantil Chupuro se anunciaba, venía la orquesta desde Huancayo todos los Sábados, actuamos los Domingos y se iba el Lunes en la mañana la orquesta, entonces yo para grabar el primer disco huanca que no existía, yo tenía que hacer quedar un Lunes porque el Sábado llegaban a las 6, 7 de la noche que llegaban a mi casa y a esa hora no voy a ir a las disqueras porque no es hora de atención al público, entonces sí me dicen tráigalo usted para una prueba durante la semana porque ellos llegan Sábado casi de noche y se van el Lunes en la mañana, entonces tenía que hacer quedar un Lunes y para mí ese era un problema; primero porque tenía que cocinar desayuno, almuerzo y comida para 10, 12 músicos, una vez hasta empeñé mi abrigo nuevo a la Casa de Préstamos para hacer la plaza para la comida porque me faltó porque para músicos hay que cocinar bastante y me sacaron el monedero con la papeleta de empeño y se lo habían sacado mi abrigo nuevo, a mí me ha pasado muchas cosas por hacer folklor, señorita.

Entonces ¿qué pasa?, que yo atajaba el Lunes a los músicos para que se queden pero los músicos me decían, señora Sábado no trabajamos, Lunes también no trabajamos y usted ¿nos va a pagar?, no pues, solo nos paga el Domingo porque actuamos y Lunes yo tengo que trabajar en mi chacra, decía cada músico, decían unos, los otros me decían, señora a mí no me interesa grabar porque cuando hay disco ya no nos van a contratar, es decir, rechazo de los músicos que no querían quedarse el Lunes, otros decían si hay disco ya no nos van a contratar, entonces yo era víctima de esa incomprensión pero no me amilanaba y seguía atajándolos.

Llegó el Verano y les dije, oye, ¿ustedes no quieren ir a la playa?, ustedes son de la Sierra, conozcan pues la playa, el mar, vamos a bañarnos y para esto había un señor Santos Baldeón, sícaino que me llevó a Sicaya a bailar chonguinada con él, entonces me tenía gratitud, venía siempre a visitarme, me traía alguna cosita, la señora me mandaba, su esposa, la señora Guadalupe. Él era el primer ETUCSA, tenía unos ómnibus chicos que hacían viajes de Sicaya a Lima, entonces le dije, don Santos ¿usted no me podría alquilar un poquito cómodo un Lunes para irnos a la playa? para que se queden un Lunes, cosa que me voy tempranito, me los llevo para la prueba y después de eso me los llevo a la playa para que tengan deseo de quedarse pues. El señor Baldeón me dijo, señora no le voy a alquilar, póngale gasolina y le doy con chófer y todo, me hizo ese favor y me los llevaba pues a la playa a los músicos a que se bañen en la playa, compraba pescado, les preparaba pescado el día Domingo. Así más o menos me los iba amansando para que se queden para la prueba por si acaso, para ver si me llamaban a mí, iba yo y me decían, no señora, yo no quiero saber nada del huayno, yo no voy a grabar.

¿En qué disquera?

La Odeón porque RCA Víctor peor ha sido. La Odeón una vez me dijo, voy a ver, voy a poner en consideración.

¿Cómo se llamaba ese Gerente?

Vich, Sr. Vich.

¿Es limeño?

Debe haber sido limeño pero la última vez fue terrible señorita, no pude pues contener el llanto porque era tantas veces el rechazo, algunas veces me había dicho vamos a ver si se puede, yo le paso la voz, pero el huayno es huesería, sin embargo, voy a poner a consideración de la junta me decía, iba y me decía, no señora, no se va a poder, me iba.

Pasaba un mes, mes y medio y volvía, ¿usted otra vez? yo quiero que reconsidere, es una orquesta con arpas, violines, clarinetes, una orquesta distinta a esa grabación que ustedes han hecho con huayno de Ayacucho, es una orquesta bien conformada, señora, pero es huayno; sí, huayno, mulisa, vamos a grabar huaynos y mulisas, claro; sí, pero es serrano señora y eso no se vende, así que no señora, no venga por favor. Pasaba un mes, dos meses, volvía, ¿usted otra vez?, sí, es que la orquesta es buena, ¿usted por qué no se va los Domingos a los Coliseos para que vea?, he venido a invitarlo le decía, le llevaba entrada inclusive, porque yo le pedía a Varel o a los empresarios que me dieran una platea, le dejaba, ni iba seguro, no le interesaba. Después, si había venido, si no había venido, iba, hasta que en una de tantas el señor me dijo, ¡Por favor, señora, le he dicho que no vamos a grabar huaynos, no se vende! ¿quién va a comprar? ¡Así que váyase y no vuelva! Pero otra vez, mes y medio y me fui otra vez, abrió la puerta, me vio ¿otra vez?, me dijo serio, ya con cólera, ¡le he dicho que no y no!, una actitud como que quería darme una bofetada, pero tiró la puerta, le dijo señorita que me puse a llorar con un sentimiento único porque ya eran tantas veces. Entonces estaba caminando por el jirón de la Unión con mis lágrimas, lloré y lloré, lloré y lloré ¿por qué me trata así? no conoce esta música, este señor no sabe cómo es, llegué a la esquina del jirón Puno en el mismo jirón de la Unión y me acordé que a media cuadra en el mismo jirón Puno está la Dirección de Extensión Cultural del Ministerio, me voy ahorita donde el Dr. Arguedas y le voy a contar que casi me pegó ese señor y así fué pues; me vio el doctor, ¿qué le pasa señora? me dijo; ay doctor casi me pega, la próxima vez me va a sacar a patadas creo, ese señor, porque insisto después de un mes, mes y medio, pensando que tal vez me va a aceptar y ahora me ha tirado la puerta en la cara, ¿eso ha hecho con usted Vich?, sí doctor, ya no voy a ir a no ser que usted hable, no, no, ahorita vamos me dijo, eso no lo puedo permitir, que a una señora como usted le haga eso un señor Vich, se levantó y salió conmigo el doctor, ay, yo iba asustada, decía ay, capaz se va a trompear el doctor por mi culpa, pero el doctor iba así indignado, pobrecito que en el cielo esté, que Dios lo tenga en su gloria, de no haber sido por él no hubiera grabado el primer disco y lloro porque me acuerdo todo lo que hizo el doctor por el folklore, si el viera que está tan malogrado creo que se vuelve a morir.

Entonces llegamos, se hizo anunciar con su tarjeta, abre la puerta del señor Vich y le dice, doctor, pase adelante; yo estaba a un costadito, primero la señora Agripina le dijo, se quedó, pero perplejo, sí, pase señora dijo, tome asiento, disimulando por el doctor. Entonces el doctor, tome asiento, no, la señora que se siente, ¿usted sabe quién es esta señora?, es una señora que Domingo a Domingo hace vibrar en los Coliseos, trae una orquesta desde Huancayo con su peculio y pone espectáculos dignos de todo el público que va Domingo a Domingo, dirige una Cía. Progreso Viques de Junín Infantil Chupuro; yo todos los Domingos, me siento en primera fila y el público lleno aplaude, usted no sabe lo que ella quiere hacer, grabar el disco huanca, nunca han grabado, es la primera vez, ¿cómo es posible que usted le haya tratado mal?, la señora está llorando porque nunca ha sido vejada así.

Doctor, disculpe, yo no sabía, tantos quieren grabar y bueno pues, no se vende oiga, le dijo, usted me va a hacer a mí un favor, va a grabar el primer disco huanca, en primer lugar necesita el Ministerio de Educación para el archivo, no solamente las danzas que los Lunes va mi secretaria y escribe todo el contenido de las etapas que ella presenta y tengo eso en archivo y quiero la música también grabada para que esté junto con las danzas, necesito que para el Ministerio de Educación se haga esta grabación. En esta vez no había pues cintas grabadoras, no había.

¿En qué fecha?

No me acuerdo la fecha exacta pero después que yo grabé salí con una felicidad única, por primera vez iba a escuchar un disco, el huayno del Centro ¿no? y sobre todo grabé para los ensayos como el Santiago, las estampas que yo presentaba para ensayar, para no estar engallotándome toda la semana, cuando llegaba el Domingo ya no había voz, entonces por eso me interesaba grabar y he luchado bastante y me ayudó el Dr. Arguedas, gracias a él grabé el primer disco huanca que eran mulisas, huaynos, santiagos, en fin; las músicas que yo necesitaba.

Entonces, y yo no sabía cómo era, y yo pensé que grababan y acá mismo lo procesaban, entonces salí después de grabar el primer disco y me encuentro con el Sargento Espinoza que era director del HATUNSAUSA, entonces me encuentro con él y alegre le digo, Sargento estoy feliz porque acabo de grabar el primer disco huanca con la orquesta Juventud Huancaína, después de tanta lucha, tantos años y José María Arguedas me ha ayudado y hoy día hemos grabado, ¿dónde y cómo? en la Odeón le dije, él era representante de la orquesta Lira Jaujina, entonces venía de vez en cuando Lira Jaujina a actuar en Coliseos, entonces él los había llamado.

Primero se fue a Odeón y había cantado; si a grabado pues Huancayo ¿porque Jauja se va a quedar atrás? porque Jauja es la ciudad de primer mestizaje en el departamento de Junín y la primera orquesta la Lira Jaujina, entonces lo había llamado a la Lira y vinieron y se presentaron y como ya había aceptado, los hicieron grabar, había cantado la hermana mayor de Rosita Salas, Celinda Salas. Yo no sabía que estos juntan todas las grabaciones, en acetato lo grababan y lo mandaban a Chile, a Argentina a que impriman allá porque acá no había para imprimir, yo no sabía que eso se mandaba pues en y venir, yo iba a preguntar cuando iba a salir, con ansiedad y me decían eso se ha mandado para que impriman allá en Argentina o Chile dicen que hacían eso. Se graba en acetato y se manda a veces demora medio año, un año, depende pues la cantidad de cosas que manden de distintos sitios, así que para mí era la espera larga porque yo quería saber pues cómo he salido. Ellos dicen que juntan todo lo criollo, vernacular y mandan cuando ya hay una cantidad x y en eso el Sargento había traído la orquesta de la Lira Jaujina, había hecho grabar con Celinda Salas como cantante y también lo habían juntado ahí y en tantos posiblemente se ha mezclado y ¿qué pasa? que primero viene grabado la Lira Jaujina, qué desilusión dije, Dios mío, entonces ¿cómo es posible? que yo he grabado primero y por mí se han enterado el Sargento Espinoza, ha traído a la Lira, la ha hecho grabar pero ¿por qué sale lo de ellos? quiere decir que lo mío está mal. Fui pues a la disquera, dije ¿porque pues? yo soy la que he luchado 2 años, 3 años para grabar el primer disco y tan malo está que no van a sacar, me dijo, no señora, no se preocupe, nosotros acá juntamos por un tiempo hasta que hay un cupo y mandamos.

Ellos comienzan a procesar no según lo que se graba sino según lo que agarran así que posiblemente encima a estado lo que grabaron último y eso se ha procesado, en la segunda tanda va a venir lo de usted posiblemente, ay, pero no dormía ni comía porque dije está mal y la orquesta también había fallado, sufrí un mes, dos meses, no recuerdo el tiempo y llegó, llegó y verdad pues, así había sido, en eso tuve mala suerte, primero salieron los jaujinos, después salieron los huancaínos.

¿Han vendido rápidamente?

Bueno tanto que me decían que no se vendía, que era huesería, el señor Vich, después que grabamos vino a mi casa porque claro pues le dolió, le dolió que viniera el doctor Arguedas y le dijera. Señora usted me va a firmar acá, si no se vende una cantidad de discos, usted va a llevar a vender a la Sierra, yo no le conté eso al doctor Arguedas, ah ya, le dije, yo puedo ser vendedora señor, eso no importa y le firme. Entonces yo tenía que recibir y vender no sé cuántos miles, asustada, pero le firme y no fue necesario porque se vendía como pan caliente, ¿te das cuenta?, pero claro, para romper el hielo, el miedo de lo criollo porque se vendía lo criollo pero el señor Vich conocía de criollo no conocía de Sierra, ni conocía ni le interesaba.

¿Has ganado alguna cantidad?

Ellos no pagaban nada, a mí nunca me han dado un centavo, creo que Daga gestionó más adelante cuando le llamaron para volver a grabar, ya él puso su condición para ya cobrar.

¿Los huaynos sin compositor conocido, anónimo, cobran por los derechos reservados?

Bueno, Daga creo que cobraba por derechos de compositor en los huaynos que canté, me dio la primera impresión, pero a mí como cantante no me dieron nada ¿no? pero yo era feliz, era feliz porque había grabado. No he sido una cantante privilegiada con una voz excelente, pero a la medida de mis posibilidades he hecho lo que he podido y gustaba porque en los Coliseos gustaba, así es y no solo canto la música huanca, sino canto la música ayacuchana, huancavelicana, la cuzqueña, lo cantó y no lo canto mal; claro con una voz natural de la gente que canta en la Sierra, nadie se tiene que pulir para cantar en la Sierra porque esa soy yo. Entonces así ha sido el comienzo de la música vernacular en la capital. Cuánto rechazo, cuánta incomprensión he sufrido yo de los músicos que no iban a poder ser contratados porque ya con el disco se bailaría en las jaranas; ahora son conocidos en todos los países del mundo a través de los discos ¿se da cuenta?, como al comienzo hasta ellos me daban la contra, así es señorita pero Daga no, siempre ha sido consciente, ha sido comprensivo, han sido los demás; él decía, yo me quedo decía pero ¿qué hago contigo solo? que se queden todos, sí pues pero estos prefieren irse me decía, se ha luchado demasiado para ser lo que hoy vemos. Hoy se graba cualquiera, se graba con charanguito, con quena y se vende, grabaron ya los puneños, los cusqueños, los cajamarquinos, casi todo el mundo ha grabado después.

Hace una década han salido las grabaciones y los cassettes y las disqueras están comenzando a quebrar, ¿a qué se debe eso?

He visto que en las calles, en la Plaza de Armas, en el Mercado Central venden cassettes los intérpretes, cantan en vivo y venden cassettes, es un medio de vida que han buscado, qué bien ¿no?. Entonces eso de repente ha hecho bajar a las disqueras ¿no? Ahora hay tanto, en esa época no había ni siquiera un tocadisco chico para llevar acá, allá, eran tocadiscos que no se podía cargar, entonces después salieron unos chiquitos con ellos yo iba hasta Comas, me compré uno de esos para ir hasta Comas, iba a trabajar en 1968, 1970, he trabajado en toda la zona de Comas, a los cerros iba con mi tocadisquito, pesaba, el tocadisco pesa, en cambio ahora el tocacassette no pesa nada, ahora hay más facilidad para enseñar, ha evolucionado bastante, se ha sufrido bastante pero ahora todo el mundo graba, todos los conjuntos que vienen de todo el Perú graban, ya no hay limitación.

¿Siguen explotando a los intérpretes?

No sé, yo estoy totalmente desvinculada porque ya no grabó hace 30 años por lo menos.

¿Cuántos discos ha grabado?

Aquí tengo 4 o 6 cajas, en cada caja habrá pues 15 o 20 discos.

¿Grabados por ti?

Sí, se vendieron como cancha pues mamita.

Ah, no le he contado lo interesante, es que después que comenzó a vender los discos la Odeón, ya venía a mi casa el mismo señor Vich, el que no quería grabar ya venía a mi casa, yo vivía en el jirón Ica, estaba cerca y me decía, señora cuando venga la orquesta vamos a volver a grabar ¿no ves que ya se vendía?, así es que el mismo señor Vich venía hasta mi casa para volver a grabar, yo tenía que escribirle a Daga para que venga la orquesta para grabar.

¿No ha recibido nada?

No, yo no, ni sé nada, nunca he recibido nada, Daga sí me dijo que él cobraba su derecho de autor, de compositor.

¿Como cantante?

No, nunca he recibido, no sé eso, por eso no seguí grabando, ya no seguí porque me hacían grabar, yo era la que traía la orquesta, me costaba plata atraer a los músicos.

Muchas gracias por la información, continuaremos en otra ocasión.

Entrevista a Manuel Acosta Ojeda

8 de febrero de 1989

¿Qué cargo desempeñas actualmente?

Actualmente soy Presidente, en estos momentos estamos en pos de hacer nuevas elecciones porque ya mi periodo ha terminado si no que se ha prorrogado por emergencia del momento.

¿Cuál es la historia de las disqueras?

Lo que tengo entendido es que al Perú los primeros discos llegan juntamente con el fonógrafo por lo que RCA Víctor en 1920 o 25, junto con ellos viene la música grabada en el extranjero o sea el foxtrot, el tango, el charleston, el pasodoble, etc.; ninguno ritmo nacional, entonces esto trae consigo una invasión extranjera de música que como siempre es muy fácil de pegar en la juventud que está en búsqueda de nuevos valores, entonces es utilizado esto porque acá hay una gran avidez de este tipo de música y desplaza el ritmo nativo, entonces no es cierto lo que dicen de los criollazos, porque no han seguido al pie de la letra la música costeña, Pablo Casas, Felipe Pinglo, Pedro Espinel, todos, no hay uno solo que no haya tocado foxtrot y que no haya compuesto foxtrot; todos tienen en su repertorio uno o más foxtrot y también otro ritmo que se llama one step (un paso).

No solamente viene la música extranjera sino que trae consigo un aparato infernal que le llamaban el jazz band que era un inmenso bombo con unos platillos por acá unas maracas por acá, entonces un solo hombre con un pedal golpeaba con el mazo que le daba al bombo con otro pedal golpeaba otro mazo pequeñito que tocaba unas tarolas, con una mano tocaba los platillos de la batería, con otro pedal golpeaba otro cornetín que había al frente, con otro pedal golpeaba el platillo chino, era una orquesta del tipo este con un solo instrumento, entonces con un solo jazz band se hacía una jarana, le aumentaban una bandurria o un laúd o un piano, en caso que no hubiera, violín, pero piano había porque era lo que se llama casas de alegría, los famosos burdeles y no hay uno solo de los grandes maestros que no haya tocado en un burdel, todos han tocado en burdel, es decir se consagraba un músico en el burdel, eran famosos los burdeles de la calle El Pato, la calle El Huevo, habían unos 8 burdeles en Lima donde no podía ir un pobre diablo, estamos hablando de la época de Leguía (1921), entonces el famoso Pato Villalobos tocaba en el burdel, Lucho de la Cuba, Ormeño, tocaban en el burdel; Pinglo creo que es el único que no ha tocado en burdel y de los grandes guitarristas Sáenz, Arredondo, el padre de todos era Manuel Reynada, entonces todo ese inmenso caudal de talento se desperdiciaba porque no había grabadora.

Como en la Sierra que la imposición de la cultura europea hace que nuestros paisanos en Huancayo, Ayacucho, Puno, Abancay, hagan su fiesta como quiere el taita cura, salen a la iglesia y hacen sus ritos occidentales, toman sus tragos, hacen el bautizo; todas las costumbres y al tercer día parece que les sale ya el nativo, chupan con el cerro, con la tierra, ya no hay taita cura, chupan entre ellos, ya están jaraneando.

Esto lo traía a colación para que veas el proceso del disco en el Perú, acá la jarana, me han contado que era igualito a la moda del charleston, muy alegre y las niñas bailaban con los parroquianos, después se iba a cumplir con su deber, seguían tomando otros, seguían bailando, entonces había mucho más dinero que ahora. Cuando ya eran las 4 de la mañana como ninguno de los parroquianos era lo que se dice un proletario, eran personas de dinero -industriales, ministros, parlamentarios- ninguno era un calato, entonces cerraban el burdel y salían las niñas tristes qué ríen duro con un dicho que dice "Niñas todas al salón que llegan los blancos o los puntos", algo así y había otra frase que decía "Mamita cierra la jaula", Mamita le decían a la que cuidaba el local que alguna vez fue chica bonita pero como ya no servía para entretener servía para controlar, entonces cerraban el burdel porque ya se enamoraban de la niña, les gustaba cómo tocaba a alguien ahí, entonces 8 forajidos con plata cerraban y ya no entraba nadie y se divertían ellos, son famosas las encerronas que hacían, no solo acá sino en París, los Aurich, esa familia del Norte que encontraron muchos tesoros en sus huertos; mascarillas de oro que vendieron por basura, entonces allí venía todo lo que querían ellos. Como ya no podían estar expuestos a lo que pedía un tipo que había hecho sus ahorritos para bailar dos piezas con una prostituta, botaban a ese calato porque la mamita botaba los calatos y quedaban ellos, solo del gusto de karamanduca, Alejandro Ayarza, un insigne zamarro, un forajido. Esa gente quería divertirse, pero era increíble siendo explotadores, siendo anti-serranos, siendo anti-populares, querían divertirse con la música de los pobres, con la de la Costa claro; ellos no querían saber nada con fox trot, charleston ni tango por eso les tenían cariño porque pensaban que tenían cariño por el pueblo y sentían cariño por la música que hacía el pueblo que es diferente. Ellos tocaban la marinera a su gusto, obligaban a tocar zamacuecas, polkas, valses; como la mayoría de los chicos de ahora que hacen rock; le sacaban la guitarra un zambo y tocaban la guitarra; es ahí cuando se aligera la canción criolla porque el negro tenía para bailar la zamacueca, el negro pobre en el año 15-20 el vals no lo usaba para bailar; si usted escuchó los primeros valses DE 1905, de Nicanor Casas, Tunante Gamarra con música de Arredondo, esa música que no es para bailar, no son para jaranear pero cuando el negro era sirviente del blanco tenía que hacer de payaso, lo que se quejaba siempre Vicente Vásquez que ha muerto hace poco, decían que yo soy negro sobrado pero prefiero que digan eso a hacer de payaso como hacen los negros que tocan la cuchara, se tiran al suelo, uno se muere de risa pero quiero llegar a que veas cómo influye el poder del dinero sobre el artista; yo ya no puedo conseguir una jarana sin música alegre porque si no no me divierto. Entonces toda esa experimentación de los viejos que se quedaban con los ricos se va almacenando entre ellos, nacen las primeras canciones, entonces le dicen a Covarrubias por ejemplo, en el mes de Abril es Santo de mi señora, o de mi amante, o de la calzón con guiso, que se yo, damos una serenata; o donde una señora decente, entonces, si era una joven como tú casi todos los señores querían ir y contrataban a los mejores músicos y a los mejores cantantes que eran poquísimos hasta el año 25, el mejor conjunto era el de Víctor Correa; Pinglo todavía no se había iniciado como músico, además nunca ha sido un buen cantante ni un buen guitarrista. Covarrubias tenía otro conjunto, los Hermanos Ascue tenían otro conjunto, el dúo Huambachano Pizarro, serían 8 o 10, no había más y de cantantes eran escasísimos, malos, muy malos, nunca figuraban, entonces era el Canario Negro, Nela Huambachano, César Pizarro, Catya Romero, la serenata era bestial porque no había huelga, no había carros, no había rochabus, en el silencio de la noche se escuchaban unos pechazos, se preparaban un mes, a veces tumbaban la pared del corral con permiso del vecino y con cargo a levantarla después, para echar agua, barro, piedras al piso para hacer un gran sitio porque sabían que venía el señor Nicolini, el señor Ventura, el señor Cogorno, el señor Poblete, venían con su chófer negro, con su esposa o con su amante, entonces se prestaban VARIOS de los vecinos porque no alcanzaba para todos.

Cada grupo era con sus amigos, el guitarrista, el laudinista (cajón no había en esa época), iban con 2 cantantes o 3 y sus ayayeros, o sea su equipo de gente que más que amigos iban como guardaespaldas porque esto era una competencia y a nadie le gusta perder, iban con su manchita de 4 o 5 para defenderse y eran muy buenos bailarines que servían para limpiar la cancha, para romper el hielo porque nadie se atrevía a bailar de arranque; era todo un proceso el inicio de la fiesta, para bailar con una chica tenías que pedirle permiso a su mamá, a su papá y a su abuelito, lo menos a uno de sus acompañantes, entonces el caballero usaba su saco como con 30 botones, sacaba a la chica, los guitarristas afinaban delante de la gente, no empezaban de arranque, yo alcancé un poquito de eso en el año 40, después comenzaban a ensayar y soltaban sus conocimientos, para lucirse tocaban música que habían escuchado en la retreta, la gente aplaudía, el otro tocaba un vals de Chopin y había gente que estaba segura de lo que valía y arrancaba y duraba media hora, cantaba una parte, venía la instrumentación y luego venía el vals que era de 7 u 8 pies, entonces esto es para explicarte cómo se creaba un repertorio que va naciendo al calor de la necesidad porque los que no eran compositores tenían que cantar algo Salerno, Gamarra, Canario Negro, entonces buscaban a Canario Negro que si era compositor, Cobarrubias y le decían quiero canciones y él tampoco tenía porque no había disqueras, no había radio, no había nada, se componía un poco por el jamón de ser compositor. Cobarrubias agarraba y se sabía una canción qué le hizo una bailarina que bailó calata acá en el Presbítero Maestro y metieron presos a Vallejo, Mariátegui, Valdelomar, una serie de chiquillos de la época y él le puso la música y cuando cantaban decían ¿de dónde es eso? Buscaban almanaques de Bristol con sus letritas, se armaba una competencia pero era una competencia sana porque no había dolo, no había derecho de autor, no estaban robándole a nadie, a lo más ganaban la sonrisa de una zamba buena moza o una caspiroleta, eran unos tragos con huevos, con coñac fino y otras cosas más, o un buen caldo de gallina y otras atenciones, entonces todo eso se va almacenando y se hace un repertorio que persiste del 30 al 45 y de ahí viajan fuera de Lima varios conjuntos a Chile y a Buenos Aires y los que consiguen más éxitos son los Troveros del Perú que hubiera sí imposible sin Jorge Huirse, y llegan estos muchachos que primero se van a Ica al 40 y no les va muy bien porque no era negocio la música criolla, de ahí se van hasta Nazca, no había Panamericana y en Nazca hicieron de todo, porteros, cobradores, consiguen piano prestado, hacen unos centavos y se van a Camaná, de ahí se van a Arequipa, de ahí pasan a Puno, de ahí a La Paz y ahí triunfaron, no mucho porque no había disqueras, de ahí pasan a Oruro y luego a Buenos Aires y ahí triunfan; llegan discos acá con Ventanita, Anita de Pablo Casas, huaynos, Picaflor, Girasol, Pastorita, una época muy hermosa y a raíz de esa tenacidad del Cholo Huirse es que la música criolla se empieza a imponer, graban El Plebeyo, Desdén, después aparece Delia Vallejo, Yolanda Vigil, se hace el mercado para la música criolla, entonces acá se empieza a grabar pero en acetato que no permitía corrección, entonces hay pruebas increíbles del Cholo Valega cantando y le sale un gallazo y tuvo que seguir porque no podía corregirse, un vals que canta Rómulo Varillas, La Comarca, que dicen que es argentino, pero acá tú sabes cómo son los peruanos que le ponen cualquier cosa "en la casa de Juana la loca todos los pollitos salen a picar"..., entonces cuando Rómulo Varillas cantaba "chinita vamos a pasear en mi barco anti velero", él decía "mi barco anti venereo", sería premonición al sida, no sé, pero así quedó grabado, por ahí debe haber gente que tiene ese disco.

También se ha grabado en unos alambres acá en la calle Piedra, unos alambres porque no había cinta magnetofónica, yo he grabado ahí en el año 50 y eso lo mandaban a procesarse a Santiago y Buenos Aires. Recién en el año 51 Sono Radio abre sus puertas y eran dos cuartos de 4 x 4 y una pampa inmensa donde tenían cilindros que es como el rollo de pianola, pero ahí no se grababa voces, era como las tarjetas de IBM perforadas. Entonces Sonó Radio se inicia con Roberto Tello, con Jesús Vázquez, con los Chamas.

¿Y la música andina?

No les interesaba, siempre la habían visto como música salvaje. Recién en el 57 empieza a grabar la Pastorita, el Jilguero, los primeros.

En el año 50 trabajé en Educación junto con Arguedas, Miguel Ángel Hurtado Delgado el autor de Valicha que era profesor y que hizo una gran recopilación que se ha perdido y Arguedas también era un jovencito pero era época de Odría y no había gran difusión por lo nuestro y lo poco que había era costeño; lo que había era una bonanza económica y no porque Odría fuera honrado sino por la guerra con Korea; la guerra con Korea exige que metales que son muy escasos en el mundo pero que acá sobran, como el vanadio, como el zinc, como tungsteno, cantidad de metaloides preciosos para lo bélico y tenían gran demanda, por eso Odría podía hacer carreteras, Ministerios, colegios estadios. Entonces, la gente dice robó, pero hizo.

Por eso la música andina que yo recuerde no ha tenido acogida aparte de Ima Sumac que tuvo que largarse fuera del Perú, con Moisés Vivanco, con Alejandro Vivanco, con un equipo de gente de la Sierra, acá no tenían vigencia, ninguna aceptación más bien era boicoteada, vista como cosa de chunchos. Jacinto no llegó a triunfar nunca Jacinto llegó a ser ídolo dentro de la gente de la Sierra por el 52, 53, la Pastorita y el Jilguero aparecen por el 48 pero como bailarines, bailaban danzas cusqueñas con la compañía Tahuantinsuyo, con César Gallegos que tocaba violín, entonces mucho después empiezan a cantar. Jaime Guardia también es del 48, 49 pero tocaba en Radio Colonial en programas en que no había más sintonía que el pobre provinciano serrano, a la gente de Lima no le interesaba. El mismo fenómeno de Pinglo, a Pinglo lo trataban como a un perro, cuando Pinglo sale a la jarana en el 31, imagínate por lógica elemental estaba en una fiesta tirando charleston y llegaba un hombre cojo, tocaba con la zurda, cantaba mal y la gente quería botarlo a patadas, no podían hacerlo porque era del barrio, pero ¿qué cosas hacían? sencillamente le decía, bueno qué lástima que sea tan tarde hay que trabajar mañana y todo el mundo se iba Felipe Pinglo tenía que irse; se daban la vuelta, abrían el corral y se metían ahí para que no entre Pinglo, eso siempre sucedía.

Por lógica elemental, una ciudad que siempre ha rechazado al provinciano y más aún al serrano no podía tener éxito, el serrano se ha impuesto a la fuerza, ya recién con La Pucarina, con El Picaflor, falso lo de los ídolos del 50, la Pastorita ha luchado eso sí, pero que se hayan impuesto no. Para mí que triunfa cuando empieza a ser el rey de La Parada, cuando empieza a manejar gran cantidad de dinero, cuando se da cuenta que el limeño no lo quiere ni lo va a querer porque es tan tonto, yo visto casos y me he tirado un par de lagrimones en Sono Radio en el 53, 54. Vega Serrano que en paz descanse, puneño, hablándole con lágrimas en los ojos a Graña, un miserable, hijo de perra, uno de los dueños de Sono Radio, le explicaba que era el machutuzo, la diablada, el barrio del moñozo, el barrio de huaysapata, cómo era la historia de los vicuñas con una ternura terrible y al otro que le importaba. Castro Vega se ponía a llorar porque le decía vamos a trabajar gratis para que nos graben y nunca lo grabaron, acá los han tratado como perros.

Acá por ejemplo había 4 sitios de baile grandes, 3; el Yolanda que era un local de baile famosísimo que estaba por acá, por Breña, el Gremios, que era en la calle Gremios acá en el centro de Lima y el Alis en la calle Huánuco. En el Yolanda todo era guaracha, en el Gremio igual; en el Alis sí porque ya la gente de la Sierra se estaba filtrando por lo que es Apolo ahora, gente que venía de Casapalca, La Oroya, Morococha, sobre todo mineros enfermos de los pulmones se asentaban por toda esa zona, se iban a la Pampa de Amancaes que es ahora Villacampa, por arriba ¿ te imaginas desde Apolo a pie, por concursar los serranos? Y lo que hizo Leguía ese día del indio para que cante el indio, nunca le dieron valor al indio, ahí cantaba el negro, entonces como una gracia pusieron a las hermanas Zevallos y se llevaron todos los premios; estaba Florencio Coronado, también Jaime Guardia, pero no ganó. ¿Por qué dicen que la Pucarina triunfó rotundamente? mentira era una borrachita, yo la he conocido y paraba llorando sentada porque no la dejaban cantar. Las hermanas Zevallos eran bien pituquitas y nunca iban a las reuniones de los cholos pobres, nos acompañaban porque estaba la señora Doris Gibson, la esperanza era salir en Caretas. César Villanueva era un gran cholo y con él trabajamos ahí, Lévano, Acosta y Doris Gibson, entonces ellas iban, pero la verdad es que nunca iban ellas a cosas de los serranos calatos.

¿Y los Coliseos?

Son del año 46 más o menos, son los refugios, los reductos, pero allí no sale ninguna estrella; las estrellas eran compañías, la compañía Cañón del Pato del Norte, la compañía Ollantay, la compañía Atahualpa, todas eran compañías, tenían sus estrellas muy pequeñitas, ninguno fue un tipo que destacó, destacó; destacaba la compañía, la danza, sobre todo. Había uno que tocaba la guitarra, el Zorro Navarro y se ponía un rondín y encima cantaba, entonces no es tan cierto eso pues. La Pucarina ha triunfado recién en el año 68, todas sus biografías dicen que estremeció Lima en el 62, eso es mentira.

El Coliseo de Gallegos en una callejuela que hay por aquí, era un hueco la verdad, porque le habían roto la pared y tenían amontonados sacos de papas, de frijoles, de ollucos, entonces los hermanos Galván que si eran de verdad chutos tenían ahí una cantinita donde guardaban cerveza para que no paguen al concesionario que cobraba el doble, porque la gente no iba a ver el espectáculo, el espectáculo lo han hecho los criollos, los limeños, los antropólogos, los aficionados, los criollos; gente de la Sierra se iba a chupar porque sabían que si iba a cantar la Flor de Huancayo iba toda la gente de su barrio que era de acá, de Chosica y venía toda la gente que vendía papa, lechuga, ni bien entraban, a chupar de frente, mancha de ancashinos, de cusqueños, muy bonito era, seleccionaban sus grupos y de vez en cuando se daban una vuelta porque a las mujeres se les mandaba a que vieran el espectáculo y habían unas graderías donde iban unos enfermos masturbadores pues, que su placer era irse por debajo y ver los calzones de las cholas, entonces venía el cholo y se los llevaba con policía para afuera. Entonces, Jacinto Palacios fue el primer gran cantor solista serrano porque nunca hubo solistas, eran compañías, grupos. El segundo vendría a ser El Jilguero, luego La Pastorcita, Jaime Guardia también, después nace el trío la Lira Paucina, esos son los pioneros.

¿Orquestas de Junín?

Los Aborrecidos fue la primera de Pastor Díaz en el 55 más o menos, era una sensación, pero la radio no le daba trabajo y el disco tampoco, solamente Gallegos. Después aparece el conjunto Atusparia, fabuloso, muy superior a Los Aborrecidos; todos eran músicos serranos populares pero que habían estudiado después la técnica, ancashinos; estaba Ramiro Fernández, estaba Meneses, era cusqueño muy bueno, un señor Maguiña, cuatro violines que podían tocar en la Sinfónica, entonces era un conjunto extraordinario y la diferencia era que siendo pitucos en su técnica gustaba al pueblo porque conocían las dos técnicas, la popular y la académica y cuando tocaban lo académico en el Coliseo la gente rabiaba, tocaban todo de Ancash y después de todo el ande.

Después aparecieron Los Vivanco, son los pioneros, tienen dos conjuntos, el Ollantay y el Atahualpa, son los pioneros; Moisés es el más vivo, el que se casó con Ima Sumac y Alejandro, se fueron a México, hicieron una gira larga, después se fueron a Europa; ellos hicieron conocer mucho la música peruana, tergiversada, pero bueno algo fue; fue un alarde fonético de la garganta de Ima Sumac. Después Zenobio Daga aparece en el 58-60 más o menos pero el fenómeno de disco es interesante porque es a través del disco que nacen los ídolos, sino hasta ahora no se conocerían ni a La Pastorita ni a La Pucarina ni al Picaflor ni al Jilguero porque ellos eran ídolos ya pero en su sitio, en su Coliseo. Cuando una época estuvo de Director Díaz Fajardo, populista, por accidente el Director mancó, Augusto Chamz Terry entonces tuvo que quedarse de Director Interino Díaz y era serrano pues, huamanguino; fue la única vez que Radio Nacional parecía nacional, todo el día huayno, tondero, mulisa, vals, hasta que lo llamó Llona, un secretario de Belaunde y me contó que le dijo ¿quién le ha ordenado que se saque la zarzuela?, yo soy muy afecto a escuchar la zarzuela, hizo que lo boten y volvió el orden constituido, democrático y cristiano zarzuela, ópera. Fue hermoso en el 64 más o menos, todo el día había huayno, vals, tondero, bien bonito; nos llamaban a nosotros, Abelardo Núñez, a mí, a Espinel, a Jesús Vázquez, María Obregón, Aurora Alcalá, hubieron concursos, ahí sale también Alma de Salazar, muchachita en el 64 más o menos, después también aparece María Olivo una cantante muy buena que está por México ahora y Los Campesinos, aparecen Los Errantes de Quillabamba que también salen del concurso, una época muy bonita y la música provincial empezó a entrar con mucha fuerza porque este señor estuvo haciendo concursos ahí por un año.

Después Radio Excelsior hizo otros concursos con Gonzalo Toledo en Acho pero más comerciales y ahí salió El Picaflor en el 57.

Entonces el fenómeno del disco hubiera sido importante si hubiera estado en manos nacionales pero ¿cómo me entero que no era cierto? cuando estoy por Ámsterdam y veo Philips, como yo no sabía nada de eso, pensé que era una sucursal de la de acá así que me acerqué y vi que era un inmenso complejo donde habían desde focos hasta porta-aviones y ahí asocie recién porque las disqueras peruanas eran tan estúpidas con sus asesores grabando música de compositores extranjeros que no aceptan dólar agujereado sino dólar certificado.

Virrey era FIM, Sono Radio era Columbia, FTA era RCA Víctor e IEMPSA era Capitol y Odeón, entonces por qué no usar a nuestros cholitos, a nuestros blanquitos, a nuestros zambitos que somos facilísimos de imitar, es como ahora que tú le pides a un blanconcito de San Isidro que te haga un rock y te hace 100 igualito a Michael Jackson o a cualquier rockero, tú le pides a un serranito de aquí, de La Parada que te haga huayno y te dice ¿de qué estilo? de cualquier estilo te hace, tú le pides a un zambo del Rímac o de La Victoria con su pastel fumando una salsa y también te pregunta ¿cómo la quiere? con Willie Colón o de Óscar de León y te hace del estilo que quieres cómo La Clave del Callao, acá hacemos hasta tango; entonces por qué no pedirle a los cholitos peruanos qué es amarillo, anti sindicalista, anti solidario, se piden 40 tangos, acá están, 400 rocks, acá están; se arregla como un zapato, si le dicen me ajusta la punta, está muy alto el taco, les conviene a ellos y al señor Salaverry que ya murió, que era Jefe del Consorcio, le encantó mi propuesta porque era de cholo barato, acá con dos botellas de ron te hacían 1000 canciones a la semana pero el negocio de ellos no es ese, el negocio de ellos es de afuera, porque el disco con su mensaje alienante no viene solo, viene con blue jeans, con polos, con banderas estadounidenses, chicles nuevos, con todo un consumismo.

Donde estamos llegando a conocer poR QUÉ las disqueras; entonces como comentaba hace un rato el capitalismo parece ser que crea su propio asesino. La disquera tuvo un apogeo tremendo y no puede negar que gracias a Sono Radio el país conoció una cantidad de personajes que nunca hubieran sido conocidos porque no había televisión. Entonces, hay un fenómeno social muy interesante en el 53 que indudablemente se debe a la demanda, habiendo ya disqueras, habiendo ya ídolos, los primeros que remecen el ambiente pero así, en forma histérica, son los Embajadores Criollos que en el año 50 debutan en radio Atalaya que estaba acá en el jirón Washington a dos cuadras de Saycope en el 51 son jalados por Radio Victoria que es en donde alcanzan ya la histeria colectiva este trio, tenían un programa a las 12 del día y en todos los barrios, como si hubiera descansos, como si hubiera algún problema no se veía gente en la calle, salvo la gente muy pobre que no tenía radio; los billares, los restaurantes, ponían fuerte su radio receptor, lo más fuerte y era increíble como en Surquillo, la Victoria, el Rímac, en el Callao, en Barrios Altos, en los barrios pobres; gente amontonada así cómo se amontonan para ver un partido de fútbol, no había na………. sino de escuchar, fue un caso de histeria colectiva escuchar cuando cantaban los Embajadores Criollos. Canciones totalmente ingenuas, SENCILLAS, su estilo era totalmente lento, imposible de bailar, un fenómeno que habría que estudiarlo muy detenidamente, una cosa ERA, estábamos en una postguerra, el pueblo estaba humillado a través del golpe de ESTADO en el 68, podía ser QUE ahí que había una tristeza en sus canciones, muy triste, yo he visto gente que lloraba cuando cantaban por ejemplo, "una madre de canas muy blancas tristemente sollozaba al leer la triste carta de su hijito que en la frontera se encontraba", hablaba del conflicto con el Ecuador y era una tontería, totalmente cursi la canción, pero había gente que lloraba porque no hacía ni 10 años que HABIA pasado por ese fenómeno, su hijo o su esposo siendo un joven de 20 años había ido a Ecuador a la masacre donde esos pobres monos que no tenían ni machete.

Yo he visto que los paracaídas se tiraban, los tanques entraban y los pobres monos con machete, la gran hazaña peruana. Entonces he visto gente que lloraba "bandera, bandera peruana hoy te entrego el sacrificio de mi hijo", algo así es, creo que es de Carmona ese vals, y era una histeria, histeria; o sino Lucy Smith qué estamos hablando, que era "qué tristeza y qué dolor siento yo en mi corazón al saber la desaparición de la estrella de la radio qué en vida se llamó Lucy Smith", la muerte oye y la gente lloraba, o si no "jamás he conocido lo que es amor de madre", cosas simplonas pero la gente se puso loca, loca; por ejemplo Caballito Blanco, El Tísico, El Expósito, Mal Proceder, hicieron como un repertorio de 40 canciones que se cantaban todo el día, era la apoteosis, ya empezaron los empresarios a hacer giras por los teatros. Como una especie de respuesta a esto aparece en el 52 Los Troveros Criollos, totalmente diferente, ya no era una cosa lenta sí no "si la reina de España muriera, Carlos V quisiera reinar", todo era pura jarana, le metían cajón al vals, le metían castañuela y le metían palma a todo meter y ahí empieza Cavagnaro que es el que hace toda esa trampa con "yo la quería patita era la gila más buena moza del callejón" y cambia totalmente lo criollo; después de esa tortura y otra que eran Los Embajadores, un bar de bufones chistosos eran Los Troveros Criollos y en el 53 ya viene la locura, aparecen Los Chamas cantando boleros primero en Radio América cuando ven que es un negocio la canción criolla y triunfa La Flor de la Canela que había sido grabada en el 49 por los Morochucos y en forma impecable; para que veas un fenómeno también sociológico de nuestro primitivismo. En el 48 o 49 tal vez Ego Aguirre y Cortés graban en forma impecable, dos guitarras fuera de serie, dos guitarras extraordinarias, solos de Cortés que eran hasta ahora no superados pero no gustaba, el señor cantaba; entonces nuestro seudo masoquismo nos exige el grito; en cambio Ziomara Alfaro o Anamelba triunfan porque gritan y sale una cantante como María Obregón y no pasa nada porque no grita; entonces viene este fenómeno, Los Embajadores gritaban, Los Troveros no pero gritaban con la bulla que hacían y aparece Pejones cantando La Flor de la Canela dos tonos más altos que Cortés y la gente pasu madre y ese vals se había tocado duro por la radio y no pasó nada y con los Chamas pegó y se vendió un montón.

¿Las disqueras estaban como industria?

Sono Radio nomas, ya estaba Roberto Tello que aparece con Historia de mi Vida que nunca llegó a ser un ídolo pero gusta porque Cavagnaro tenía que ser el dueño de la canción y era el Director Artístico de Sono Radio, entonces innova el vals y le mece le mete grenetes, entonces la introducción era muy bonita, con Manolo Ávalos jovencito y la gente, ah que bacán porque tenías una cosa que bailar así medio tropical ¿no? y tenía una voz linda "eres el amor con que soñé" y al otro lado grabó Amores de Ocasión un vals de Oré Lara. Se hace El Plebeyo con Aviles y Engañada con Aviles insuperable, de paso Los Troveros y Los Embajadores que como te dije estaban de bajada, Los Chamas con Como te gustan los Militares que era una cosa bonita, era de cachita pues; Los Romanceros Criollos con Lucas Borja, Chipona y Álvarez que también cantaban más alto que Los Chamas y que cantaban China Hereje y la gente pasu madre y eran malos comparados con Los Morochucos eran basura, pero cantaban 3 veces más alto y para colmo en el 53 llegan los Dávalos de Arequipa más alto todavía, aparece un tuerto con unos anteojos, un cholo chato que era Genaro Ponce que eran bien pobres, venían de la Casa Amarilla, eran los chamacos, cantaban mexicano pero Rogelio Díaz los traía para que lo operen a Víctor y Víctor empieza a cantar con unos tonos, pasu madre y vuelve la música romántica con Los Embajadores que eran unos valses maravillosos; yo recuerdo solo un pedacito pero no se grabaron, su promotor era Martínez Sáenz, arequipeño también, así que la gente de arranque se ponía de pie para aplaudirlos en Radio El Sol, la característica era "Perú, cuando tu pueblo canta".

¿Y la música andina?

Te decía que no es muy cierto que la música andina haya tenido tanta acogida, es totalmente falso, lo que yo recuerdo es el Sexteto Cusqueño en 1922, después la música andina salvo Vírgenes del Sol o Cuando el Indio Llora, La Pampa y la Puna que era para hacer alarde de voz, de repente trozos de la ópera Ollantay, lo que llaman semi llanto, pero Valicha por ejemplo nadie la cantaba y el autor ya existía y estuvo trabajando en Educación en el 50, yo no alcancé a conocerlo pero supe de su existencia, él era profesor del Guadalupe, del Alfonso Ugarte creó y trabajaba también en el Departamento de Folklore con Arguedas. Tocaba con su guitarra e iba por La Victoria dando serenata, pero nunca pude encontrarme con él lamentablemente, y cantaba una canción que la gente dice TUSUY, no le decían Valicha, la grabó corrido. Para que veas que la canción andina no tenía acogida, eso es falso. Los limeños, hijos de provincianos hemos conocido esta música a través de los Coliseos, ha sido en las fiestas de provincianos, en los carnavales, en las fiestas patronales que hacían en los barrios pobres como El Porvenir, Surquillo, las zonas más pauperizadas porque por ejemplo, el Rímac no tenía serranos, es en esos barrios donde el serrano ponía sus primeras esteras, hacia sus agrupaciones en la parte de Manzanilla, 3 de Febrero lo que es Apolo ahora, después ya se meten por todo lado; Villa El Salvador.

Lo que yo recuerdo que va primero a la disquera como música serrana es Mi Pichallay, es un huayno de Alcides Carreño muy bonito pero que no es típico, típico, porque el cholo Carreño era trujillano pero la voz es quechua, Mi Palomita ¿no?, Mi Pichallay, pero la melodía es como un huayno criollo "canta tu ritmo de amor que si no cantas me mata el dolor", es un huayno criollo "canta tu ritmo de amor que si no cantas me mata el dolor", es un buen huayno criollo y ese huayno pegó porque lo hizo Jesús y tenía una voz más bonita que Libertad Lamarque. Los Trovadores del Perú grabaron en Buenos Aires y no pasó nada con varios huaynos que grabaron, mentira eso que triunfó.

Por el 55-56 en Radio Nacional un poco por terquedad gratis tocaba José Castellares, un abogado y le daban cabida porque era un cholo blanco, grandazo y tenía sus cobres, era marido de una cantante de coloratura y tenía ciertas grabaciones, no tocaba muy bien pero cabe mencionarlo porque era un caso único porque el fin de semana en el Perú era polka, festejo, tondero; estaban Los Chamas, Los Capitalinos, Los Cholos, Los Trovadores del Valle, del Norte salieron cantantes como cancha porque había demanda y habiendo demanda había oferta, entonces escuchar tocar a un cholo ahí era una rareza. Nosotros lo queríamos mucho por su temple, por su valor, se hacía acompañar por el loco Zelada, un negro y le daba su propina de su plata; tocaba Vírgenes del Sol y Zelada le tocaba la segunda guitarra. Mucho después aparece Díaz Fajardo en el 61 en un programa que se llama Ayacucho Manta y tocaba bien la guitarra, pero no con la tremenda categoría de Raúl García.

Es recién cuando Raúl García aparece que se hace respetar la música serrana, no solo por la alta calidad que hasta ahora mantiene sino por su personalidad ¿no? Había un locutor, (César Negreiros), que le tomaba el pelo a cualquier serrano que aparecía por ahí; aparecía uno con su guitarra y decía, ahora con ustedes Nemesio Mamani Quispe, aserrucha Casimiro y la gente se moría de risa y una de esas noches fue Raúl García y lo presentó así, ahora con ustedes Raúl Tiburcio García Chupaca, no sé, algo así, aserrucha Casimiro; un momento señor le dijo Raúl, yo no me llamo Casimiro ni Chupaca que sería mucho honor, ese es un apellido nativo, yo soy abogado, aquí está mi tarjeta, Dr. Raúl García Zárate y no aserrucho nada, toco la guitarra; no hermanito, no; y de cólera será que agarró la guitarra y tocó como la recontra patada y la gente lo aplaudió de pie, lo hicieron repetir y en el 66 graba su primer disco, Ayacucho se llama, con un retablo en la portada, una preciosura y ahí se impone Raúl y es recién por ahí que empieza a entrar la música serrana no solamente a los Coliseos sino al disco pero no por cariño a la música serrana sino por negocio. El Jilguero solo, vendía más que Los Embajadores, que Los Troveros, que Los Chamas, que Los Morochucos; un solo cholito; nunca alcanzó un artista criollo ni la cuarta parte que El Picaflor, que la Pastorita, que El Jilguero; eran los monstruos.

Entonces cuando llegamos a las disqueras vemos porqué este negocio termina en la ruina. Las grabaciones personales, se hacían en unos aparatos inmensos, unas grabadoras con rollos que pesaban 25 kg, con eso se grababa para tener un recuerdo de la radio, de la T.V., de una reunión familiar; pero como eso era poco funcional, Philips inventó el csassette pero no exactamente para música sino para efectos como este, para una conferencia, charla, entrevista; entonces un cassette de 60 minutos le permitía grabar una hora a un periodista en una entrevista a un tipo importante por ejemplo, y bueno aparecen los primeros cassettes que eran grandes. Cuando ven que puede usarse para grabar música porque no se usaba radio grabadora era solamente cassettera; las primeras grabadoras de cassette son exclusivamente de cassette, el primer asesino de la disquera es la radio grabadora porque entonces tú pones Radio el Pacífico o Radio Stereo si te gusta la música de los grandes maestros, si te gusta la música criolla pones programas criollos, si te gusta la música andina pones programas andinos, chicha, lo que te gusta ya sabes dónde está, pones, agarras tu cassettera, prendes y te grabas todito ¿no?, después lo pasas a otro cassette y le borras lo que dijo el locutor ¿no?, le borras la hora, le borras lo de la radio y te queda un cassette perfecto. Si te da la gana te compras otra cassettera y enchufas con un pluf, no hace falta tener doble cassettera, ahora ya hay doble cassettera pero antes con dos grabadorcitas, pun, pun, y le regalabas un casette a tu amigo; es el pirata honesto digamos, cuando no quiere robarle a nadie pero para orgullo nacional tenía que ser cholo nuestro pirata, sin parche en el ojo porque no es tuerto; aparece nuestro pirata acá pues, es el que dice ¿por qué no puedo vender esto? y aparece con la música tropical, entonces la disquera siempre en un L.P. mete 4 huesos. Entonces tú dices maldita sea, Los Panchos pero ya tengo Rayito de Luna, Contigo, también Flor de Azalea, pero qué vas a hacer, tienes que comprar el disco entero con carne y hueso o Los Chamas, te dan un L.P. con 4 canciones lindas y 4 huesos que no te sirven para nada pero no puedes sacar; en cambio los cassetteros piratas te graban un hit de Pedro Otiniano un hit de Los Panchos, un hit de Lucho Barrios, un hit de Los Diamantes, un hit de Anamelba, un hit de Julio Jaramillo, entonces te vendían por la mitad del precio que lo vendían las disqueras un cassette con 20 canciones ¿no?, 10 por cada lado por la mitad de precio que un cassette con 12 canciones, 6 por cada lado con la diferencia que Sono Radio no podía grabar a Los Tres Caballeros porque estos eran de RCA Víctor o Virrey no podía grabar a Los Panchos porque eran de Columbia y en cambio un cassettero no tiene ningún compromiso con las firmas transnacionales, solamente pone todo en un solo cassette y te lo ofrece y todavía con la condición de por 5 soles más de esa época (hace 20 años) cambiarte una canción. Paraban en sus puestos, ahora hay millares, ya no se puede controlar; son ladrones que roban al ladrón y ladrón que roba a ladrón tiene una botella de ron y tú ni me has convidado nada.

Entonces ahí viene la hecatombe, la quiebra de las disqueras, pero ¿cómo controlar eso?, ya no solamente a nivel huachafito de boleritos cantineros, ya empieza a agarrar Sol Armonía un señor pituco con una tremenda grabadora, te graba Wagner o Chopin o Mozart o Vivaldi y te lo graba nítido y se da el lujo todavía de sacarle copias y regalar; no va a vender, regala.

Entonces la gente ya para qué diablos compra los discos en Héctor Roca que están ahí tan bonitos ¿no? si a la gente no le hace falta o te graban cualquier novedad ¿por qué crees que la gente ya no graba? porque apenas sale lo piratean; ahorita, por ejemplo, sale un disco de Los Morunos, agarra el cassettero, se compra su disco y hace su matriz, entonces hace su cassette madre y en una hora tiene 20 cassettes, entonces se han arruinado ahí y en buena hora porque son unos ladrones.

¿Han quebrado bastantes disqueras?

Ahora subsisten por el orgullo capitalista de no cerrar, pero Sono Radio cerró porque ya el orgullo no servía para nada, se mantiene IEMPSA que tiene el repertorio de Columbia y RCA Víctor; Virrey está por quebrar porque no es negocio.

¿Las disqueras por qué no compran los cassettes?

Porque ellos no son amigos, son compinches, entonces el hombre que fabrica más cassettes en el Perú es el señor Litorino, algo así, Sequinato, que tiene su fábrica acá por el Amauta, entonces cuando mis clientes que me pagaban con trago, ya estaban por meterlo a la cárcel, fuimos al Juez, yo le dije, señor Juez, tenga la bondad, ¿quién es el principal acusador? el señor Sequinato, entonces dije ¿quiere ver las facturas de todos mis clientes? cómo no, él le vende cassettes a los piratas que quieren meter presos ¿qué le parece señor Juez? Porque es bien sencillo, quieren que no haya pirata, no les vendan cassette.

Todos los señores que venden acá enchufes, son las ferreterías que les pagan para que vendan ahí y venden al MISMO precio que venden en las ferreterías para que no los arruinen a los ferreteros los informales y a veces cómo crees que eres vivo cuando compras ropa interior en el suelo, por acá, por la espalda del Congreso; así que un día fui y pido ropa para mi talla, pasu madre ustedes 44 tío, no sé le digo, y se fué, cuando voy a ver se había metido a la tienda y me quiso vender, no le dije, yo voy a la tienda y compró, o sea esa es la famosa informalidad.

Esto no solamente se queda en el disco, hay gente que te filma toda una cochinada de las telenovelas; sobre todo las brasileñas que tienen alguna dignidad ¿no?, Brillante, qué se yo, entonces filman todo eso, le quitan los comerciales, lo editan, lo ponen bien bonito y sale con doblez ¿cuánto cuesta eso?, no sé cuánto cuesta. He estado viendo acá en Arenales que vendían eso, así es, te venden todo; te venden discursos de Alan García, así es, la muerte.

Del Jilguero del Huascarán han hecho un cassette y el tipo tiene todo el derecho de editarlo, yo le he dicho por qué no lo edita por qué no se consigue algo, pagarle a la Pastorita, a Jaime Guardia, a Los Campesinos para hacer un par de filmaciones y lo editan, pero no me llamó el tipo, quiso hacer su negocio solo, pensará que le voy a cobrar.

Muchas gracias por la información.

CONTINUACIÓN DE LA ENTREVISTA A MANUEL ACOSTA OJEDA

15 de febrero de 1989

¿En qué fecha fue creada esta institución?

En nuestros estatutos figura como fecha de homenaje, de aniversario, el 20 de febrero de 1960, esto indica bien claramente para las personas que no conocen bien la historia. Es importantísimo este asunto para que sea esclarecido porque indica que según estatutos antiguos, Saycope nunca fue enemigo de Apdayc que es de la que salimos, o sea Apdayc qué quiere decir Asociación de Autores y Compositores se funda el 20 de febrero de 1952, entonces es muy extraña su conformación porque tú sabes que los grandes consorcios y las mafias hacen todo tan bien que no se puede probar pero la lógica marxista que es superior a la lógica formal permite un cierto análisis que sería el siguiente: La primera entidad de autores se llama APACM, Asociación Peruana de Autores y Compositores de Música, se funda por el año 48 y no duró ni siquiera un año porque era una asociación gremialista, reivindicativa, su único presidente fue el gran músico Luis Pacheco de Céspedes que fue esposo de la señora Key Maquino una profesora de ballet de mucho trabajo acá en el país entonces esta fundación fracasó porque era reivindicativa, pro laboral, anti patronal y con fines totalmente culturales. Sus estatutos exigían que para ser asociado había que saber leer y escribir música, lo que alejó a medio mundo porque la mayoría de los limeños, sobre todo, somos muy ociosos, tenemos el ejemplo del sistema que es el que auspicia la mediocridad en Lima, la ignorancia, entonces dicen para qué diablos estudio si un antropólogo está colgado como sardina de microbús y un payaso, un narcotraficante es millonario, entonces es más fácil ser delincuente porque se paga muy bien además.

Entonces el pobre Pacheco Céspedes se quedó solo a los 3 meses porque la gran mayoría no sabía música; quisieron tumbarlo y él se defendió con algunos artistas que conocían la escritura musical, se mantuvo unos ocho meses y al final perdieron el local como muchas cosas que se pierden en el país, tú sabes ¿no?, se funda una Asociación un Sindicato un Centro Departamental, se canta el himno nacional, se jura y perjura y a los 3 meses ya nadie paga las cuotas, te cortan la luz, te embargan los muebles, se llevan la máquina de escribir, eso pasó con APACM.

Antes de este fenómeno te contaba en la anterior entrevista que no habiendo derechos de autor, no habiendo propiedad intelectual, por lo menos la gente no la conocía, la gente vivía feliz porque componía lo que le daba la gana, perdón por la expresión, de acuerdo a su sentimiento, a favor o en contra, con la esperanza de llegar a ser novio o marido de una mujer, entonces esto producía una belleza increíble, una gran belleza literaria y musical porque lo principal de la canción popular es su sinceridad, si no hay sinceridad la canción popular no tiene ningún mérito porque al decir popular está hecha por un sujeto que no tiene conocimiento académico de la música ni de la poesía, entonces a veces es muy reincidente en algunos lugares comunes, que te digo "te quiero mucho porque siempre te he querido y tus ojos se han quedado para siempre en mi corazón", que sé yo, cosas sencillas, ingenuas y si las ves desde el punto de vista político aparentemente sin ningún valor pero sin embargo hay unas que han quedado para siempre porque lo que tiene valor es su sinceridad, "Anita", "Alma Corazón y Vida", "El Plebeyo" que si las analizas detenidamente, encuentra las fallas literarias, de oscuridad, sintaxis, es decir 400 cosas pero han quedado en el corazón popular, cosa que no ha sucedido con los que se han metido a esta canción con más conocimiento, más claro, Chabuca Granda, Cavagnaro; canciones que son muy famosas en las peñas, en la pituquería, en la pequeña burguesía, pero por Huanta no las conocen.

Como nuestros famosos poetas, Gonzalo Rose que es un poeta para todos querido, que lloraba en Ayacucho porque no lo conocían, la gente no lee esas cosas ¿no?, en cambio conocen a Ciro Alegría que está más cercano a ellos. Qué puede saber un pata de Juliaca de la Oda Cibernética de Germán Belli o de Alejandro Romualdo, entonces el problema de estos artistas es que no conocen a su pueblo, entonces por eso no llegan a él. Esto venía un poco por los derechos de autor, el autor era feliz porque no estaba coactado, no había ninguna presión más que la del medio, la del entorno, la de una buena moza que te sonreía porque ya eras conocido, entonces llegabas a la fiesta y decían es el autor de la canción Ventanita; entonces todas las zambas, las cholitas coqueteaban con uno y era muy agradable; la dueña de casa te atendía mejor para que no te vayas porque en ese tiempo casi todos los compositores (no como ahora) eran músicos, tocaban la guitarra o el laúd y todos, todos cantaban; Pablo Casas, Covarrubias, Víctor Correa, Márquez Talledo; todos no eran grandes cantores pero era agradable porque no había la tremenda competencia de ahora de Michael Jackson, Julio Iglesias, Madonna, el Puma y otros animales; es muy simpático el asunto.

Cuando de pronto empiezan a ser grabados en Buenos Aires y Chile discos con música criolla y andina; algo te conté en la anterior entrevista. Entonces estos señores que son muy pulcros en su manejo bursátil no se sabe cómo consiguen la dirección de Márquez Talledo, de Pablo Casas, de los compositores que habían grabado y por el 46 los citan a la casa Philco que quedaba donde es ahora Monterrey o Tía frente a lo que era La Prensa en el jirón de la Unión, ahí estaba la casa Philco; entonces había un señor Vips me acuerdo y extendió una carta con papel membretado que decía más o menos, tenemos el agrado de saludarlo y lo invitamos a nuestras oficinas el día tal para conversar sobre asuntos económicos concernientes a su canción, esperando vuestra presencia, a sus órdenes, pa; pero no le decían que le iban a pagar, entonces el zambo o el cholo leía eso y se asustaba porque no sabía que había derechos de autor, entonces cuando le decían venga para hablar de asuntos económicos de su vals Ventanita y el pata pensaba que le iban a cobrar, entonces casi siempre iba con un abogado o con un compadre matón pensando que le iban a cobrar. Yo fui con Pablo Casas, Marques [...] y con un compadre del Callao que tenía una pinta de chavetero, así como con un abogado, el Dr. José Velasco Ponce y [...] este a la vez fue con su primo que era sargento de la Policía, y todos estaban que se morían de miedo; llegamos, hicimos una antesala y primero entraron los maestros y salieron que querían llorar, porque sacaban S/. 35, S/. 40 que era una fortuna en esa época; jamás en su perra vida pensaron que iban a poder ganar por hacer una canción... y con eso una semana de chupeta por acá y por allá, compramos gallina, pato. Entonces quedamos y ahí parte un poco el descanse en paz de la canción de los grandes maestros, en ese caso Ormeño, Pedro Espinel. Ambos alternaron con Miró, no había más de unos 15 o 20. Felices de que se pueda cobrar, siguen produciendo, pero son artistas ya con una canción [...] inamovible; no pueden cambiar, es como un caballo de paso, está condicionado a sí, entonces para suerte de nuestro cancionero criollo estos patas siguen produciendo con la misma calidad, sigue llegando dinero; ya S/. 80.00, S/. 100.00, S/. 150.00, entonces aparece el primer fenómeno, el boom, el disco; Abelardo Núñez que le graban el vals Engañada y se vende en esa época una barbaridad; se venden 5000 discos, inmediatamente hacen Que Viva Chiclayo, una marinera que pegó una barbaridad y entonces los demás autores que no habían triunfado ven que Abelardo cobra pues S/. 800.00, una barbaridad y al poquísimo tiempo El Chino hace Con Locura, un vals muy lindo, otro éxito rotundo y más plata, entonces los grandes, Pablo Casas, Ormeño, no podían rebajarse a seguir la moda de un jovenzuelo chiclayano pero los dos nadie sí, entonces que te digo, casi 100 o 150 autores limeños o sureños; Lucho Deem, Eduardo Soto, Emilio Vélez Montero, Pepe Santiago; una gran cantidad de jóvenes o madurones limeños agarran la onda de Abelardo porque se vendía más, entonces empieza a desaparecer la voluntad del creador para dar paso a la ambición del mercachifle, entonces salen unos bodrios infames, primero porque el autor no es norteño, por lo tanto le da un mal trato al sabor, como no conocen la música de Piura, por intentar hacerla más norteña agarran la del vecino Ecuador, entonces sale una especie de pasillo malo porque ni siquiera es un buen pasillo, con letras en busca del aplauso barato al estilo argentino, buscando la parte de la tragedia, la eterna queja, el sonsonete que me dejaste y te dice que me voy a matar y de nada sirve mi vida si no te tengo; entonces toda la cosa tan hermosa que los viejos habían empezado en el año 30 a raíz de Pinglo empieza a irse de cabeza y con el agrado de la disquera porque es más barato vender melcocha que manjarblanco; además los grandes festivales de la canción criolla de Cristal, de Philips, de Pilsen, de Ron Pomalca y de medio mundo por lógica tenían que tender a que las canciones ganadoras no tengan complicaciones; sí soy representante de un consorcio yo le recomiendo al jurado que le estoy pagando más que no vale una canción que sea complicada porque la chusma a la que le vendo mi basura, la que estoy promocionando no va a recordar el producto sino recuerda la canción, entonces la canción puede ser bellísima pero mientras más bella más difícil de recordar, entonces sale una canción del estilo de La Oración del Labriego, el populacho al que le vendo mi basura no la va a cantar, entonces como no la canta no le va a importar el producto que hizo el festival pero se recomienda entre comillas y con guante al jurado que ganen melodías tocófonas, con letra sí es posible chistosas, de lo contrario que no digan nada para que el público recuerde el tema y lo cante a la semana, entonces canta que te digo Víbora o Rosa Té y ha cantado la canción del festival Cristal; es ahí donde yo creo que empieza la debacle de la canción costeña, dónde viene la sospecha de lo que te digo que no tenemos pruebas pero la lógica dialéctica te permite un análisis luego del fenómeno de la primera asociación de autores por el 50 más o menos, empiezan a ser visitados en sus casas los principales compositores, por supuesto que era un trabajo selectivo, primero los más moscas como se dice, Rueda Pinto, Pedro Espinel, Sotomayor; gente que fuera locuaz, aventada y es interesantísimo este tipo de especulación porque calcula tú, por qué tanto afecto , tanta preocupación con un grupo de pobres diablos que no representaban a nadie más que a los calatos que les cantaban; todos eran estudiantes u obreros o artesanos; Rueda Pinto estudiaba medicina, era un calato, Pedro Espinel trabajaba en una imprenta, Pablo Casas era textil, Ormeño siempre vivió de la música, era pianista, De la Cuba trabajaba en lo que después fue el Banco de la Nación; todos, Pepe Santiago el empleadito, Erasmo Díaz estudiaba Derecho en San Marcos, Cobarrubias hacia lápidas para los muertos, Víctor Correa hacía carteles, pintor de brocha gorda, Eduardo Márquez Talledo era carpintero, tocaba guitarra; Laureano Martínez tenía una casa de venta de partituras, escribía música y tocaba el piano, Amparo Baluarte trabajaba en un Ministerio; César Miró era un bohemio que paraba por Hollywood y trabajaba con periodistas o sea ninguno era un potentado. Entonces es curioso como este señor conocido como Guayaba por el color amarillo, es Pedro Morales Blondet, muy conocido en Arequipa, lo botaron como un perro de pueblo, es el famoso Guayaba, los trabajadores lo botaron como un perro porque es un sinvergüenza, porque es un tramposo, un ladrón. Entonces calcula tú, cómo es posible que un sujeto sirviente del imperio Prado trabajaba en La Crónica, Pedro Morales Blondet, se diera el trabajo de ir en su carrito, casa por casa; Pablo Casas vivía en Barranco cerca ya de Chorrillos, Eduardo Márquez Talledo vivía en La Perla del Callao, Pedro Espinel vivía en Cantagallo en el Rímac, Aurora Pinto vivía por El Porvenir y el tipo se iba en su carro llevándolos a La Crónica hasta que nos reunieron, La Crónica era de los Prado y les dijo para hacer APDAYC luego ya no podía jalar a todo el mundo porque era mucha gente; ya eran como 40 o 50 los compositores y le daban a cada uno para su pasaje de ida y vuelta en su tranvía o en su ómnibus y en La Crónica que estaba en Pando por dónde está El Embassy, más abajito, eso se llama las Galerías Boza ahora, ahí se reunían, yo estaba muy joven pero sabía de eso, incluso me invitaron.

Allí le daban un refrigerio, cuatro panes con jamón, su taza de café con leche, más grande que un almuerzo de ahora. entonces analiza tú cómo es posible que los Prado que no tienen ninguna fama de sindicalistas permitiera, Y. auspiciaron que un lacayo, Pedro Morales Blondet, gastara el tiempo de ellos le pagaban para que haga periodismo en buscar al compositor, uno por uno en llevarlos al local de los Prado (La Crónica), en manejar el debate, reunirlos y con sus abogados hacer proyecto de estatutos, previo anteproyecto; luego reuniones, asambleas, pagar dinero de los Prado para los pasajes de estos cholos y negros, pagar dinero de los Prado para los tremendos refrigerios de sándwich de jamón y café con leche para que hicieran un Sindicato para defender sus intereses en contra de los millonarios que eran los Prado. Una cosa está clara, los Prado como buenos explotadores sabían que Lima tenía que ser en algún momento un emporio musical, no estaban seguros cuando, pero sabían que venía la disquera, que venía en la frecuencia modulada en radio ES que venía el cassette, que venía en la televisión, no sabían cuándo pero TODO VENIA DE Estados Unidos que era su verdadera patria. Entonces el 20 de febrero de 1952 o 51 no estoy muy seguro, te averiguo para estos días, se inscribe la APDAYC con estatutos en el registro de

Personas Jurídicas, para esto, otra cosa que me permite especular, siempre dentro de la lógica dialéctica, hasta ese momento no había ningún super star, todos estaban parejos; Márquez Talledo con su Ventanita, Filomeno Ormeño con Vivir para Querer, la Canción del Carnaval que era famosísima, Pedro Espinel con sus polkas tan bonitas, Sotomayor con su vals Corazón, Rueda Pinto con Balcón, Amparo Baluarte con sus valses Secreto, Angustia; así todos, eran unos 20 de primera línea muy conocidos por el pueblo.

Antes que salga APDAYC misteriosamente empieza a grabarse en todo el mundo el vals, cómo le explico a los escépticos es como si yo quisiera poner en Juliaca una asociación de compositores pero quiero manejarla, que sean consecuentes, que sean mis sirvientes; como yo manejo el poder desde el canal 5, el 4, la disquera, la radio y el periodismo por mi poder económico, yo calculo quien me puede ser más útil pues y cuáles de los dirigentes son proclives a ser amarillos, entonces agarró un grupo de arribistas, oportunistas y estudio dentro de ellos cuál es más útil; cuando tengo seguro al sujeto agarró allí en Lima y le grabó su PandILLA; entonces a ese tipo acá lo hago famoso, en Caretas le inventó un romance con Cuchita Salazar ¿no? lo hago que salve un niño del río Rímac, lo promuevo y cuando ya va Puno el tipo gana lejos porque yo lo he hecho conocido sobre sus paisanos.

A Márquez Talledo lo grabaron en Japón, en Holanda, en Canadá, en Estados Unidos, en Francia, pero ninguno como vals sino como fox, como blue, como balada, como tropical, entonces cuando se convoca a elecciones en el 52 acá en Lima se presenta Márquez Talledo y se inhibe todo el mundo, cómo se iba a competir con Márquez Talledo que era famoso a nivel mundial y gana pero lejos, ganó recontra lejos el viejo. Entonces APDAYC lo tiene a Eduardo dos periodos que es lo máximo que permite el estatuto, o sea cuatro años, es reelegido. El 56 Pepe Santiago, un hombre joven, pianista, opta a la presidencia y gana, con él hay un pequeño cambio que se escapó del libreto ¿no?, como Banquero que se salió del libreto, entonces con él fuimos al Parlamento, hicimos bulla, que la canción, que el derecho de autor y cuando lo reeligen en su segundo periodo lo invitaron misteriosamente a México y México que fue el primer país en querer independizarse del yugo imperialista en lo musical, por el año 45 México pegó el primer grito y dijo, por qué tenemos que depender de la sociedad francesa que es un testaferro de los Estados Unidos, por qué no podemos tener nuestra propia agrupación latinoamericana, por qué tenemos al igual que en el fútbol que depender de la FIFA, pero así es el poder del dinero, Cantinflas que era comunista se olvidó de los campesinos, de los peladitos, Jorge Negrete, casi todos los famosos eran comunistas pero hay una forma de acabarlos pues, y lo mismo pasa con Pepe Santiago que en esa época viajaba a México y el gran rebelde intransigente, viaja a México y Estados Unidos y al mes vuelve que era una palomita blanca, que quería cambiar estatutos, quiere independizar al Perú, queríamos que tuviéramos derecho a nuestro huayno, la canción criolla, la música de la selva, una palomita, no, hay que trabajar con más muñeca, más diplomacia, no sé que, no sé cuánto, hicimos una agrupación los que estábamos en contra de eso, la gente más o menos pensante, César Miró, Ormeño, la vieja Chabuca, que en esa época todavía no la habían hecho boom, Amparo Baluarte, Nicomedes Santa Cruz, un grupo fuerte, casi todos con una calidad más o menos musical y literaria y nos pulverizaron, nos demostraron quién era el patrón, de un solo cocacho anularon las elecciones, todo el periodismo, Miró Quesada, no había Expresso, los Prado, La Crónica son enemigos en el robo, en el reparto del botín, pero frente al enemigo común que es el trabajador o el estudiante qué es más peligroso, ahí se juntan; entonces los Prado por un lado, los Miró Quesada por otro y La Tribuna que siempre fue benal, los apristas, decían que querían acabar con la libertad de opinión, sencillamente que para ser compositores aunque no supieran música, tuvieran condiciones para ella, como es en Buenos Aires, si quieres pertenecer a APDAYC, llegas ¿ usted qué hace?, letras, muy bien, pase y le ponen música de Atahualpa, de cualquier tipo, melodía, entonces es que no tienen que ser Borges o Vallejo pero se entiende que no DEBE DEJAR DE DECIR, "te quiero porque tus manos son blancas como la nieve y TUS BESOS son dulces como la miel" porque eso se ha dicho hace años, eso no es un creador, mira cómo cuidan los argentinos sus artistas, entonces acá tendríamos algo parecido que para ser socio de APDAYC tuvieron que pasar por un pequeñísimo control de calidad, que siendo comunicadores sociales no podríamos darle más basura a este pueblo y nos dijeron de todo, resentidos sociales, comunistoides y todos se pasaron al otro lado, nos quedamos solamente Nicomedes y yo; en esa época ya entraba la Maguiña, Lucas Borja de Los Romanceros criollos, un nuevo grupo muy combativo, ahí gana las elecciones Aspillaga. Interesantísimo cómo manejan estos patas la conducta de los pobres artistas, como ya no podían seguir engañándolos con el cuento de la táctica, la estrategia, la calma, como somos unos calatos no nos pueden dar audiencia el Ministro, el Presidente, pero si fuéramos Antenor Aspillaga dueño de grandes consorcios azucareros, así como el señor Prado así COMO LOS grandes millonarios, entonces se consigue. Los babosos de mis compañeros votaron toditos, había dos listas cada una tenía 20 directivos, cómo sería el peso de Aspillaga que Lara que era el competidor que debía haber sacado como mínimo los 20 votos de sus directivos sacó 8, o sea los mismos de su lista votaron por el otro. Entonces ahí se hace SAYCOPE, esto era una pobredumbre.

¿Cuándo abrió APDAYC sus puertas a la música andina?

Nunca la ha abierto, la han abierto a patadas los serranos, la fuerza de serrano es tremenda y QUE hay que estudiarlo en forma ya sociológica ¿no?, o sea estos patas tienen unas raíces tremendas, como dice (Pablo) MACERA nosotros tenemos algo de Chavín, de Vicús, de Paracas, de Tiahuanaco, todos tenemos algo de eso por eso es que el huayno no se derrotaba porque el huayno es pre inca.

Algunos patas dicen que nace en la época del mestizaje español, no, Huamanpoma, un montón de cronistas demuestran cuando llegan que los indios como ellos llaman cultivan aquí varias clases de ritos, el de los musicales cantados, o sea las canciones que podían bailarse, huayño, la jashua, la zamacueca que es una cosa que asombra porque debe ser paroninia porque no creo que sea de los negros, es interesante eso.

Entonces el huayno ha resistido pues a los incas, eran aparentemente paternalistas, pero eran esclavistas, entonces con el pretexto de su cultura, de tener la razón, dominaron medio América del Sur, desde Puno hasta Tucumán y a ningún pueblo por más lindo que sea su conquistador le gusta estar sojuzgado, de ahí que es tan sencilla la invasión española apoyada por los grupos que querían liberarse, entonces a diferencia de ellos la canción criolla es tenue porque no alcanza 100 años y luego no ha sido producto de culturas, ha sido producto de grupos, de una conducta cultural, el criollo informe, el criollo balbuceante es el que hace el vals, es el que hace la polka de otro patrón, de otro modelo tipo, toma la forma danzarina o coreográfica del vals vienés y le agrega ingredientes de lo nuestro porque lo alemán no tiene que ver con lo cholo, en cambio la jota sí porque es de negro mezclado y la mazurca que se aclimató, bueno habría mucho que hablar de eso.

Estamos en lo de la APDAYC ¿no? y cómo se abre paso a patadas la música andina. Por el 58 más o menos. Mucho antes, por el año 40 o 42 Moisés y Alejandro Vivanco, primos hermanos hacen una presentación, Moisés era muy hábil, con Ima Sumac y con un grupo de danzas de Ayacucho, Cuzco en el Municipal y se llenó, en el intermedio la gente que había llenado el teatro no podía largarse pero en el intermedio se fue las tres cuartas partes del teatro porque les parecía una ofensa que el Municipal presentará serranos.

No se extrañe, cuando el gobierno japonés en el año 21 obsequió al gobierno peruano el monumento a Manco Cápac casi lo tumba la pituquería limeña, cómo es posible que pongan un indio, un serrano en La Victoria. Entonces, eso del autor tiene mucho que ver con esto porque donde quiero llegar es a cómo se manipula la conducta del artista creador; primero se les deshace su creación porque se les enseña que preocupándose por innovar la metáfora, por conseguir nuevas formas rítmicas, por alcanzar mayor belleza melódica no va a ganar nada, se auspicia a gente como Los Chapis, se les da pasaje hacia París, triunfaron, es totalmente falso, se buscan un par de sociólogos que sean audaces y amigos de un cheque y dicen que es un movimiento popular, entonces les digo perdón, no podemos confundir popular con populachero, eso es muy diferente, pero existe me dijo, perfecto también existen la tuberculosis y la ignorancia eso no es ningún orgullo, entonces ¿de qué cosa sirve la chicha? ¿de algo? ¿con eso vamos a conquistar alguna cosa?, sí es una involución el hombre se ha hecho para transformarse transformando, Wagner lo repitió a su anterior porque sabía que alguien tenía que mejorarlo también a él y todos los creadores están en base a eso, primero se respetuosos, procurar hacerlo mejor que el maestro, no creer en vacas sagradas sino otro vendría y lo haría por nosotros y el mundo camina, esa es la dialéctica ¿no? entonces ahí está el gran manejo del derecho de autor, la gran trampa. Qué cosa es la APDAYC por ejemplo, es un traga monedas que recauda y recauda pero ¿hace algo por la cultura popular?, SPAC es peor porque ahí está Cavagnaro con Polo Campos, SAYCOPE en medio de su pobreza franciscana intenta hacer algunas cosas, hemos hecho cosas heroicas que ya no se puede repetir porque, bueno, ya han pasado 20 años, seguimos siendo pobres pero más viejos, entonces hay menos fuerza, menos vitalidad y no han salido cuadros jóvenes porque el sistema te auspicia hacia la cuestión modorra, tenemos una juventud fumona, alcoholizados, con excepciones hermosas pero la gran mayoría y con mucha razón dice ¿ para qué diablos estudio? ¿qué cosa ganó con estudiar? si tengo un primo que se ha ido a Estados Unidos y gana US$ 8.00 la hora y eso es cierto o Los Chapis cobran por un baile dos millones de intis y se repleta.

Entonces llegando ya al asunto de SAYCOPE la principal preocupación de esta entidad para cambiar el aspecto cultural de acuerdo a la problemática sin prisa, pero sin pausa.

Nuestro sueño era llegar a ser un Sindicato de trabajadores de la cultura empezando por la parte cantada pero fuimos muy crédulos y lo dijimos muy de frente, hay cosas que no se deben decir sino hacer y en el 62 luego de haber sacado una ley sobre los derechos de autor no podían dar una ley en favor de los calatos; Senadores y Diputados que son o han sido compañeros de banca de los dueños de los consorcios, entonces el primer presidente de SAYCOPE, Juan Gerardo Maldonado, muy hábil, su profesión era detective particular, o sea una fama de chismoso elegante, un vendedor de secretos diría y lo demostró en la práctica en el Senado. Un día fuimos con Jorge Huirse, con él y con Peláez Montero al Senado, nos paramos en los Pasos Perdidos y pasó un señor, nunca menciono el nombre porque debe tener hijos, nietos, escabrosa es la parte esa, lo digo para que tengas una idea, más o menos en el año 60, era presidente, entonces nos vio y con la demagogia de todos los papis de la patria ¿qué desean hijos?, pensó que éramos obreros seguro, señor queríamos hablar con usted, por supuesto para eso me han elegido, bien bacán, entramos a la Presidencia y habían dos tipos, los edecanes, ¿cafecito? bueno; a ver hijos ¿en qué los puedo atender? ¿qué problema hay? para eso estamos nosotros. Dr………. ¿de qué fábrica son? no, nosotros somos de SAYCOPE, ah, carajo, lo siento mucho, no, no, no, nada con desadaptados sociales, algo así pero Maldonado que era recontra vivo le dijo, doctor regálennos usted 5 minutos, no le cuesta nada, si no le parece correcto lo que queremos plantearle que nos boten pues; 5 minutos ah, ya bueno, doctor le dice, primero quería agradecerle su calidad humana, su identidad con los necesitados y nosotros queríamos hacerle llegar un regalito, somos pobres pero teníamos un king kong para hacerlo llegar Aljovín 435 donde su esposa, entonces se dio cuenta que estaba chequeado ¿ y por qué? por qué usted es tan bueno, usted le ha dado trabajo a mi sobrina en tal parte y le ha puesto usted un departamentito en Balconcillo. Entonces tosió el doctor, a ver a ver, llamó a alguien de ahí y dijo díganle a Chapano qué sé yo, que me he sentido mal y que voy a reposar porque voy a tomar una pastilla y tráigame una botella de pisco.

Entonces nos preguntó, usted sabe algo de Armando de la Flor que es el presidente de Diputados, a ver doctor, vamos a ver, Del Valle, Villanueva del Campo, fulano de tal, ahí está Armando de la Flor Valle, a ver, a ver, no doctor este es una dama. Bueno, entonces pidió llamar al Presidente de la Cámara de Diputados y le decía te interesa, por mi madre que te interesa, te vas a arrepentir y en 20 minutos llegó, ¿qué pasa?, le presentó a Maldonado y le dijimos, queríamos agradecerle lo bien que se porta usted con los trabajadores, con los visitantes, entonces un turrón de doña Pepa y unas violetas que sabemos que le gustan a doña Juliana allí en Armendáris 458 llegando para Barranco y el tipo cambió, porque sabemos que bien se porta usted con la cuñada de nuestro hermano Jorge Ruiz, por decir ¿no? le han dado trabajo en la Cámara, le ha puesto un departamentito en San Isidro, se la lleva a Estados Unidos, a Caracas y eso no tiene precio. Entonces empezó a reírse y con lisuras pues. Ahí había Diputados, Senadores, yo no conozco muy bien, no te hagas el……… fulano, a los 15 minutos teníamos unos 30 padres de la patria, 25 por mañosos, adúlteros y 5 que eran maricones de repente con marido y todo.

Hicimos una serenata que nunca se había hecho, eso fue en el 61, hicimos un tabladillo, fueron Los Chamas, Pastorcita, los mejores locutores de la época David Odría, Alfonso Delgado, es decir Jesús Vázquez y llevamos micrófonos, estaba que no se podía caminar, incluso estaban debatiendo los papis de la patria cuando escucharon: a los hermanos Senadores y Diputados, nuestro sueño de tener una canción (yo hice los libretos), una canción libre, una patria libre, ¿qué pasa? esto parece que es una serenata, un mitin ¿qué? y salieron y cruzaron la pista, les alcanzamos un micro y ya tenían preparado su discurso ¿no?. Nosotros elegidos por ustedes no podemos traicionar la esperanza de sus sueños, sus anhelos, que por acá, que por allá, ya estaba listo, el 31 de octubre de 1961 cuando estaba gobernando Manuel Prado Ugarteche; la gente que no sabe que fue Chabuca Granda, mentira, cuando hicimos la jarana, la Chabuca entraba por la puerta falsa usando su poder político con Polo Campos y un grupo de esos amarillos, entraron por la puerta falsa a saludar al Parlamento y a agradecer.

¿Ustedes han hecho la ley?

Así salió, es interesante.

Una ley que ampara los derechos de autor y compositor es buena y tiene algunos parches.

En el aspecto filosófico y capitalista es buena porque no es correcto que una persona utilice tu talento para hacer dinero y no te de la participación que te corresponda pero dónde no ES ESCRITA nada es en la parte social, entonces es tan importante para esta ley tanto un musicólogo que ha estudiado teoría, armonía, contrapunto, dirección, que un tipo que canta en el ómnibus, entonces sin desmerecer al pobre diablo que es un muerto de hambre, lamentablemente la ley por estar dentro del sistema capitalista permite y auspicia eso, no se contempla para ningún lado una forma de control de calidad que es lo que en Argentina si hay y en muchos países.

Increíble el Perú que ha sido el foco cultural, porque lo ha sido, pero hace 400 años en Nazca, Chavín y durante la colonia y el virreinato ha sido capital cultural de América Latina y en la república también. Actualmente es tal vez la canción más humilde, más sin sentido de América Latina, ni siquiera Ecuador que es tan pobre; ellos tienen un gran cuidado a pesar de sus lagrimones que se pegan en el pasillo de San Juanito hay NO ESTÁ, casi todos son sonetos; los bolivianos con sus taquiraris y los argentinos no tienen samba insulsa, qué calidad Cafrune, Mercedes Sosa, Atahualpa, basta con ser digno pero acá es una cosa que parece una pesadilla escuchar tanta porquería por televisión y por radio y los jóvenes cuando escuchan la canción criolla dicen ¿esto es lo que a papá le gusta?, cuando escuchan Víbora o Tronco Seco o dicen y ¿esto es el folklore? cuando escuchan Rompe Catre o la Rosa Blanca y se van a Julio Iglesias o se van a Michael Jackson.

La segunda parte tremenda de esta ley que es malvada es el título 5to. que tiene como título "Limitaciones al derecho de autor", y el artículo 62 habla sobre el dominio público; como nosotros no éramos jurisprudentes ni jurisconsultos no entendimos, la cosa está sencillamente en que se considera de dominio público la obra de autor desconocido, la obra de autor fallecido sin dejar herederos, la obra de autor fallecido que a pesar de dejar herederos haya vencido el plazo post mortu, finalmente la obra cedida por el autor a la beneficencia, son 4 incisos, eso en otros países no existe, porque de qué sirve acá para los ladrones que son las disqueras, acá le ponen a los discos, lo mismo, DR, Derechos Reservados según dicen Derecho de Rateros, porque DR indica que hay 6 surcos de larga duración que no van a ser pagados hasta que no aparezca el autor; el autor tiene que traer certificado de la Biblioteca, partitura y eso le cuesta pues, lo menos I/. 500000 intis, hacer su solicitud, hacer el registro y de dónde sale. La gente decía compruebo que este huayno es mío y tengo que gastar en que el señor x me escriba la partitura con parte del piano y la letra y no sé qué otros requisitos más, entonces era prohibitivo.

En Argentina, por ejemplo, es el caso más cercano que conocemos y el más perfecto, no hay Derechos Reservados, un larga duración paga 10 pesos por cada canción, no hay qué derechos reservados, esto va a la sociedad de compositores y si al año nadie lo reclama va un fondo que es fabuloso que sirve para becar a artistas pobres y no solo en la música, en la plástica, en el cine; Leonardo Favio es cineasta y bien cineasta, tuvo que hacer música para vivir, entonces el título 5to. acá es pésimo.

¿La música andina es casi toda anónima?

La danza, sobre todo, en la canción ya no; la danza toda es anónima, quién hizo el Santiago quién hizo el Huayno quién hizo el Pasacalle quién hizo la Chunguinada.

¿Puede definir la música folklórica o tradicional y la música comercial? Señale algunas diferencias entre los dos tipos de música.

En primer lugar, en sistemas como el nuestro no hay nada que no sea comercial, sistema capitalista, salvo en las aldeas incontaminadas de civilización en nuestra tierra donde todavía se usa el trueque. En lo que se refiere al folklore, le tengo ciertos reparos a las palabreja porque parece obsoleta, ahora eso entre nos ¿no? no sé si se lo digo mucho a mis paisanos de repente me linchan pero en verdad ellos no saben; increíble el hombre que hace folklore no sabe que se llama así lo que él hace; ese pastor que está por las punas no sabe; él hace los chullos, los retablos, hace pincullos; él no sabe que lo que está haciendo es folklore, eso lo propone William Thompson en el 46 pero lo interesante es que no se ha replanteado, en la etapa histórica lo que este pata propone y lamentablemente lo repite Arguedas y medio mundo, que el folklore es la sabiduría tradicional de la gente popular en las naciones civilizadas entonces veamos en esa época cuáles eran naciones civilizadas; Estados Unidos estaba incipiente serían España, Inglaterra, Alemania, Francia, entonces para el concepto racista y antipopular de los británicos al cual pertenece William Thompson, Nueva Guinea no era civilizada, entonces no tenía folklore, tampoco lo era Nueva Zelandia, Australia, una barbaridad pues. Entonces, segundo, folklore no solo es la música, es el atuendo, la comida, las costumbres, la religión, todo lo que sea exclusivamente creación colectiva, el folklore no puede ser compuesto exclusivamente por una persona, de allí que su transformación que es inevitable porque es dialéctica, no puede ser hecha por una persona.

Así como hemos cambiado la palabreja mitin que ha sido vigente durante muchos años, ahora la gente dice acto de masas; yo prefiero hablar de cultura popular, eso es más correcto. A quién le interesa esto es a la clase dominante, no hace falta ser comunista para intentar este tipo de análisis porque le guste o no le guste a las personas hay un encuentro de clases, tú puedes llamarle lo que te dé la gana, entonces el folklore se expresa cuando está utilizado por dominadores a la inmovilización, te inmoviliza la famosa autenticidad; el folklore como todo hecho es dinámico no es estático, pero no se transforma por gusto es todo un pueblo el que participa y no es de un día para otro; es hermoso ver en Puno como a un montón de zamarros le metían Superman, el Batman, desde hace más de 30 años que veo, payasadas que daban cólera, pero la capacidad tremenda del folklor ha soportado toda esta basurita que se va cayendo y siguen los danzantes, sigue; ahora ya no son solo los de hace 50 años ya tienen otros pasos diferentes pero lo importante es que se transforman conservando la unidad, el núcleo se mantiene y es el que irradia. Carlos Valderrama el músico, era un músico brillante pero muy, muy peruanista, Roberto Ojeda, tu papá ha sido buen amigo mío, el Toto me lo presentó, pero yo lo veía y no me atrevía a acercarme hace 20 años, al Siqueiros del Perú, él me veía y me decía ¿Acosta no? qué gusto de verlo y da un orgullo y me invitó varias veces para conversar porque conocía mucho de literatura, clarísimo era, me dijo que tenía algunas ideas porque había leído algo de mí en Caretas.

César Atahualpa Rodríguez, tu paisano, no le concedía a nadie una entrevista, Rosendo Arce no le concedía a nadie una entrevista hasta que se hizo viejo le dijo a su hijo, yo quisiera que me entreviste ese chico Acosta pero sin grabadora y sin fotógrafo, era un hombre de 92 años y vivía en 28 de julio por La Victoria.

¿Se efectúa el cobro de los derechos de autor en las grabaciones de discos y cassettes de la música andina y en la mayor parte es anónima?

Ahí está el gran robo, el increíble robo. cuando estuve por primera vez en el Cuzco, ya joven, porque estuve de niño, mi padre me llevó, estuve en el 34-35, me acuerdo de la segunda vez cuando voy de la película Jaragui; que parecía jarabe porque salió muy mala, con el mismo equipo que hizo Cuculi ¿no?

¿Con mi hermano?

Claro, con el Toto, una vez nos trompeamos ahí en Chincheros; nos dimos como 20 vueltas pero no nos golpeábamos, el Toto es más grande que yo, tun me dio, ¿y si te pego? pun un cabezazo pero no nos metimos ni un arañazo pero todo el mundo filmando; era un poquito fanfarrón el Toto, no lo veo hace años pero todo sabía así que habían momentos que ya te molestaba.

¿Dónde está el robo?, cuando graban Los Campesinos o los Hermanos Zevallos o los Tucos de Cajamarca hay un montón de temas que ellos no recuerdan de quiénes son, pero como son honestos, son incapaces, que deberían hacerlo, de recopilación o arreglo o finalmente de mi papá pues porque peor es que se los choree la disquera. Cuando estuve en el Cuzco propuse al grupo más organizado que conocí, que era Centro Cusco Alternativo, que tenía como presidente a Lizardo Pérez Aranibar que le decían Quiscucha un anteproyecto mediante el cual por ejemplo Valicha que en ese entonces no se conocía de quién era, yo después me entere enteré que era de Miguel Ángel Hurtado Delgado que trabajó con Arguedas acá en Educación en el 50, o por ejemplo el Carnaval de Tinta o el Canchis o los Carnavales de Arequipa o las Pandillas, las Diabladas, los Santiagos, los Pasacalles, las Chunguinadas, las Tunguinadas, los Huaynos, los Negritos de Huánuco, que todo ese dinero no se quede en las disqueras, que se pague al pueblo, a su Municipalidad o a su universidad, no había Casa de la Cultura, ah no, si había acá en Lima en época de Pérez Godoy, Belaúnde ya. Los gobiernos siempre están en complicidad porque no es la disquera; la disquera es Sono Radio pero el que manda es Delgado Parker, como ahora ¿dónde va a comprar un cuaderno, donde va a comprar un lápiz, dónde va a comprar libros? y sale después El

Perú va a cambiar de rumbo, LIBERTAD. Yo no defiendo al APRA sino que a través del APRA atacan al pueblo y la música andina es saqueada pero tal vez es bueno porque si el fenómeno qué sucedió con la canción costeña y su danza es para lo andino se hubiera hecho el mismo daño que nos ha hecho a nosotros; esta trampa, esta mafia contra la música andina endurece más a los verdaderos serranos y salen pues canciones de película como Manuelcha Prado, Melgar y un montón de patas que yo conozco pero sucede lo inverso al criollo, que se amaricona porque se sensualiza por la cantidad de ingresos que tiene en la peña, de algún tipo de televisión y del periodismo, o sea es el bufón del pituco que le va menear el poto, a bailar ¿no?, en cambio el serrano se va poniendo cada día más duro por la misma represión.

¿Cuáles son las asociaciones autorales aparte de SAYCOPE?

APDAYC que es la primera y luego viene la SPAC que la funda Mario Cavagnaro y es muy interesante su origen porque Cavagnaro, Chabuca Granda, Polo Campos están en esa asociación que siempre fue insolidaria, divisionista, entonces es muy interesante cómo y por qué el hombre que tanto luchó contra la división de las entidades en lugar de hacer una hace la tercera, es bien claro.

SAYCOPE nunca fue enemiga de APDAYC, fue enemiga de su cúpula manipuladora, cuando esta cúpula que era una especie de dinastía en el año 52 pierde en el 74 en época de Morales Bermúdez o Velasco, por primera vez pierde; gana Pedro Pacheco, gana las elecciones de APDAYC, le gana a Cavagnaro, inmediatamente Cavagnaro hace la SPAC ¿por qué? porque veía que Pacheco podía hacer la unificación con SAYCOPE y a quién hacía daño una sola entidad, a los compositores no, a los gamonales de la música; entonces había que seguir dividiendo esto.

¿Qué tipo de relaciones existe entre APDAYC, SAYCOPE y SPAC?

Nosotros tenemos relaciones casi fraternas con APDAYC porque lo que nos divide es la SPAC; ahora con SPAC tenemos cero relaciones es el enemigo principal, pero APDAYC no creemos que tenga futuro porque ha cambiado mucho, entonces no entiendes su rol histórico y se ha dedicado a cobrar y de vez en cuando hace una jaranita, un diploma. Un artista que no denuncia no es creador, tiene que ser malcriado, tiene que ser conflictivo sino no es artista. Tenemos algunas esperanzas ahora, sobre todo en gente de la Sierra que es la que más nos interesa.

¿Desde cuándo ha abierto la puerta a los cantantes de música andina?

Siempre ha estado abierta, desde el año 60 que se funda SAYCOPE estaba Pastorita Huaracina, Jilguero del Huascarán, más de la mitad eran serranos, sino que en el año 62 cuando las clases dominantes miran que SAYCOPE se podía constituir en una entidad como LA ANDA de México que es poderosísima, compran al presidente Maldonado y Maldonado, esconde los libros, no hace asambleas y nosotros muy jóvenes, caemos en el juego porque lo que se podía hacer allí es una reunión con cualquier radio porque en primer lugar nosotros no teníamos local, nombrar otra Junta Directiva y seguir para adelante y meterlos presos, que sé yo, enjuiciarlos pero manipulados por los mismos que lo habían comprado nos pasamos a la APDAYC con la estúpida esperanza de cambiarla desde dentro como cuando estuve en la CTP, cambiarla desde dentro y casi me muero porque eso no lo cambia nadie. Lo que está sucediendo es que al agudizarse las contradicciones y el fenómeno histórico que se va dando ven que todo lo que decía el comunista Acosta, el borracho Acosta se va cumpliendo, entonces la gente que antes se daba la espalda, ni me saludaba, te hablo del 65 cuando me expulsaron de APDAYC, ya no soy el cuco, me pasan la voz, me saludan, me traen acá tarjetas de Navidad, vienen acá porque saben que APDAYC no hace nada por ellos en cambio SAYCOPE sí, acá viene el Chato Grados, venía el Jilguero del Huascarán, El Picaflor, Flor de Oroya, toditos.

Muchas gracias.

Entrevista de Lucy Núñez Rebaza

Entrevista a Juan de La Cruz Fierro

17 de enero de 1989

¿Cómo se llama usted?

Yo me llamo Juan de la Cruz Fierro. Dirección: Urbanización Huáscar, Mz. Y, Lote 4 - Distrito El Agustino.

Estudiaba educación secundaria y me dedicaba también al folklore como intérprete.

¿Dónde has nacido?

Yo he nacido en el pueblo Pachacútec, provincia de Jauja, departamento de Junín. Estudié primaria en el pueblo donde nací, secundaria en el colegio San José de Jauja hasta segundo año de media y tercer, cuarto y quinto lo hice en el Colegio Nacional Alfonso Ugarte de Lima, terminé mi educación a los 35 años de edad por motivos de que no tenía ayuda antes y como yo quedé huérfano muy joven solo me hice, así llegué a estudiar, ingresé al Ministerio de Educación a trabajar, directamente ingresé como auxiliar de folklore.

Bueno, yo nací el 18 de julio de 1910, hasta la fecha tengo 79 años, estoy tranquilo de salud, un poquito nomas el oído, me falla la audición, después estoy bien de salud.

¿Cuándo has entrado a trabajar como auxiliar de folklore?

Y entre como auxiliar de folklore en el año 1945. Con don Francisco Izquierdo Ríos, entonces se creó la Sección Folklore, cuando era aún Director Cultural el Dr. José Jiménez Borja, ahí empecé a trabajar.

¿En la Casa de Cultura?

No, se llamaba Dirección de Extensión Cultural, del Ministerio de Educación.

En el año 47-48 empecé a trabajar como auxiliar, preparación, manejo de la grabadora que se había comprado para la Sección. Entonces de ahí vino la Revolución de Odría 48, entonces vino el Dr. Benvenuto Morriete como Director de la Dirección de Cultura y cuando estaba trabajando hubo una orden superior para que se retiraran todos los libros apristas y comunistas de las Bibliotecas Populares del país mediante una Resolución Suprema pero esta Resolución Suprema debía ser repartida en secreto, debía ser conocida cuando ya estaba en poder de los Prefectos de todo el país, pero eso no se hizo porque Francisco Izquierdo Ríos y José María Arguedas eran de otra política, entonces ellos sacaron una hoja y salió publicada al tercer día en una revista

Estudio, entonces de ahí se retira Francisco Izquierdo Ríos y vino José María Arguedas, entonces con él empecé a trabajar yo, entonces yo ya había aprendido a manejar la máquina grabadora, el trabajo completo para grabar, como yo era músico también ensayaba huayno, tocaba violín, conocí todas las distancias, el sonido, la melodía, todo el conjunto de esta armonía pues, la música, así empezamos a grabar.

¿Diferentes intérpretes?

De todo el país. Entonces habían sacado una muestra de 220 por ahí, muestra de música folklórica y los conjuntos musicales venían gratis, no se pagaba nada, por entusiasmo, por escucharse por primera vez interpretando su música, encantados venían. Pero poco a poco por gusto pidieron ya alguna cosa, cerveza, para obsequiarles por la labor que se estaba haciendo, entonces yo con José María Arguedas pensamos por qué no podemos consultar a una casa grabadora de música para que graben esa música. Bueno, llegamos a terminar en la casa Odeón, fuimos llevando 12 muestras, cuatro del Cuzco y cuatro de Naullapoma y cuatro del norte de Casavilca Palacios, con lo cual fuimos ahí.

¿En qué fecha?

En 1949. Eso era en el mes de Abril, entonces de ahí la Gerencia de la casa Odeón, la primera vez que nos encontramos nos ha recibido bien pero siempre con observación negativa, nos planteó que siempre la compañía podía perder dinero.

¿En dónde?

En la casa Odeón, en Lima, el gerente de la Casa Odeón pues. Únicamente grababa la casa Odeón, pero criollo muy poco también. Entonces, les dijimos que la música estaba grabada finamente y nos dijo que volviéramos al otro día para hablar con los demás componentes de la Gerencia. La segunda vez regresamos y ahí también nos dijo que esperáramos un poco más. La tercera vez que fuimos también nos recibieron y nos dijeron adelante, tantos discos entregas, tantos discos hay. En ese entonces la casa Odeón no reproducía en el Perú y demoraba tres meses en regresar, así llegó regrabada para vender, entonces la Casa Odeón agotaba la venta en un mes no más.

Entonces, se interesó la casa Odeón para mandar más matrices, así lo hacíamos pero ya inmediatamente pedíamos el 20%, o sea para darle a los intérpretes, así estábamos dándoles y por lo tanto se llegó a la conclusión que no podíamos nosotros hacer negocio, estaba prohibido, entonces mandamos un oficio a la Casa a fin que se ponga en contacto con los directores de cada grupo musical para determinar el precio cómo iba a ser y lo dejamos ya a su disposición porque no podíamos estar nosotros de comercio, pagando, sacando todo. Así se dejó entonces, así empezó; disquera por aquí, disquera por allá, una avalancha de música, después ya había disqueras, casas comerciales.

¿Antes se grababa la música andina o no?

Antes que nosotros empezáramos a grabar la música andina, esa música era interpretada por los músicos que estudiaban teoría y era hecha a un ritmo acelerado, no era propio de la música, por eso es que no podían grabar huaynos, muy difícil. Así se grababa anteriormente.

¿Cuándo han llegado las grabadoras al Perú?

En Octubre de 1966 llegó una máquina grande con su transformador y después obsequió la Embajada Norteamericana discos y otros comprábamos de 43 pulgadas, chiquitos comprábamos, de acetato no más.

¿Dónde se encuentran, en la Escuela de Folklore, en el Departamento de Evaluación a cargo de Jaime Guardia?

Bueno, cuando yo vine para irme como asesor de danza con Victoria Santa Cruz, reclamé a Jaime Guardia y al mismo tiempo a Miriam Merino, quiénes eran muy amigos con Espinar, José María, todos ellos formaban un grupo. Yo reclamé todas esas cosas, ¿dónde están? Yo dije 34 folders en la Sección Folklore, de danza, de música, hasta instrumentos musicales, no había nada, 8 no más. Discos había unos cuántos, no encontré la cantidad que había. Todo se ha perdido, todo se lo han llevado.

¿Usted recuerda algunos nombres de los artistas que han participado en la primera grabación de Odeón?

Sí, el primer disco que salió grabado al comercio fue del conjunto La Lira Jaujina de Jauja, dirigido por Tiburcio Millapoma y el de la señora solista - cantante Cuscullacta y por el Norte era por Ancash Jacinto Palacios, guitarrista, de ellos mandamos cuatro discos, había muchos y escogimos a ellos, es muy diferente. Después hubo varios conjuntos, todos los conjuntos que han ido formándose han ido a grabar a Odeón.

¿Cómo empezó esta industria en el Perú, con los discos 78 o 45 o larga duración?

Bueno, había discos de 45, es decir ahora más pequeños, siempre dos minutos y medio, tiempo standard, grabado en acetato y había discos chicos en donde se grababan 3 motivos, y los discos grandes que eran Long Play, ahí entraban 6 en un lado, 6 en otro. Después había otro disco más grande.

¿La música original ha sido recortada por la grabación de los discos?

Tomábamos como muestra el criollo, la guaracha y probábamos nosotros tocar en el mismo tiempo, entonces cabía pues, era para que bailen el huayno con tranquilidad, si es más largo se cansan, muy largo se hace. Ese era el modelo para grabar, ese tiempo, hasta 3 minutos duraba; era suficiente para que baile la gente con un descanso. Tomábamos los discos extranjeros, criollos para grabar los huaynos en el mismo tiempo, ese mismo tiempo han tomado las empresas, las disqueras, han seguido el mismo tiempo y ha quedado bien pues.

¿Qué papel tenía José María Arguedas cuando ha empezado la industria de los discos?

Bueno, el papel que él desempeñaba era llevará la grabadora, ver que empezará la regrabación para darle al comercio, no podíamos entrar en el negocio, nada. Al comienzo cobrábamos 20% para dar a los que habían grabado, pero eso no continuó así, por eso pedimos el contrato directamente con los conjuntos. La disquera no tomaba a cualquiera, tenía que tener su pase para que grabe.

¿Carnet?

Carnet tenían.

¿Cuándo comenzó con eso el Departamento de Evaluación de los Intérpretes?

Apenas se creó la Sección Folklore, porque eso también es otra cosa, cuando se creó la Sección Folklore con Izquierdo Ríos, empezó a controlar porque en ese tiempo había por ejemplo la compañía Ollantay que dirigía Vivanco, ellos interpretaban una serie de cosas que no se ajustaban a la verdad. Entonces, se creó la Sección de Folklore, se llamó mediante Resolución a que se inscriban y se evalúe, así se cortó todas esas cosas. Entonces, cada conjunto de donde procedía interpretaba su danza, no más, no podía entrar ninguna otra danza. Entonces, cuando ya intervino el Control de Intérpretes por la Sección Folklore, entonces, se compuso todo eso, entró en orden; en cada zona se tenía que presentar tal como era; así se cortó todo eso.

¿Esto era solamente para las empresas de discos o también para los diferentes teatros, Coliseos, etc. que solicitaban a la Sección Folklore del Ministerio de Educación del Departamento de Calificación de los Intérpretes?

Cuando se creó la Sección empezamos a controlar y calificar, de dónde eran. Se hacía una relación de los intérpretes calificados, entonces se mandaba a los Municipios la relación de evaluados a fin de que pudiera dárseles pase para que actúen en el teatro o en cualquier sitio. Lo mismo era cuando salían a Provincia, llevaban una constancia de haber sido calificados, se entregó carnet individual y personal para cada intérprete. Ya poco a poco se ha perdido el control, ahora ya no se califica nada, pero antes se controlaba, así se formó la interpretación propia de la música, danza.

¿Usted me puede informar cómo se distribuían o vendían los discos antes de esa fecha y después?

Antes que entráramos en la grabación de música folklórica existía alguna música grabada, pero en un ritmo muy diferente, muy marcada, no era moderada.

Ahora es muy difícil acomodar el folklore a un compás determinado, pero cuando se inició la grabación y se llevó a la casa Odeón para salir al comercio, entonces la música cambió con su propiedad misma. Después las disqueras empezaron a grabar sin control porque los intérpretes iban a una disquera y ellos los tomaban no más, pero lo hacían bien porque no fallaban.

¿Los consumidores de estos discos eran migrantes?

Bueno, los que compraban los discos eran casi todos los Provincianos, barrios populares, porque todos los que viven en Lima no son solamente limeños; por ejemplo, la plana de Arequipa en yaraví. había los hermanos Chaquima que grababan también bastante y así por el estilo están también el Cusco, Ancash, todos, esos, rápido vendían.

Recuerdo que se presentaban conjuntos formados por música arreglada, música incaica, una serie de cosas, pero cuando la Sección empezó a controlar se interpretó la música con propiedad de origen.

¿Mucho antes?

Solo había teatros, no había Coliseos para recibir intérpretes. Muy pocas veces se organizaba en teatros. Los Coliseos aparecen en el 46. Estaba el Coliseo Lima,

Coliseo Inca, Coliseo Bolívar, después, más tarde viene ya el Coliseo Nacional. Pampa de Amancaes ya viene desde mucho antes. Pampa de Amancaes hacía su fiesta de Amancaes, venían de otros lugares, de Huancayo, de Tarma; porque había ya ferrocarril, de otros sitios no había carretera. Empezaban la danza de los negritos, pelea de gallos y ahí completaban con alguna danza de Ayacucho, o de los que hubieran venido a Lima pues.

¿El día del indio?

Sí, el 24 de junio.

¿Recuerdas cuando empezó a funcionar?

En el año 1927.

En el antiguo Perú el 24 de Junio es la fiesta del LUCE LUCE que era para matar los bichos que hacían daño a los auquénidos; en esa época, la noche del 24 de Junio se mataba a los pastos viejos, por eso levantaron una capilla de Amancaes, la flor de Amancaes es tipo amapola, amarilla, había bastante, en una fiesta muy concurrida, muy bonita. Las presentaciones públicas de los intérpretes eran en los Coliseos.

Ahí reclamaban, señor cuando se va a oír, a regrabar para que se oiga en mi pueblo, esa era la preocupación de nosotros, ir a la casa a grabar.

¿Cómo se portaban las disqueras con los intérpretes que iban a grabar?

Al comienzo las disqueras cumplían exactamente las recomendaciones que hacía la Sección Folklore, pero poco a poco aumentaron más disqueras y también los intérpretes que por dinero iban a cantar, entonces comenzó el juego de la apropiación ilícita, entonces ya se quedaban con el íntegro del dinero y no les daban nada a los intérpretes, así fue el desorden.

¿Las disqueras?

Se ponían de acuerdo con el director y arreglaban así; al autor no lo tomaban en cuenta.

¿Es anónimo?

Sí, anónimo; hay una institución que controla porque no les pagan.

¿Qué es para ti la música tradicional o comercial?

Bueno, la música tradicional que se interpreta en su propio lugar, de su inspiración o interpretación, sin alteración alguna, ya comercialmente se disciplina la música, en cambio en su propio lugar el intérprete es poeta, mezcla su música con la naturaleza, habla con sus eucaliptos, cerros, todo eso se relaciona, declara su sentimiento para apoyarse, para ampararse en su realidad.

Por ejemplo, hay un verso muy antiguo que dice: la palidez de aquel cerro ventilado por el viento, los sentimientos del corazón ningún viento los ventila; relaciona la naturaleza con el hecho del hombre, y así por el estilo todas las canciones que son del pueblo mismo toman la naturaleza para apoyarse anónimamente, es en el momento, por eso digo espontáneo, porque crea en el momento la letra y hasta la melodía, por eso dije anónimo, pero se mantiene de alguna manera hasta la fecha. Por ejemplo, cuando una música en el Centro aparece, después de 20 años están en el Norte o en el Sur.

¿La música comercial?

Se agota, cuenta la popularidad, cansa escucharla, pierde su valor, cómo se dice estoy cansado de esta música, está de moda estoy cansado de esta música, ya no puedes repetirla, existe la letra insultante. A mi parecer Picaflor ha interpretado las letras tal como son en la zona andina.

¿Cuáles eran las empresas de discos más grandes de aquel entonces?

Empezó Odeón, Virrey, son las que han explotado bastante, después pequeñas empresas.

¿Cuándo empiezan a aparecer las empresas pequeñas registradas o clandestinas?

1963.

¿Cómo las puedes describir?

Compraban matrices y las grababan y alquilaban una sala de grabación y sacaban en cantidades. Hay músicos que han hecho eso, solo matriz compraban.

¿Cuál es el papel que cumplen las disqueras en el cobro de los Derechos Reservados o piezas anónimas?

Bueno, había dos posiciones, cuando al comienzo, cuando nosotros abandonamos la regrabación, a partir de ahí. Había intérpretes un poco más honrados y decían no soy el autor, entonces inmediatamente quedaba como anónimo pero posteriormente todos los intérpretes vieron cómo se apropiaban las disqueras de ese derecho anónimo, entonces aparecían diciendo yo soy el autor y se les pagaba los derechos porque ya sabían que cuando decían anónimo no les pagaban.

¿Los intérpretes de la música folklórica se declaran como autores de las piezas?

Sí, ahora nadie la declara anónima. Los Coliseos cuando veían que eran buenos querían que repitan 2 o 3 veces las piezas, pero cuando los intérpretes querían que les paguen más los empresarios no aceptaban.

¿Qué piensa usted de la música folklórica?

Para mí es la representación personal en el mundo artístico porque es en sí la expresión de una realidad muy diferente a la de otros países. El folklore peruano representa la personalidad. El relieve geográfico del país también significa la expresión artística. En distintas zonas la expresión es diferente, otra melodía, otro ritmo; por ejemplo, la palabra quechua significa "joven" en Puno, Ayacucho.

Entonces, como el joven es romántico en su época adolescente, creador de poesía, creador de música. Entonces, cuando un familiar dice tu huaylash está cantando se refiere al joven, al enamorado, más conocido después con el nombre de huayno.

El huayno peruano se diversifica por su naturaleza de melodía y ritmo en otros nombres, por ejemplo el Chimaichi, es un ritmo lento muy sereno, que se baila cuando el dueño de la fiesta o el mayordomo es premiado por alguna ocasión, después viene la CACHUASI un ritmo ligero, zapateo, después el huayno mismo, variedad; después tenemos yaraví que viene de Jacau, que es por ejemplo grito, después tenemos el JALJAPACUL que es música propia para despedida de las fiestas, un ritmo poco alegre, todo eso se conoce por huayno peruano.

La música peruana es de gran importancia porque así los turistas pueden conocer varias zonas y manifestaciones culturales. El Perú no es como otros países que tienen una sola línea de interpretación artística, si no acá hay varias; hay muchas zonas importantes y cada una tiene su origen. Ellos recuerdan su tradición y cómo fue creada.

Ahora, por ejemplo, vamos a hablar del RAYNIHUANAI, de Huánuco y Ancash, la fiesta de la anunciedad. Para ellos es novedad, los europeos se han acomodado para interpretar esta música. El turista cuando viene al Perú no sabe a dónde ir por eso van al Cuzco no más, pero hasta en la Selva tenemos cosas muy bonitas. La creación del hombre es muy diversa, desde lo primitivo hasta la actualidad eso lo dice la historia y la música peruana es la historia misma, cómo aparecen los instrumentos pre-colombinos hasta la fecha y hay variación en las notas. Esto se afirma en él huayno. por eso los turistas cuando vienen acá no saben a dónde ir, solo se van al Cuzco, pero no a la Selva ni a la Costa, tenemos una riqueza que no sabemos dirigir, orientar a los turistas. Hay danzas que señalan el proceso histórico.

¿Cuáles son los tipos de consumidores de la música folklórica o huayno?

Bueno, puede decirse que todas las capas sociales hasta las más cultas tienen cariño, estimación a la música folclórica, les gusta como peruanos. La última capa de los migrantes serranos de barrios populares no son solo consumidores sino también creadores. Están acostumbrados a un sistema distinto de trabajo, en la Sierra cada uno trabaja individual, con su propia tierra y acá es distinto se encuentran con el criollo vivo que traiciona, engaña y se tiran su plata. Acá en Lima cantan, bailan como si estuvieran en su propia tierra.

Hasta el 1930 en todas las capitales de departamento de provincia de la zona andina siempre estaba acentuada la idea estadista por eso aparece el mestizo, el indio en la zona de Ancash, también están los huiracochas y los indios y no hay relación con la gente de ahí, por eso el atraso, la gente del campo sigue en lo mismo, luchando con su trabajo, contentos con lo que ganan más o menos pero no hay iniciativa.

Por eso Jauja no ha progresado como Huancayo, porque los jaujinos son españistas hasta el año 1930, ellos eran descendientes de los fundadores, para ellos los demás eran indios.

La falta de comunicación ha determinado el atraso.

Muchas gracias por la información.

CONTINUACIÓN ENTREVISTA A JUAN DE LA CRUZ

16 de febrero de 1989

¿Usted recuerda cuál ha sido la primera grabación del Conjunto la Lira Jaujina?

La Lira jaujina nace en el Centro, en el departamento de Junín, Jauja donde se presenta la orquesta compuesta por un saxo, clarinete y violín, hasta el año 1925 solo se tocaba con acompañante de un clarinete, dos clarinetes se usaron hasta el año 32. En 32 ingresó el saxo, el 24 de Junio en Pacarina, pacarina en quechua significa tumba, allí empieza el saxo ingresar al conjunto hasta la fecha, poco a poco van creándose orquestas en toda la zona de Jauja y después en Huancayo. Hasta el año 1930 no había orquesta ni en Huancayo ni en Tarma, solamente el valle era la cuna de la música, de ahí salían hasta Huancavelica y por Tarma hasta Cerro de Pasco, iban en grupos todos, tanto banda, tanto orquesta. Así funcionó, actuando, animando fiestas la orquesta, hasta el año 1950 que viene por primera vez el conjunto de Acoria trayendo banda, orquesta para actuar en el Coliseo Bolívar y Teatro Segura. el 51 viene otro conjunto también trayendo banda y orquesta y por último en el año 66 viene el Carnaval de Cajamarca y se presenta en la Feria del Pacífico y gana el primer premio. De ahí adquiere el nombre de Carnaval Marqueño y en la actualidad la orquesta compuesta de clarinete, saxo, violín, la banda que lleva muchos instrumentos, hay representantes, por ejempl,o la banda filarmónica de Jauja, hay otras bandas, la Lira Jaujina viene en el año 1948 en una ocasión de matrimonio que se realizaba acá en Lima, ellos vienen en grupo por primera vez, antes habían venido a visitar familiares pero esa vez fueron en conjunto a animar un matrimonio. Llegamos a ver con José María que la orquesta de Jauja estaba en un hotel en la avenida Grau, entonces fuimos a visitarlos, un conjunto compuesto por Mario Poma violín, después un tal Pérez otro violín, después habían los hermanos Palacios para clarinete, después un tal Alpa y luego Rosas y Gumercindo Torres, los encontramos ahí y los hicimos tocar en la noche en el hotel, entonces ya teníamos el equipo de grabación que yo había manejado y José María se encargaba en otro salón de llevar los micros con cables y colocarlos a distancia de cada músico para que en el fono salga una cosa armoniosa el huayno. Así llegamos a grabar, le preguntamos a Mario Poma ¿cómo se llama el conjunto? no tiene nombre, por mi nombre no más se conoce, conjunto de Mario Poma y ¿nunca han puesto nombre artístico?, no, y así nació el nombre de Lira Jaujina partir del año 48 funciona esta orquesta.

¿Qué han grabado?

Grabamos cuatro huaynos: Caminito a Huancayo, Bajo el Monte, después otros más, no recuerdo, cuatro discos, pero todo se ha ido a Chile, solamente cuatro nomas salieron al comercio. Así igualmente en el Norte era el representante don Jacinto Palacios, guitarrista y cantante; también grabó después del Cuzco Cuscullacta, no sé, Peralta se llama, también mandaron discos, total mandaron 8 discos, regrabados para el comercio.

¿Los discos de Lira Jaujina han sido vendidos?

Como te digo desaparecieron en un mes. Seguimos nosotros grabando para mandar a Odeón, pero como ya llegaban conjuntos, orquestas de guitarra, todo, queriendo grabar, entonces yo no entraba en comercio entonces no aceptamos esa forma y se mandó un oficio a la Gerencia de Odeón para que ellos directamente traten con los intérpretes y nosotros nos desligamos de ese compromiso. A partir de esa fecha comenzaron a grabar en cantidad y luego aparecieron otras empresas grabadoras, pero ahora ya han bajado.

¿Por qué?

Ahora no hay actividad, los huaynos son casi lo mismo, muy poco intérprete de calidad, solo repiten lo que hay grabado; no hay creadores, no hay quien recoja lo que saben en el campo. Nosotros en ese tiempo grabamos en acetato, pero no era durable, en 20 tocadas ya estaban rayados, un acetato frágil, pero ya al grabar comercialmente era en disco duro y así continuaron grabando y poco a poco apareció el cassette y así todos graban en cassette, cantidad y ahora cuesta 50,000 soles cada uno o más, no sé, ya no hay discos, solo hay cassettes, cualquiera tiene su grabadora y ahora hay muy poca grabación. Ahora solo graban huaynos bien cantados; antes grababan todo tipo. Eso es lo que se produce ahora. Ahora tampoco hay apoyo económico a los intérpretes, peor ahora que han subido las cosas, ahora ya no se puede hacer parrilladas, nada, cobran caro, la gente no va.

¿Qué funciones tenía José María Arguedas en ese momento?

Entró de Presidente Bustamante y Rivero y trajo como Ministro a Luis Valcárcel. Luis Valcárcel era amigo de todo el grupo que formaba la izquierda comunista, entre ellos estaba Izquierdo Ríos, José María Arguedas, César Muelle, Matos, había un buen número, como 20 así, Pineda, todos. Nombró a Francisco Izquierdo Ríos de Chachapoyas, escritor de pequeñas novelas, con él empezó a trabajar, él fue como Jefe de Sección y yo como Auxiliar en el 46.

A fines del 47 se produce que viene la Revolución de Odría, toma el poder y nombra Ministro de Educación a Mendoza, él inmediatamente saca una Resolución en donde dice que deben ser sacados de las Bibliotecas Escolares y Municipales todos los libros apristas y comunistas. Esta Resolución tenía que transcribirse en mimeógrafo en la Oficina de Cultura y eso debía llegar a los Prefectos de todo el país y no se cumplió. Entonces Francisco Izquierdo y José María Arguedas habían sacado una copia y la llevaron a la revista Estudio y ahí salió la Resolución publicada. Entonces, ¿qué pasó?, toditos a investigación, toda la Oficina de la División de Cultura a declarar como había sido y Mendoza dispuso que salga Izquierdo Ríos y en reemplazo viene José María Arguedas. en la época de Valcárcel él estaba nombrado como Inspector de Folklore del país y ahí aprovechó para quedarse en reemplazo de Izquierdo Ríos y para eso teníamos el equipo de grabación. Ya con Izquierdo Ríos habíamos grabado una cantidad de huaynos, de discos, entonces él vino y continuamos grabando pues. Entonces con José María Arguedas como Jefe de Sección y yo siempre como auxiliar empezamos a redactar el cuestionario N° 1 (Canciones), 2do. cuestionario (Cuentos y Leyendas) y 3er. cuestionario (Fiestas Populares), no llegamos. Del 2do. y 1er. cuestionario llegamos a 120,000 páginas.

¿José María Arguedas ha proyectado una investigación a nivel nacional mediante los colegios?

Ha comenzado, confeccionamos y rectificamos el cuestionario N° 1 y enviamos a los Inspectores de todas las Provincias del Perú, llevando 30, 40, 50 de cada uno para que repartan a los folkloristas de cada centro educativo que hay en Provincias y ellos dieron respuesta a las preguntas que se hacían. Primer número era de Canciones en castellano y quechua, después el segundo número era de Cuentos y Leyendas, el tercer número era de Fiestas Populares de todo el país. Con José María Arguedas trabajamos hasta el segundo nomas, ya cuando él se fue yo quedé encargado de la Sección y después vino de encargado Espejo Núñez de Jauja.

¿José María Arguedas ha cumplido como investigador, antropólogo, la misión de recopilar bastantes materiales de todo el país?

Así empezó la investigación pues, se recogían canciones, cuentos bajo un cuestionario para los folkloristas de educación de todo el país. Respondieron muy bien toditos, por eso José María Arguedas tenía 30,000 páginas que entregó al Museo de la Cultura. El mismo publicó en la revista Folklore Interamericano. Una parte quedó en mi poder, yo tenía como 140,000 páginas que se quedaron en la oficina para completar las Provincias que faltaban y el cuestionario N° 4 que era Instrumentos Musicales Populares y también lo respondieron con fotografías, con dibujos de todo el país. Eso se quedó cuando me sacaron a mí de ahí y se perdió. Enseguida entró Pineda, la señorita Miriam y desapareció todo. Cuando fuiste tu como Directora yo vi que solo habían 6 folders pero todo deshojado. Antes había 24 folders llenos y después ya no había nada, lo sacaron y lo publicaron como suyo, así terminó todo el trabajo de investigación. También han ido Bolaños y García.

José María Arguedas siempre trabajaba conmigo, donde sea, como sea, porque yo tocaba guitarra y conocía algo de música, entonces empezamos la evaluación de los intérpretes para actuar en público y se inscribían con carnet cuando cantaban bien. Después hemos viajado a Provincias a grabar.

Antes que se creara la Sección había conjuntos de danza y música, habían viandas, pachamancas dirigidas por Vivanco, Contisuyo, Ima Súmac.

Interpretaban danzas incaicas, danzas imperiales, una serie de cosas que no eran danzas de folklore, inventaban vestuarios. Cuando se creó la Sección y empezó la evaluación dijimos esto no es así. Así se desaparecieron, incluso los conjuntos Ollanta, Pachamama, rectificaron ya. Entonces Vivanco y Vallejo que eran de Ayacucho inventaron una serie de danzas que no se tocaban en ninguna parte del Perú, danza incaica, adoración al sol, todo eso desapareció. Entonces empezamos con el huayno y ya fueron apareciendo con los bailes que correspondían a cada zona. Así, de esa manera, operamos para preservar todo lo que es verdad que se interpreta en un pueblo, ya no había estilización.

Los cantantes aparecieron con la voz andina, tal como hacían allí después se superaron y fueron cantando mejor. ¿quién canta como Ima Sumac? nadie ahora.

Inclusive cuando Ima Sumac hace una declaración periodística en Estados Unidos dijo que lo que ella cantaba eran las canciones folklóricas del Perú, entonces por medio de la Embajada llegó un recorte al Ministerio a la Sección Folklore para que nosotros opináramos si era cierto o no era cierto, entonces yo dije que era una voz de grave-agudo, sube y baja y que era creación de ella porque en el Perú nadie cantaba en esa forma. Así cayó Ima Sumac. Inclusive aquí ha habido varios, como 5 o 6 que la imitaban a ella, todo desapareció. Entonces, nosotros por todos los medios teníamos que llegar a preservar nuestra música, danza y el pueblo. Hasta los negroides que habían aquí de la Costa, todo se señaló como era mediante documentación escrita y verbal. Así cumplimos una misión de preservación tanto en la Costa como en la Sierra, inclusive en la Selva.

¿Tú has hecho con José María Arguedas el reglamento para repartir a las Municipalidades?

Después se hizo un reglamento de cómo debe funcionar esa evaluación y luego nosotros evaluamos y le dábamos su carnet como credencial de artista de folklore. Entonces, mandábamos a todos los Municipios hasta de Departamentos la relación de los intérpretes calificados con carnet a fin de que puedan ser admitidos. Se mandó una relación para que puedan actuar en teatros, coliseos.

¿Puede informarme qué instituciones fueron creadas para velar el aspecto cultural del país?

Bueno, hasta el año 1939 no había todavía en el Ministerio de Educación una entidad de gran extensión para velar por la cultura artística especialmente, entonces en el 41 se creó la División de Educación Artística y Extensión Cultural y como director estuvo el periodista Valderrama, creo, no recuerdo bien, a la muerte de este señor, al año murió, se encarga el catedrático Beltrán hasta el año 1945 pero ya funcionaba una oficina en el Ministerio de Educación, después del 43 ya comienzan a separar la División a una casa en Carabaya como Dirección nombrando a personal competente, entonces se queda encargado el Dr. José Vigil como Director; entra Sección Folklore, Sección Biblioteca, Sección Museo.

¿Quién era encargado del Folklore?

Francisco Izquierdo Ríos en el año 46, creo. El empieza, después yo entré como auxiliar de él hicimos el Plan de Trabajo. Principalmente corregir a los que interpretaban mal la danza, mediante un reglamento reconocido por Resolución Ministerial.

¿José María Arguedas ha creado el Reglamento?

No, cuando él vino en el 49 ya había. Él estaba como Inspector de Folklore a nivel nacional, Arguedas continuó con la evaluación, grabación, investigación. Sacamos provecho de todo, por eso viajamos a hacer grabación, todo. El doctor Valcárcel era Ministro de Educación, él creó la Dirección de Educación Artística y Extensión Cultural y murió. Ya después se encargó con 5 personas no más Beltrán de origen italiano, después de la muerte de él se organizó mejor en un local aparte del Ministerio de Educación bajo la Dirección del Dr. José Jiménez Borja, ahí se crea la Sección Folklore, Sección de Biblioteca, Sección de Museo, Sección de Películas, en fin, ya todo eso aparece ahí. Entonces, en el 46 al crear la Sección Folklore nombran a Pancho Izquierdo Ríos como Director de la Sección Folklore y a mí auxiliar de él, los dos trabajábamos allí.

¿Y José María Arguedas?

Todavía no sabíamos nada de él.

Entonces, ya empezamos a investigar, a preguntar la investigación literaria, todo eso.

En el 48 aparece José María Arguedas como Inspector de Folklore, nombrado por Valcárcel. Se fue construyendo todo con el trabajo que recogía, informes de alumnos, del Miguel Grau del Callao. De allí empezamos la grabación con Pancho Izquierdo Ríos y cuando vino Arguedas empezamos a mandar material. Había una Resolución que decía que al cumplir con toda la información de folklore y de la Dirección de Cultura, todos los maestros tendrían una copia, inclusive un estímulo para su carrera magisterial pero no se ha cumplido, se perdió todo. Los maestros no reclamaban tampoco, bueno se olvidarían. Ahora todo se ha malogrado. ¿Cómo comenzó en la música, cuáles eran las expectativas que tenía?

Bueno, mira, yo tocaba violín y al mismo tiempo guitarra y era cantante en mi pueblo desde muy joven, me gustaba mucho cantar, entonces yo llegué a la Sección Folklore y coincidí con mi actitud para cantar. Empecé a asistir a clases en forma particular a la Escuela de Música para aprender algo, entonces yo vi que todo era una chanfaina, negativo. Había música incaica cuando realmente era arreglada por ellos mismos para dar sorpresa a la gente, falsos completamente. Hasta ahora no se conoce música incaica. De ahí empezamos a arreglar eso. Ya conocimos todas las regiones de dónde proviene la música y corregíamos para que presenten todas las costumbres del lugar tal como es, no alterar ni añadir tampoco, tal como es su valor artístico, así se impuso pues.

Desde muy joven me gustaba cantar, tocar guitarra, quena y cantaba en cualquier momento. Había empezado en el año 1928, yo llegué a Lima en el 27 y traje mi rondín para tocar huaynito. Yo recuerdo muy bien que cuando bajaba de la estación uno por fortuna me llevó a su casa porque en la compañía dije, yo no tengo a dónde llegar, entonces me llevó y él tenía guitarra y entonces agarré la guitarra y el rondín y tocaba y entonces se amanecieron bailando, amaneció toda la familia de ellos y a partir de esa fecha siempre cuando iba al pueblo era jaranista, andaba con grupos de jaranistas, tanto en Jauja, tanto en el pueblo. En Jauja íbamos a la entrada en la zona de mis abuelos, creamos el barrio Huayllose, presentábamos el conjunto musical, es de ese tiempo la mulisa, en Jauja se canta y se baila antes que en otros sitios, me gustaba mucho pues todo tipo de baile, bailaba. Cuando tocaba platillo en la banda de música iba hasta Cerro de Pasco, he visto todos esos detalles pues. Me enteraba bastante, más cuando entré a trabajar en arqueología, llegué a conocer más los detalles de los instrumentos musicales.

¿Ha sido evaluado como intérprete?

Me he presentado en concursos de letras y música.

¿En qué año?

En el año 54-55, por ahí y salí en el primer puesto, mi seudónimo era Santa Cruz de la Sierra, grabé el huayno, una mulisa con fuga de huayno. Dos grabaciones hice.

¿Has grabado?

Sí, en disco he grabado. Me presenté al concurso, salí ganando, Santa Cruz de la Sierra y al abrir la carta encontraron mi nombre, Juan de la Cruz, entonces el jurado dijo no pues porque es miembro del Instituto, vamos a darle el segundo puesto. Me dieron diploma. Ese concurso fue organizado por La Crónica y La Prensa.

¿Has grabado en discos o no?

No, yo no he grabado nada porque recién en el 42 vino al Instituto, antes no había nada.

¿Has sustituido la interpretación para trabajar como folklorista y asesor de la preservación del folklore?

Sí pues, yo conocí bien la armonía, la melodía de todos los huaynos y José María Arguedas estaba en la sala con el conjunto, yo en la máquina, entonces grabamos y cuando ya salía al mismo nivel todas las voces ahí se grababa y salió con el comercialmente muy bueno. Después de ahí se superó más todo, la segunda parte era la recopilación. Luego cuando ellos se fueron yo empecé a escribir, todo lo tenía tal como es. Cuando me dejaron como Director de la Escuela ya vi en la forma profunda de mi creación, de dónde, después viene la geografía del folklore.

En un mapa dividido de acuerdo a las danzas y costumbres de folklore que hay, como en 12 áreas culturales, después señaló como 8 danzas que se bailan desde Cajamarca hasta Puno y otras danzas que representan áreas culturales, después de ahí el método de investigación lo aprendí con el profesor de música, Director de la Escuela Nacional de Música en Chile, los fundamentos y el método de investigación, me corrigió bastante y avancé pues.

¿Cuándo eras joven cuáles eran las posibilidades que existían en tu pueblo y en Lima?

Como te digo todo era entusiasmo en el pueblo, los jóvenes creaban, por eso viene la palabra huayno que significa joven, porque el joven siempre es inspirado, poeta, creador.

Los enamorados por ejemplo después de jaranear a las 12, a la 1, iban, aquí estoy, aquí me tienen, parados, cantando canciones agradables no como ahora. Ahí cantaban al árbol, las flores, el paraje, al cerro, a uno mismo para interpretar su letra siempre adorando a una belleza o a una persona que se quiere, esa era la inspiración de la juventud, por eso de ahí viene el huayno, por eso los viejos decían después de una fiesta a la mañana siguiente, carajo estos huaynais no me han dejado dormir, de ahí el nombre de huayno. Así fue pues, íbamos cantando de pueblo en pueblo, a veces salíamos a las 10 de la noche y llegábamos a las 5 de la mañana, así cantando, a dúo a veces. Un primo tocaba bandolina y yo tocaba guitarra, pero no tomábamos nada, nada de trago, esa era nuestra costumbre, yo empecé a tomar a los 30 años cuando llegué a Lima, allá no tomábamos si no comíamos pan con plátano, así.

¿Chicha?

Claro, cuando había fiesta nomas y las personas mayores no nos permitían, ¿cómo, muchachos tomando? eran una autoridad los ancianos, no botaban, bueno éramos respetuosos nosotros, ¿qué íbamos a hacer?, nos íbamos no más. Cuando cantábamos ellos bailaban y tomaban sus tragos, nosotros no tomábamos, así íbamos no tomábamos, así íbamos al barrio donde había muchachos enamorados de una y otras, cantábamos muy bien.

¿Cantabas en los Coliseos?

No, la mulisa, bailaba, pero no cantaba, ya estaba bajando la voz también pues, el intérprete andino siempre toma en cuenta sus cerros, es lo primero, hay una canción que dice: "los vientos de aquel cerro son ventilados por el viento, los vientos de mi pecho ningún viento los ventila, quisiera ser vicuñita, vicuñita de la puna para morir en los brazos de mi chola, después, vicuñita ¿por qué lloras? habiendo sol que te alumbre, acaso eres como yo solito en el mundo". Fíjate esas son las letras básicas que había.

¿La música antigua de tu pueblo?

Así es.

A nivel del país, la parte andina se evalúa con la cultura de la costa primero es la zona central porque el Ferrocarril Central hace un intercambio cultural inmediatamente que sale, porque lleva y trae personas, entonces se utilizan los instrumentos europeos con toda propiedad en el Centro mientras que en otra zona no hay eso, no se ha podido, y en el Norte y Sur siempre utilizan la quena, la zampoña, pero en el Centro no hay ni quena, ni guitarra.

El huayno repetido es el que no hay fuga, nada, desde ese punto de vista los visitantes extranjeros dicen, no es huayno, muy monótono.

¿La música antigua era sin fuga?

Sin fuga. Después en la segunda etapa viene la fuga. En Ayacucho, Puno, Cuzco, sigue también el huayno sin fuga y también huayno con su fuga hasta ahora. Cuando escuches radio vas a comprobar que es cierto. Ahora, después la influencia del Centro es bastante, Avanza hasta el Norte, hasta Ayacucho, entonces aparece la tercera parte, ya no hay fuga.

¿Has aprendido la lectura musical?

Sí, por eso, cuando me nombraron para crear el Instituto Nacional de Folklore en base a lo que usted había hecho, entonces quisieron hacer una investigación en la parte de estructura musical pero no podíamos escribir, dejar en partitura porque como sabe usted ahora ni el poeta se ciñe a la regla poética, a la rima, nada, no hay ya, antes era muy clásico ahora el poeta es muy libre, crea versos libres e igual es también en la música, no puede estar supeditada a un compás fijo ya, es completamente libre, tiene su adorno, una serie de cosas, no se puede hacer así, hay que hacerlo tal como es, por eso dicen que la música es infinita. Sí se escribe bajo un régimen de disciplina musical, entonces saldría bien marcado. Por ejemplo, la marinera no es nacional, es importada, es un estilo traído de fuera, así no se puede escribir un huayno, solo se puede mantener en grabación, eso sí. Ahora hay capricho alteran las cosas, la línea melódica y cada zona tiene su propia característica, eso es lo que vale en el Perú.

¿Tú qué aconsejas a los intérpretes jóvenes? ¿Que aprendan a escribir y la lectura musical o no?

Lectura musical sí, escribir claro, música estilo europeo claro, pueden aprender, pero para utilizarlo no, se puede escribir como dato no más para no olvidarlo, pero escribirlo tal como es el huayno no. Los musicólogos analizan la escritura de la música y la historia musical nada más. Ahora uno sale bien otro diferente, hay variaciones, entonces desde ese punto de vista darle un régimen disciplinario no se puede, hay que dar libertad por eso se escribe.

Una vez un huancaíno me trajo una mulisa con fuga de huayno, yo empecé a tocar en piano y así no salía la mulisa, muy raro, yo le dije yo sé que tú no has escrito, eso no es mulisa, nada, parece paso doble, no interesa sacar ahora partitura de huayno.

¿Has comenzado en la primera fase conociendo la lectura y escritura musical y en la segunda fase con las partituras de huayno?

Sí, pero la melodía, nada más pues ¿no has escuchado a la señora Rosa Mercedes Ayarza?

¿Has compuesto algunos huaynos y los has registrado en la Biblioteca Nacional?

Yo no, el que ha grabado ha registrado.

¿Es necesario que los intérpretes conozcan la lectura y escritura musical antes que se produzca la desaparición del huayno y de la música folklórica?

Sí, es necesario el conocimiento básico de la música modelo europeo; pero si se avanza a profundidad en la música europea entonces se altera.

¿Puede adaptarse a la música andina este elemento técnico de la lectura y escritura musical?

Es necesario conocer, es básico, pero conforme se supera, entonces ¿qué sucede? ese hombre que aprendió música en la Escuela Musical sale y ya no tiene inclinación, no penetra en el sentimiento y es muy difícil adaptarlo. Por eso cuando yo estaba en la Escuela y tocaba piano, a mi nadie me enseñaba método ni cómo se maneja el dedo. Eso es lo que pasó con Vivanco, tocaba quena, interpretaba tal como es y cuando entró a la Escuela terminó sus estudios y al salir no le ha ido bien. Yo tocaba como acordeón, suave nomas, todos los adornos del huayno. Ahí estaba Málaga, todos y venían a verme como tocaba yo, pero cuando ellos agarraban golpeaban, entonces ahí no hay juego del dedo. La música europea domina el espíritu del hombre y cuando va a componer le sale mal, por eso es peligroso. Claro que puede que lo hagan, pero mejor es cantar al oído.

¿Cómo ha cambiado la música del huayno a través de los años que has comenzado a cantar?

La línea melódica continúa igual, pero el manejo de la voz ha cambiado, es más agradable, hay más técnica vocal pero el huayno sigue la misma cosa, primera, segunda y tercera parte. Últimamente la melodía del huayno tiene una variante de tono mayor-menor, entonces estná llevándola a tipo salsa, cantan la letra pero varía el ritmo.

Yo reconozco que la letra de Picaflor de los Andes es muy interesante, es una mezcla de su naturaleza, su filosofía, hay otros que cantan letras que nada tienen que ver con el sentimiento del hombre, cantan por insultar.

¿Tus padres cantaban huaynos?

Yo perdí a mi padre sin conocerlo bien, tenía 14-15 años, le gustaba bailar, estar en las fiestas como mayordomo.

¿Tu mamá?

Tampoco cantaba, pero murieron temprano.

¿Qué diferencia o relación existe entre folklore o huayno, o es lo mismo?

Bueno, sabemos que folklore es una palabra inglesa que significa costumbre o tradición.

El patrón principal es el huayno, después vienen las ramificaciones a las que se les da nombre especial, tanto mulisa, cachua, yaraví, triste. Tenemos después Chimaichai, que es una ramificación del huayno que la ejecuta un grupo musical al visitar la casa del mayordomo y se brinda algo al grupo musical, ellos ejecutan el Chuimaichai, es un premio para el dueño de casa y la música es lenta con contrapunto de otros instrumentos, esa forma musical la tocan a nivel nacional. Después tenemos Cachua que es ligero, zapateando, bailan sueltos, a veces pegados, de mano; eso es a nivel nacional también. También el huayno tiene variaciones, ligero, moderado, lento. Después tenemos el Jaraque que da origen al yaraví y a la mulisa. Jaraque es música antiquísima que hasta ahora en muchos sitios cantan, es una melodía a gritos que antes utilizaban como un llamado y escogían a los muchachos que tenían buena voz y hasta ahora la interpretan en algún sitio. Después el Jaljapacui, son pandillas, es necesariamente a nivel nacional, al final de la fiesta, participan todos, jóvenes y mayores como despedida de la fiesta. Jalja quiere decir ritual y bailar Pacui. Esas son las variaciones que hay en el huayno.

El huayno como le digo quiere decir joven en quechua, se dice huaynai al joven porque el joven es creador, poeta, una serie de cosas y seguro desde épocas muy remotas han sido ellos los creadores y de ahí viene el nombre de huayno.

En la danza del Huanca Danza aparecen Huanca Rumi, Huanca Hualla, Huanca Huamán, Huanca Villa, los 4 Huancas que se forman desde Huancavelica hasta el límite con Tarma y están señalados con piedras grandes hasta ahora, pero los Huancas que no sabían cuál era la historia de esta piedra la han botado.

¿Tú has preservado algunos discos de la época primera de la grabación, de la aparición de la industria del disco?

No tengo nada, he dejado todo en el Instituto Nacional de Cultura y todo eso se ha perdido, lo que he traído está en la cabeza. Por ejemplo, en la mañana cuando escucho huayno estoy analizando la variante, qué cosa es y la línea melódica, es igualita. ¿Por qué será? digo, que en el huayno han logrado implementar ese tipo de tristeza.

¿Hay huaynos alegres?

Eso es cosa del hombre, por ejemplo, el huaylas es moderado pero el hombre lo ha cambiado el ritmo para hacerlo más alegre, pero el huaylas al comienzo es triste, no es tono alegre, moderado es el huaylas, es ya el intérprete que lo vuelve alegre.

También encontramos la tristeza de los negros. Hay situaciones que dividen socialmente a los negros, los negros que eran esclavos de la iglesia católica, de ahí empezaron a cantar Manuelito y ellos adoraban a cristo pensando en la salvación.

Después otros en los trabajos del campo, que cantaban y bailaban obligadamente y esto se traslada a la zona andina y hasta ahora lo hacen, después los negros no podían estar tirados, descansando, porque los patrones veían y decían que el negro era ocioso, en cualquier momento que deseaban los hacían bailar, de ahí viene el alcatraz, inga. Los negros en ningún momento estaban descansando, todo era chicote, por eso "yo no voy a la Molina", porque me tiran del chicote. Al revisar la historia del Perú andino en el coloniaje encontramos la misma suerte de los negros y seguramente de ahí el huayno es triste.

Muchas gracias por la información que has brindado.

Entrevista de Lucy Núñez Rebaza

Entrevista a Edwin Montoya

2 de febrero de 1989

E - Relativamente la historia de la aparición del disco, con respecto a la música folklórica peruana, aparece, o mejor dicho, se graba por primera vez en Argentina; paralelamente la música folklórica y la música criolla. Por la música folklórica Jacinto Palacios, por la música criolla Jesús Vázquez y Los Trovadores del Perú; es esto debe ser más o menos por el año 46, 47, de repente hasta el 50, que marca la hegemonía del intérprete ancashino Jacinto Palacios, qué significa uno de los pilares dentro de la música folklórica peruana. José María Arguedas es el hombre preocupado por el folklor para su difusión.

L - ¿En qué año realiza Arguedas esta actividad?

E - Arguedas comienza a trabajar a partir de 1931 o 32, esa época en que recopila canciones en el idioma quechua, y estudia sobre todo la fiesta del "Yarqa aspiy" o sea la fiesta del agua, eso con respecto a algunos de carácter cronológico. Otro de los estudiosos del folklor también de esos tiempos, o un poquito más de tiempo es el profesor ya fallecido también: Josafat Roel Pineda, que prácticamente comienza su labor como ayudante de José María y también ha dejado un folleto de canciones en el idioma quechua.

La música folklórica después de que Jacinto Palacios graba en Argentina, creo yo que aquí en el Perú los Conjuntos que actúan, en ese entonces, cuando las cosas eran difíciles, cuando era un problema cantar un huayno aquí en la capital, inclusive por radio; surge la Lira Paucina, a la muerte de Jacinto Palacios le sucede el Jilguero del Huascarán que tiene casi el mismo estilo de Jacinto Palacios, pero cantando música mestiza, o sea no se comprometen con la música en el idioma quechua absolutamente. Hay otro conjunto nuevo que insurge como Los Campesinos. Los Errantes y luego vienen Los Heraldos y el Trío Ayacucho y esto ya es por el año 1965 y desde entonces a esta época... bueno esa es la época mayor en que el Huayno peruano logra un sitial preponderante.

L - ¿Tú estabas con Los Heraldos?

E – Claro. O sea que en esos años un momento preponderante. Y también tenemos que hablar del Picaflor de los Andes, aunque el Picaflor de los Andes es mucho más nuevo que Jacinto Palacios, pero casi de la misma época del Jilguero del Huascarán. Bueno eso con referencia a....

L - ¿Cómo llegan a grabar cómo se graba el disco?

E – Ah, bueno. El primer conjunto que graba música folklórica aquí en el Perú y en la disquera IEMPSA es el trío "La Lira Paucina" creo que es el año 1953 o 54 en que inclusive imponen dos temas que son conocidos a nivel nacional y también en esa misma época aparecen las Rokcolas, las radiolas entonces salen los cuarenticincos y se difunden a nivel nacional. Yo recuerdo mucho un tema que pertenece a un compositor ya fallecido, Emilio Sevilla, cuyo título es "Madrecita Linda" y "Yo sé que mi vida es para ti" en la otra cara; eso con respecto a la Lira Paucina. Y luego lo que te decía aparece también Ricardina Aguilar, una cantante de formas musicales típicas de la provincia de Lucanas, o sea, graba a Karamusas, graba Aylas, y yo me acuerdo perfectamente también de uno de los discos de esta señora que todavía vive por supuesto un tema dedicado a la Fiesta del Agua, al Yarqa aspiy: Arpaschallay viulinchallay se dice ese es el título. Y luego de ahí surgen Los Campesinos, surge otra disquera que se llama Virrey que dicho sea de paso son las dos únicas que subsisten en la actualidad: el Virrey y IEMPSA y ahí aparecen Los Campesinos. Y supongo que aparecen otros conjuntos, pero yo te estoy hablando de los tríos que suenan en ese momento. Los Campesinos en IEMPSA, surgen los ERRANTES, luego el Trío Ayacucho, los Heraldos, después salen solistas; los Mareños también tendríamos que hablar de un duo de voces compuesto por Manuel Silva y Antonio Gutiérrez, y todo eso es historia. Y tenemos que hablar también de una cantante extraordinaria con un estilo muy propio para interpretar las formas musicales Ayacuchanas, me refiero a Diva Palomino, antes de ella por supuesto tenemos que hablar del artista ayacuchano Tany Medina, pero desde el punto de vista instrumental, y luego surge Florencio Coronado también o sea desde el punto de vista instrumental. Eso sería más o menos a grandes rasgos los datos que te puedo dar con respecto al surgimiento del disco, y de los tríos, los conjuntos y los solistas que aparecen en ese entonces.

L - ¿En esa época las grabaciones las hacían las disqueras con todos sus aparatos, estaban organizados para eso?

E - Tenían las disqueras aparatos… prácticamente se grababa en un solo micro, o sea que no aparecía la grabadora de cuatro canales, por ejemplo, que son las primeras que aparecen, luego surgen las de ocho, las de dieciséis, ahora hay de 32 canales, es decir es muy sofisticado todo esto, o sea antes para grabar era muy difícil, no se podía, por ejemplo, hacer segunda voz como se hace ahora. De todas maneras, la electrónica avanza a pasos agigantados.

L - ¿Y tú cómo grabaste la primera vez?

E - En IEMPSA en el año 1965 más o menos con un equipo de cuatro canales o sea dónde podía grabar el acordeón en un canal, las voces en dos canales y la guitarra en un canal, o sea la cosa era más avanzada para grabar. A partir del año 1962 creó aparece todo esto, con la grabación… los que graban primero son Los Errantes en 1962 y luego surge el Trío Ayacucho y Los Heraldos paralelamente.

L - ¿Cuáles eran los discos más difundidos, había una competencia con los extranjeros o es que ha habido una época del huayno?

E - En este aspecto podemos decir que con el extranjero creo que nunca se pudo competir, porque para poder competir con el extranjero tendríamos que hablar de las mismas formas, o sea el folklore sudamericano. Con los países hemos competido con Bolivia y con Argentina. Con Bolivia porque hemos tenido similitud en las formas musicales el Takirari, el Huayño Boliviano, etc, etc. Y con Argentina con respecto a las formas musicales llamada la Samba, el carnavalito, el gato, y nosotros con el Yaraví. Justamente Atahualpa Yupanqui viene al Perú, y según dicen Atahualpa Yupanqui inclusive tiene descendencia peruana, del departamento de Puno, eso habría que comprobarlo, o sea que es un decir, pero que él bebió mucho del folklore puneño eso sí es cierto; pero competencia realmente creo que no ha habido, porque las formas musicales son tan totalmente diferentes de los países sudamericanos, cada uno tiene su forma de cantar, de decir las cosas.

L - En cuanto a los géneros, ¿cuáles son los criterios de la disquera, de los artistas para poner el género? Muchas veces se ve en los discos con un nombre muy amplio, costumbrista...

E - Con respecto al género, yo creo que lo que caracteriza al Perú es el Huayno, el Yaraví, el carnaval, la muliza y otras formas musicales que son prácticamente ramas de estas formas musicales, por ejemplo, podemos hablar de la Chuscada que no es más que un huayno, un huayno del norte del Perú, de Ancash, pero qué es huayno realmente. La diferencia si es grande entre el Yaraví, la Muliza y el Huayno, ahí sí, y las diferencias son de carácter rítmico, más no musical, nada más; el carnaval de igual forma existe el carnaval de las alturas, carnaval de la ciudad, pero, creo yo que el origen de la música peruana tiene mucho que ver con el Puqllay o sea con el carnaval; inclusive de ahí puede venir el Huayno.

L - Dime, ¿hasta ahora cuántos discos has grabado?

E - Tengo 23 LPs grabados, cuarenticinco no, ya perdí la cuenta, eso no te puedo... pero 23 LPs grabados en 27 años de vida artística, creo que es bastante. Con los Heraldos, con los Tres del Perú, con los Puquiales, pero mi mayor obra es como solista. Arrancó yo en 1975 como solista, hasta ahorita, o sea tengo mayor aceptación en la parte folklórica.

L - Tú como solista, ¿cómo grabas, quienes te acompañan generalmente?

E - El último disco que he grabado ha sido el año pasado, el 88, he grabado con diferentes grupos, he grabado con Antonio Gutiérrez, con Daniel Kirwayo, con Rafael Amaranto, con el gordo Juan de Dios Rojas y hace pocos años vengo grabando con un Conjunto musical bueno que está constituido por Víctor Angulo, por Oswaldo Azurín, el acordeón Herbert Merino, este chico que ha avanzado mucho dentro de la música, es el apurimeño, sin embargo domina la música Ayacuchana, la música del Valle del Mantaro, todo eso. O sea, con ellos he grabado los últimos LPs para el Virrey, el último que he grabado ha sido el año pasado, el '88, que se llama "Amigo"; y bueno en este momento hay que poner las barbas en remojo porque no sabemos si vamos a volver a grabar porque la cosa es muy incierta.

L - Tú cuando grabas ¿haces los montajes necesarios ahora?

E - Sí, yo grabó, hago primera voz, hago segunda voz, soy la persona que hace los arreglos musicales, siempre me he preocupado por eso, es que soy un elemento de la música que primero ha tenido que estudiar, sobre todo música para poder ocupar un lugar, un sitial más que nada, pero creo yo que el artista tiene conocimientos -que ha estudiado- es más fácil para él las cosas se hacen más viables, inclusive para crear musicalmente, o sea que yo compongo y mucho más fácil, siempre trato de sacar uno, dos o 3 temas en cada LP que grabamos; pero importantísimo es el conocimiento musical para el intérprete sino no se podría hacer segunda voz, por ejemplo, es muy difícil; pero esto, aquí también le favorece mucho a uno los aparatos electrónicos, o sea los canales, en primer lugar para hacer una grabación, graba el conjunto que te está acompañando, tú cantas despacito para que siga el ritmo; una vez que ha quedado el acompañamiento recién se pone la primera voz, pero eso es cuando el artista, pues, como a vuelto a repetir, tiene conocimientos musicales, tiene que saber lo que hace o tiene que tener un conocimiento cabal de lo que es el compás, de lo que es el ritmo, importantísimo eso, y luego viene la segunda voz, después de eso viene la Ecualización donde la artista tiene que estar presente para saber si la primera voz y la segunda voz están en un mismo nivel y todo esto, es importantísimo a la hora de grabar.

L - ¿Has cambiado de disquera?

E – Sí, he grabado en varias disqueras. Comencé en IEMPSA, luego continue en una disquera que se llamaba DECIBEL, después pasé a la disquera Volcán, de la disquera Volcán fui a INFOPESA y actualmente estoy en VIRREY, son cinco camisetas...

L - ¿Y cuáles son los motivos de los cambios?

E - Bueno, las disqueras siempre están a la pesca de los artistas que venden discos; entonces te ofrecen mayores posibilidades económicas etc. y ahí pues, o sea la oferta y la demanda más que nada.

L - ¿Hay paralelamente a las disqueras otra competencia que no es tan fuerte qué es la grabación informal?

E - ¿De qué grabación informal hablas?

L - Hay personas que financian grabaciones...

E - Ese es otro aspecto muy diferente.

L - ¿Qué no son artistas así consagrados?

E - Claro. ¿El intérprete que hace discos por su cuenta? te refieres tú, ¿no es cierto? pero aquí hay una gran... El favoritismo de las disqueras siempre es por su artista exclusivo. Pero cuando los intérpretes graban por su cuenta, dónde se tiene que cortar la cinta, dónde se tiene que ecualizar, no lo hacen o lo hacen no como para los artistas del sello a que pertenecen, te das cuenta; entonces no se puede comparar la grabación que hace por su cuenta un artista frente a la grabación que hace un intérprete como artista exclusivo de una disquera. O sea yo te diría a grandes rasgos que camoteros a su camote, porque tú no puedes abarcar de ninguna manera; se podría hacer, pero no tenemos la facilidad, de repente, para promocionar el disco a ni el nacional, en segundo lugar para copar con los discos en las diferentes emisoras, en los diferentes programas porque el costo es excesivo, y en este momento estamos hablando de algo que no tiene remedio ahorita, imagínate si ahora un disco, un LP está costando 8,500 intis, no está al alcance de nadie, ese es el gran problema. Pero no creo que la música folklórica pueda quedarse ahí, no creo, van apareciendo cultores siempre, y te hablo expresamente de la música folklórica. Lo que sí se está quedando atrás, se está estancando la música criolla, se está estancando, no hay intérpretes, siempre se vive del recuerdo, se tiene que recurrir a Irma y Oswaldo, así para darte un ejemplo; en cambio el folklor no. En el folklor han desaparecido elementos fundamentales de nuestra música como el Picaflor de los Andes, Flor Pucarina, Jacinto Palacios, antes por supuesto, y el Jilguero del Huascarán, y también ha desaparecido el Gorrión Andino un excelente cantante, cultor de la música ancashina, pero surgen, van surgiendo otros elementos, y creo yo que ahora se incrementa la difusión del folklor a nivel de los Colegios con esta ley que acaba de dar el Ministerio de Educación, de nombrar a los Intérpretes que han sido premiados con Las Palmas Artísticas como profesores, como promotores del Folklor en los diferentes Colegios, creo yo que se va a lograr en parte o en forma total una identidad de carácter musical en todo el Perú.

L - Ahora hay una sustitución del disco por el cassette. ¿A qué se debe esto, eso tiene que ver con costos?

E- Aquí no es... el problema no es el costo, aquí el problema directo es la rapiña, el robo eso es; en nuestro país no existe la honestidad, la honradez, aquí lo único que existe es saber agenciarse y sacar plata a como de lugar --tengo que hablar así en términos generales-- y bueno, uno de los motivos fundamentales de haberse traído las disqueras abajo es la aparición de esto... cómo se llaman...

L -Piratas

E - De esos piratas, porque lo que hacen estos señores es algo que está vedado por la ley, pero hasta ahorita no existe una ley que realmente pueda castigar a estos elementos, porque lo que hacen estos señores es ir a la disquera y comprar un disco y ese disco reproducirlo a través del cassett, eso no se le puede llamar en otra forma, sino un robo, un robo que es escandaloso, entonces hacen daño no solamente a los artistas, a al intérprete, sino a las disqueras; pero creo que es consecuencia también de la explotación de las disqueras, pero sí fuera pues en favor de nosotros, de los intérpretes, pero nosotros no compartimos absolutamente con estos señores, ese es el gran problema, pero va desapareciendo también porque el precio de un cassett se ha elevado en forma muy alarmante, entonces ya no se puede pensar en trabajar tan libremente como lo habían estado haciendo los piratas.

L - Y dime tu que has estado ligado a la música folklórica ¿puedes más o menos periodificar los auges del folklor y también tu caso.

E - Yo creo que los años en que el folklor siempre ha estado en la palestra, creo que sería del 62, no... Tres etapas marcadas: 53, 54, 55, luego del 60 al 65 y la otra del 65 hasta antes de la aparición de Sendero, hasta ahí, o sea hasta los finales de 1970 un poquito más, yo te diría hasta el 80, porque hubo un éxito que marcó una época muy fuerte y te lo tengo que decir porque el éxito fue de quien te habla, "La Mala Hierba", eso fue en 1977, ah, te imaginas, luego "Me Recordarás" y así por el estilo, o sea que serían tres etapas bien marcadas, y entre ellas tenemos que señalar a la "Lira Paucina" a Ricardina Aguilar, a Los Errantes, a Los Campesinos, esa es la otra etapa.

Y la última etapa sería la constituida por tríos como el Trío Ayacucho, Los Heraldos, Nelly Munguía, Martina Portocarrero, el Jilguero del Huascarán, por supuesto vendió muchos discos.

L - El Picaflor de los Andes.

E - El Picaflor de los Andes. pero el Picaflor de los Andes es muy reciente, o sea que, pero de todas maneras el Picaflor de los Andes marca un hito dentro de la historia musical.

L - Ahora dime, la música ayacuchana tiene un sitial, es decir yo creo que es una de las regiones cuya música se ha difundido más.

E - Tiene un lugar preferente, es... La música y ayacuchana es una cantera muy rica en formas musicales, tenemos el Huayno, su majestad el huayno, y no te lo digo yo sino que se han hecho estudios sobre el huayno ayacuchano, el carnaval, el carnaval ayacuchano es muy lindo, el pasacalle ayacuchano; y en la parte sur del departamento de Ayacucho dos provincias con características esenciales de la música peruana, de la música ayacuchana cómo son las provincias de Lucanas y Parinacochas tienen un estilo propio para difundir la música. En Parinacochas el huayno es totalmente distinto al de Ayacucho, lo mismo que en Lucanas. Y Parinacochas tiene otra particularidad de haber asimilado en forma muy positiva el Puqllay que viene de Apurímac que ellos le llaman Huayllacha, tiene sus raíces en el Pukllay; y en Puquio, en la Provincia de Lucanas, una característica fundamental del folklor de esta provincia son los Danzantes de Tijeras, los arpistas, los violinistas y el huayno la Karamusa que es una forma de huayno pero en forma totalmente diferente, de carácter típico, te puedo dar un ejemplo, yo compuse una Karamusa en homenaje a JM Arguedas que se llama Arguedasninch y ese es una Karamusa un tipo de huayno típico o sea que todas estas cosas son importantísimas, y yo creo que estas dos provincias tienen características fundamentales dentro del departamento de Ayacucho y han marcado un hito dentro de la historia de la música folklórica.

L - Ahora, hablando de los instrumentos. Hay grabaciones con instrumentos y con instrumentos, es decir, hay una primera etapa en la que se graba con instrumentos relativamente típicos, con arpa y violín, luego charango, después viene el acordeón ¿qué papel tiene el acordeón, es positiva o negativa la introducción del acordeón?

E - Yo creo que es positiva definitivamente, porque es un instrumento de viento y de percusión a la vez, y se adapta a las características, más que nada, del huayno ayacuchano y apurimeño, y de Puno también; depende, creo que es por la cadencia que tiene la música folklórica; la música acompañada solamente por guitarras es muy linda por supuesto, pero creo que le falta un poquito de peso y el acordeón le da esa característica. En Parinacochas es muy marcado el acompañamiento de dos guitarras y un charango; en Puquio la característica fundamental es el arpa y el violín, el charango no tiene mucha difusión, y en Ayacucho característica fundamental son las guitarras, la mandolina y la quena, o sea que son totalmente diferentes de acuerdo a las provincias; pero creo yo que Ayacucho significa uno de los bastiones fundamentales de la música folklórica peruana.

L - Tú que estás ligado a la música, háblanos un poco de historia y dinos ¿cómo se introdujo el acordeón? tú eres un testigo de eso...

E- bueno yo creo que el acordeón se introduce en el Perú... Primeramente tenemos que hacer una retrospección. Los instrumentos que fueron traídos al Perú casi son todos ¿no? hablemos de los instrumentos de cuerda, por ejemplo, la guitarra, la mandolina, el laúd, etc. todos son instrumentos traídos por los españoles, o sea, la transculturación musical, instrumental; en la parte de instrumentos de viento todos los instrumentos de madera, los instrumentos de bronce, de bronce, absolutamente; tú sabes que los únicos instrumentos musicales que nosotros teníamos o tenemos es la quena con sus variedades en pinkullo, pinkillo, etc. y aparte en percusión tenemos el tambor, el bombo, etc. entonces todos estos instrumentos han sido traídos inclusive el acordeón, pero los que más se han adaptado son los instrumentos de cuerda, la guitarra, los charangos, las mandolinas, etc. y el acordeón es un instrumento que se adaptó perfectamente a la música peruana, sino la prueba está en...

L -¿Quién fue el primero que adaptó el acordeón?

E- Yo pienso... Antes del acordeón lo que se introdujo en la música folklórica fue el pampa piano, un instrumento a modo de un melodio y hay personas que tocaban hermosamente estos instrumentos, este instrumento el melodio, en especial la parte seglar, los curas, en el Cusco y de ahí que surge Jorge Núñez del Prado que recoge formas musicales de un padre que se apellida Aguilar, de un cura, creo yo; entonces este señor toca el pampa piano y luego después que se introdujo el pampa piano, el pampa piano era, es difícil de trasladar de un lugar a otro porque es un instrumento grande un poco pesado, entonces lo que más se adapta, lo que más se adaptaba al ejecutante de este instrumento es el acordeón pues, entonces ahí surge, el acordeón se podía llevar inclusive en las comparsas, inclusive... no he visto en los carnavales, últimamente sí; pero en Puno se presta mucho para la pandilla puneña, o sea, yo pienso que Puno y Cusco son los departamentos donde se asimila en forma primaria al acordeón, luego viene Ayacucho, surgen conjuntos...

L - En Ayacucho ¿quién fue el primero que lo introdujo?

E- El acordeón... Bueno tendríamos que hablar de Félix Bendezú, el que era el gato, Apurímac también... por eso te digo son bien marcadas las características, son estilos propios, Ayacucho, el Trío Ayacucho surge con tres guitarras, Los Heraldos surgen con dos guitarras y un acordeón, o sea que, a partir de esa época; en Apurímac también ha habido conjuntos --no recuerdo en estos momentos el nombre-- el que hacía la primera voz el señor Buezo, el Trío Apurímac se llama, con acordeón; y de ahí después de Félix Bendezú surgen pues acordeonistas buenos. Núñez del Prado primero, Jorge Núñez del Prado; en la música criolla también se ejecuta el acordeón, yo recuerdo un buen acordeonista que se llama Alejandro Núñez Añauca que apareció con los Pacharacos creo, pero en el huayno comercial, pero Jorge Núñez del Prado creo que es uno de los pioneros del folklore, luego viene el gato Félix Bendezú, después el acordeonista del Trío Apurímac, y luego vienen otros acordeonistas como Herbert Merino, Félix Merino, Gregorio Segura (un cajamarquino que domina también la música peruana).

L - Y ahora hay una especie de Marco Musical Universal para todos los Huaynos, o sea los "Marcos musicales".

E- Uhmm, esa es una Orquesta de Cámara constituida por, un conjunto de cuerdas: dos guitarras, un acordeón, un violín y un cajón, o sea un conjunto musical de cuerdas, dos guitarras y un violín son cuerdas, el cajón es percusión y al acordeón es un instrumento de viento y de percusión, lo que se estila en este momento. Me estoy olvidando de algo primordial, antes del acordeón se introdujo aquí a través de Argentina aquí en el Perú un instrumento llamado el bandoneón o también le dicen la Concertina, cuyo ejecutante fue Juan Maguiña que ya murió, que perteneció --me había olvidado de exponerte esto que es muy importante-- el Conjunto Atusparia que también marca una época dentro de la difusión del Folklor ancashino. Antes del acordeón tenemos que hablar del bandoneón o concertina.

L - Claro.

E - Claro, y de ahí, de las caídas de esta concertina que tocaba Juan Maguiña, asimila mucho Jorge Núñez del Prado, el acordeonista de "Los Campesinos", eso es importante en este trabajo.

L - Dime una cosa que me interesa mucho. Tú puedes ver como participante de este movimiento musical, de que existen estilos y movimientos, por ejemplo, no se puede confundir a grupos como el Trío Ayacucho con grupos como Alturas o Neper en un momento, y luego Puka Soncco; ellos también graban, ellos también difunden su música, ¿cuál es la diferencia para ti?

E - Hay una diferencia abismal; en primer lugar, el Trío Ayacucho, los Heraldos, quién te habla, respetamos las formas musicales, lo hacemos tal y conforme nos la han transmitido, nos la han enseñado; en primer lugar, nuestros padres, nuestros abuelos, etc. etc. o sea es una transmisión de generación en generación. Estos otros grupos --con el mayor respeto que se merecen-- lo único que han hecho es aligerar un poco el ritmo, que eso no me parece bien, prácticamente distorsionar lo que es un huayno peruano, o sea que estos grupos --creo yo-- lo que han hecho es bolivianizar un poco la música peruana y con eso no estoy de acuerdo de ninguna manera, esa sería mi respuesta cabal.

L - Una de las metas de estos grupos está también en la exportación de su música.

E – Claro, pero no respetan los golpes musicales.

L - Por ejemplo, uno de estos grupos está representando al Perú en un Festival en el extranjero.

E - ¿Sí? yo no entiendo cómo es esto… Bueno como aquí no tenemos… Tenemos un Instituto Nacional de Cultura que es un elefante blanco y debería tomar cartas en el asunto, en estos casos.

L - El Ministerio de Educación los está enviando.

E - Yo no entiendo, a través del INC; es que fatalmente tiene que insurgir, tiene que revivir JM Arguedas para que se puedan respetar todos esos acuerdos o Josafat Roel Pineda, pero no se puede.

L - Otra pregunta es, ¿cuáles son los lugares donde se difunde mayormente la música folklórica?

E- Yo te diría en estos momentos donde más se difunde es aquí en la Capital, en Lima.

L - ¿A través de qué medios?

E - A través de las Instituciones provinciales, departamentales y a través de los mismos teatros, la música folklórica tiene un lugar preponderante en todos los teatros.

L - Están ganando terreno ¿no?

E- Hace mucho tiempo que ganó terreno.

L - Por ejemplo, en teatros como el Segura, Felipe Pardo, por ejemplo, el Segura no existía cuando llegué a Lima.

E - Claro. Estos teatros, por ejemplo, lo que estamos conversando es muy importante; el primer recital que se hace aquí en el Perú tiene que ver mucho con Amaranto, con el gordo Juan de Dios y quién te habla, eso lo hicimos en 1972, es el primer recital que... nosotros somos los que irrumpimos con recitales en todo el Perú y de ahí surgen. Todo recital es un programa que se hace para que el público pueda evaluar lo que está haciendo realmente un intérprete, es decir hacer un recital significa exponer, hacer un muestreo de todo lo que es el folklor nacional por una persona, por un intérprete, por un grupo, mas no un conjunto de personas, ese término se está equivocando en estos momentos. a partir de 1972 recién comienzan los recitales en el Perú con "Los Tres del Perú", con Amaranto, Juan de Dios Rojas y quién te habla, y luego después viene Alicia Maguiña que incursiona en el folklor peruano.

L - ¿Y cuál es el papel de la radio?

E - El papel de la radio es... no muy positivo porque la radio misma no es la que difunde la música folklórica, lo hace a través de sus concesionarios, a través de personas que pueden pagar; este es también un problema muy grave.

L - Yo pensaba que la radio es uno de los principales difusores de la música.

E - No, la radio es un vehículo, pero si no hubiera concesionarios la radio misma no hiciera nada absolutamente por la difusión del Folklor.

L - ¿O sea que más en los escenarios, estadios deportivos?

E – Claro... por supuesto, las personas que escuchan, que saben que hay artistas, que hay intérpretes que tienen programas, entonces se guían por eso, pero las radios mismas no tienen absolutamente. Hay radios que antiguamente estaban dedicadas a la música pop, a la música de los enlatados como Radio San Isidro (donde él tiene un programa), pero el dueño de esta radio vio con mucha buena visión que el folklor era una mina y ahí lo tienen hasta ahorita.

Una vez que entre en vigencia la Ley del Artista, entonces sí podemos hablar de que la radio va a tener un papel importante dentro de la difusión de la música peruana, o sea la música folklórica y la música criolla, pero mientras no entre en vigencia la Ley del Artista no podemos hablar de esto de ninguna manera porque no hay una legislación.

Cuando entre en vigencia la Ley del Artista, que ojalá sea así, habrá un porcentaje de música peruana que se tenga que respetar, por decirte puede ser el 55% de música peruana y lo otro será música foránea.

L - Ahora en cuanto a difusión: ¿la salsa está desplazando al huayno verdad? al menos en el comercio.

E- No, no, no, de ninguna manera. La salsa ha desplazado a la chicha que es muy diferente, este el... y yo lo había dicho alguna vez, de que la chicha era un fenómeno musical que duraría quince minutos y así ha sido, es que la chicha es el resultado de nada, musicalmente, es una copia de Colombia y una copia de aquí del Folklor peruano, eso no tiene a dónde ir, en cambio la salsa si tiene un origen, entonces la salsa hace un buen tiempo que desplazó a la chicha, indefectiblemente.

Gracias.

Entrevista de Ladislao Landa Vásquez

Entrevista a Máximo Ledesma
DE DISCOS PUQUIO

31 de enero de 1989

L - ¿Cuándo empiezas tú como persona que apoya a los músicos?

M - Bueno, yo estoy empezando como nueve años, primerito comenzamos a grabar con el finado "Mullicha", Modesto Tomayro, y en ese tiempo, cuando se quebró "Sono Radio" que estaban grabando, no tenían donde grabar, entonces se iban a IEMPSA, Virrey, no los dejaron grabar, entonces pensamos: "vamos a abrir nuestro sello" y lo hacemos, pero el finado con la construcción de su casa no ha tenido situación económica; en ese tiempo yo también estuve vendiendo, estuve trabajando con disquera "Horóscopo", porque era vendedor de "Horóscopo" que en ese tiempo estaba saliendo de los "Ovnis" (Conjunto de Chicha) todo eso, me iba a Huancayo todo sitio estuve viajando como vendedor, entonces yo vi que con eso llevando puedo vender los productos huaynos y así comenzamos a grabar, grabamos con Modesto Tomayro y mi prima Naty... Primerito entonces grabamos "Expreso Etarsa" (canción) con nombre "Conjunto los Auquis de Puquio", Los Auquis pues se trata, en tiempo así de 15 de Agosto que va como, a pagar al Cerro, en las noches van, en mismo Puquio es, 15 de agosto la fiesta de sequía; con ese nombre le ponemos el Conjunto y lo grabamos "Expreso Etarsa", "Verde Chirimoya" y de ahí lo seguí; el señor Modesto se retiró, yo seguí grabando con el mismo, con la "Uruysinita", la "Uruysinita" si es bien conocida en nuestra zona (como cantante), el primer disco de la "Uruysinita es "Recuerdo de Yawriwiri" con el mismo hemos grabado con Modesto Tomayro, de ahí seguí grabando, con Solitaria de Cabana: "A las Cuatro de la Mañana", también "Solitaria de Cabana" ahora para nuestra región, pa' nuestra zona es bien conocida, y así difundí, grabando. También tengo de Conjunto "Lira de los Andes de Puquio" todos son puquianos, aquí figuran Santiago Pumaylli, también toca su violín todo, pero nunca han tenido donde grabar, buscaban siempre ellos; entonces como ya estaba yo grabando, entonces me hablan ellos entonces bueno vamos a realizar porque es de mi pueblo, con eso grabamos; de ahí también tenemos otro de Apurímac: "Conjunto los Hijos de Apurímac", ellos también viven, radican en Nazca, también ellos también hemos grabado. De ahí como con las disqueras Piratas que ha habido, no ha habido venta y los discos fueron pues de baja venta, entonces paré de producir como tres años, durante los tres años he parado, pero lo que tenía yo seguía vendiendo y de ahí nuevamente empieza la venta de cassett; como yo tenía anteriores (producciones) entonces empecé a sacar cassett, se vendía más o menos regular, y de ahí me encuentro con Luciano Quispe que ahorita suena (es popular o conocido), bueno Luciano Quispe dice: "diferentes firmas de grandes nunca ha llamado a nadie, nunca a llamado a nadie, nunca se interesaron por ellos" entonces grabamos un cassett: "Corazón de Puquio" y el muchacho está triunfando ahorita y además ya está contratado, creo, para IEMPSA, o sea la IEMPSA ya agarra un artista que más o menos está pegando, cualquier artista no coge ellos; y claro disquera chica hay veces nos cuesta todo siempre le ayudamos, así es. Por otra parte por ejemplo con Solitaria de Cabana, volvemos a recalcar eso, y grabamos con Julián Sayre, él es el sobrino del finado también (de "Mullicha"), Julián Sayre en una oportunidad tampoco no tuvo arpa, o sea para tocar; entonces grabando este Mini Play con esa plata más o menos lo compré un arpa para él; o sea yo no me meto a la disquera solamente por ganar plata no, pero siempre ayudando a quien lo necesita, y de ahí también ellos también se fueron así a diferentes disqueras, hasta cuarto yo les he dado, ahora se fueron; entonces.. hay otra parte también, a Luciano Quispe también le compré otra arpa, ahora último, pero yo no le di todavía eso, yo no le he regalado, solo le he prestado, ese tal vez, ese muchacho no tenía para segunda grabación no tenía arpa porque se le había roto su arpa, entonces el muchacho no tenía situación económica, entonces me dice pues, "no tengo arpa", pero fuimos ahí donde el señor Rosauro Medina, entonces como sea lo juntamos la plata que vendo los discos todo, compramos, el arpa nos cuesta 25 mil, entonces 25 mil, pero él no tiene hasta ahorita en su poder el arpa. Ay las disqueras grandes; otros sellos ¡yo sé que no lo hacen esa ayuda!

L - ¿Mullicha grabó antes con otras disqueras?

M - No, solamente el con Sono Radio, con Sono Radio tiene bastantes grabaciones como, él debe tener 10 Mini Plays, un Long Play y también como 10 45s.

L - ¿Antes de grabar contigo?

M- Antes, cuando se quebró la disquera empezamos a buscar dónde grabar, en ese tiempo también alquilábamos salas todo eso; yo tampoco ciegamente llegue a eso, no sabía, no tenía una capacidad de ... ahora sí más o menos.

L - ¿Y cómo se graba un disco, ahora será cassett no?

M - El disco se graba, primero, disqueras chicas ¿no?, hablamos, solamente... hay diferentes disqueras chicas, por ejemplo el "Puerto" no tiene sala de grabación, él también alquila, los que tienen son Virrey y IEMPSA; y se alquila por hora, ahorita ahorita está cobrando 10 millones la hora, entonces para un huayno se necesita --bien ensayado-- para economizar hay que ensayar duro... Grabas en diez horas, de ahí lo haces; diferentes grabaciones tiene, primero puedes grabar diferentes, de ahí ya lo puedes hacer montajes, pero pistas puede ser en cuatro canales, en ocho canales, puedes hacer todavía pistas, entonces esos canales que sobra puedes grabar otra cosa, puedes agregar; y recién de ahí editan y hacen una mezcla todo junto en otra cinta y la cinta ahorita su costo debe estar unos sesenta millones.

L - ¿Todo grabado?

M - No, cinta sola blanca, de ahí lo pasan, de ahí para el disco tienes que conseguirte pues matriz, antes de matriz acetato, de acetato tiene que ser corte, de corte a matrizaje, de matrizaje pasa para prensaje, ese es el disco, sacas su etiqueta y ya lo puedes lanzar a la venta, si es Mini Play tienes que hacer la funda para que sea más presentable tiene que ser plastificado, y sin plastificar sale malo también.

L - ¿Para qué no se raspe?

M - No de lo que se raspe, sino más presentable, más brillo, entonces las disqueras grandes ya no sacan eso porque economizan pues bastante, solamente un cartoncito un poquito más fino lo ponen ya; pero en ese campo hay veces tienen razón las disqueras grandes y chicas también por la situación de Piratas. Los piratas ¿qué hacen? compran un producto, un Long Play o un cassett, ¿cuánto les ha costado? que le cueste ahorita pues cinco mil, una disquera grande puede estar vendiendo quinientos por lo mínimo y los piratas ya están vendiendo mil, una disquera chica puede estar vendiendo doscientos, ellos (los piratas) están vendiendo mil ya (se refiere a la cantidad de cassetts), esa es la ventaja, porque cada que vas a cualquier sitio o a vender, ya en todo blanco ya se está el casett todo, y hay veces también a nosotros nos perjudica bastante, así para ayudar a los artistas, para pagar a los artistas no tenemos pues de dónde sacar plata por eso hay veces disqueras chicas nos arrastramos bastante, sufrimos bastante, hay veces no tenemos ni siquiera para el pasaje, qué haces con la mercadería que está amontonado, así es.

L - Y dime, hay una enumeración en los discos, que son chiquitos junto a la etiqueta, ¿qué significa eso?

M - Significa la enumeración del disco, puede ser, por ejemplo, aquí dice 001 Mini Play, esto es 002 lo que sigue, en cualquier momento sacas en venta o un pedido te puede llegar, "yo quiero un Mini Play de 001, 002" y de frente, por eso lo pones.

L - Aquí en el centro hay una enumeración, en los 45 he visto, ¿no sé si habrá en un Mini Play?

M - ¿En acá?, esto lo pones una seña que... te pueden piratear algo, aquí hay. Esto lo hacen cuando el acetato está cortado, la matriz lo pasa igualito, por ejemplo Discos Puquio eso para que no se confunda y hay veces por letras conoces pues si es que te han pirateado en otros países, En el matrizaje pueden estar haciendo otro también.

L - ¿Con la misma matriz no?

M - Sí, entonces el prensaje, antes de hacerlo todavía... en todo sitio ahora existe mafia, claro en prensaje en todo; claro si pega tu disco, claro inocentemente dejas su matriz día y noche están prensando ellos, aha ocúltamente.

L - Los artistas cuando graban, ¿cómo es el acompañamiento?, tú has grabado a Los Danzantes de Puquio que es todo un Conjunto completo, con cantante con todo; pero hay otros cantantes solitos.

M - Por ejemplo la Vilma Antayhua estaba firmado dos años en IEMPSA y la pobre si quiere superarse más allá con el arte no le dejaban la oportunidad de hacer grabaciones, decían "no, la gerencia no estamos en posición de grabación nada", entonces el pobre estaba botado; entonces, bueno como me conoce, somos amistades, ella sabe que yo sacaba discos, entonces me dice: "sabes que Máximo cuando lo grabamos", ya bueno, entonces ella también es conocida como locutora, ella también en sus tiempos cuando estaba con Bernardo Caballero juntos, ellos también producían discos, discos "Sentimiento Ayacucho", ahí estaban los "Qalachakis", cuando no sé en un momento ha habido problemas Bernardo me lo vendió su producción "Qalachaki" y yo lo tengo, ahí también está la Vilma todos estaban, entonces con Julián mismo comenzamos a ensayar, pero Julián como mal cumplido no venía los ensayos, entonces así así pasaba, entonces a mí tampoco ya no me creía, entonces me dice: "sabes qué Máximo tú eres mentiroso, tú me ilusionas para hacerlo grabar y nunca me lo haces grabar", en ese instante yo estuve grabando con Luciano, entonces le digo "Luciano, sabes qué, puedes acompañarle a Vilma?" y él tampoco no conocía quién era Vilma, ni sabía que era locutora; entonces me dice "bueno pues dónde vamos", fuimos a su casa lo llevé, entonces llegamos a ensayar todo y, pero ha venido un amigo de Ayacucho de Vilma y que era guitarrista de Ayacucho, y como Luciano también tocaba bien, compaginación lo habían convertido en lo musical, un rato tocaba el arpa, un juego de música, entonces salía mejor, entonces ellos habían dicho: "mejor vamos a poner dos guitarras y Luciano", entonces empezaron a comunicarse con Tany Duran, después Víctor Angulo, una ensayada lo han dao', entonces fuimos a grabar, pero para qué ha salido bien, ella también se siente contenta con su grabación, y ahora nuevamente IEMPSA quiere llamarle a Vilma... o sea la firma grande --para mí-- no ayudan a los músicos folklóricos, cuando ya están en la moda o en su momento que está recién hacen grabar, recién le... es como una explotación, no es dable para un folklórico; nosotros trataríamos que un conjunto que nace que le hace triunfar hay sí sí felicitaríamos a las disqueras grandes, pero desde el comienzo, pero cuando ya está hecho pues ¿amor al arte? para su bolsillo, nada más mi sugerencia.

L - Tú qué opinas de los grupos, de los cantantes que están con acompañamiento de acordeón, violín, por ejemplo, me parece que "Los Bordones del Perú" se han vuelto unos patas que acompañan a todos, en las canciones en diferentes músicas.

M - En ese grupo siempre sucede porque lamentablemente aquí en el Perú no somos bien unidos, entonces para creo que es ese... la mayor parte es por la corrupción y hay veces, en diferentes partes también he visto que otro agarra el contrato, ellos dice, declaran a los otros grupos que no solamente tanto, sin embargo eso ellos están agarrando más, entonces entre esos hay un revanchismo, discusión entonces se retiran cada uno a su lado; pero en otras partes, hay veces, cuando son varios grupos no sale la ganancia, entonces algunos son padres de familia, no les alcanza, entonces tiene que retirarse de todas maneras y cuando están más cerca ahí juntarse; por ejemplo "Los Bordones del Perú", hay un cantante de Estudiantina Perú, yo creo que sí de Estudiantina Perú que está ahí, entonces según ellos también buscan pues la economía, hay veces lo contratan para que lo ayuden así, hay guitarristas profesionales que hay por ejemplo, a varios grupos le ayuda, entonces a ese guitarrista le pagan pues, por esa razón es; pero ellos creo que no están en una disquera que están contratados, no han firmado contrato, entonces ellos tienen libre, en cualquier lugar en cualquier sitio pueden acompañarlo, lo que quieren pueden hacer, tienen más libertad; mientras esté firmado con una disquera no puede, impide la disquera, así es.

L - O sea Angulo, ¿a él los cantantes lo llaman para grabar?

M - Sí, hay un conjunto bueno, por ejemplo, hablamos de "Tradiciones Peruanas", y

Tradiciones Peruanas a varios grupos, solistas así lo acompañan en todas las grabaciones, si pero ellos no están comprometidos con ninguna disquera; eso existe, hasta en las chicha existe eso, por ejemplo los Grupos los SHAPIS, LOS MELÓDICOS, o sea grandes ya sean chicos, toda la gente no graba, solamente graba Primera Guitarra, y el cantante nada más, ya juntan la gente a toditos.

L - De diferentes...

M - Diferentes, pero por ejemplo vamos a un baile igualito al disco no te tocan, solamente con la bulla no lo sientes pero si escuchas bien...

L - Dime, ¿ahora ha bajado el nivel de venta de discos, cuando ha habido fuerte venta de discos?

M - Venta de discos ha sido más o menos el...... desde el setenta, hablamos pues desde que apareció el disco 45 se vendía, antes pues yo también cuando; yo estoy trabajando así como vendiendo disco ya hace como algo de 15 años, por ese tiempo pues nosotros comprábamos pa' Navidad por Lotes, pero en ese tiempo las cosas también eran más baratas y para alistarse pues 45s pero todas las disqueras eran engreídas, entonces cuando hacías un pedido te despachaban el que no vendía, pero si tú reclamabas, decía: "si vas a llevar o no vas a llevar" pero obligado tenías que llevar, entonces un momento yo me he metido en el disco, atras de ese año por un amigo, por Joaquín Pusa, también canta y se llama "El Puquianito". Él estaba, se había separado ese tiempo DINSA con OLLANTA, eran socios, ha habido un problema y se han separado entonces Joaquín había quedado como vendedor y también nuestro paisano entonces él llegó, o sea la amistad todo, vivimos en un solo cuarto. Él iba a provincias, llegaba, entonces me dice pues "Máximo por qué no te pones un kiosquito mejor", bueno pues me animé y lo mandé a hacer mi kiosco, solamente con un tocadisco de pilas PHILIPS, empecé a vender y sin conocer de discos pues, entonces al final luego de tres o cuatro años tenía lleno la mercadería de disco pero discos que no se vendían, pa' comprar ya no había plata, tenía mercadería solo que no se vendía ese disco, era pues así música desconocida, entonces tenía que rematar con todo el kiosco, ese tiempo también estaba bajo ya los discos, rematé con todo el kiosco con todo el disco. Entonces al salir del disco me arrepentí nuevamente, empecé a abrir otro negocio y no me iba bien; y en ese tiempo cuando estuve andando así yo entré a trabajar con horóscopo.

L - ¿Vendiendo?

M - Vendiendo, ya como vendedor todo, casi todo el Perú también he caminado, en eso ya llegué a saber todo, cómo era el negocio, el movimiento de los discos, qué música sale más, con mayor razón, con más experiencia, nuevamente armé mi kiosco, y ahora pue' la música seleccionando nomas ya lo tengo, todo lo que sale; por ejemplo más preferible es nuestro Folclor, nuestro huayno; prácticamente acá la vecindad hay veces me odian porque yo vendo huayno, y me dicen "por qué vendes huayno, por qué no pones salsa, "Devórame" todo eso, todos la vecindad del frente, hay veces nos peleamos, toda la vida, hasta los taxistas dicen: "tú todos los días huayno, acaso estás en tu tierra, qué cosa" me dicen, pero lamentablemente yo vendo más huaynos, y me conocen bastante así nuestros paisanos todos, hay veces también de acá de Cajatambo, sección de Oyón todos esos sitios, entonces vienen; claro el que pasa no me compra mucho, pero hay veces vienen con su carro y se llevan cinco cassetts, diez cassetts, depende de su... encuentran; así es mi venta; el que escuchan acá pues nunca me compran, así es.

L - Tú eres del mismo Puquio, cuéntanos ¿cómo llegaste a Lima?

M - Desde mi infancia, yo tenía mis 10 años, mi papá era pues pobre, un campesino, entonces yo tampoco... no estudiaba; entonces a mis ocho años yo llegué a Puquio, yo no vivía en el mismo Puquio también, más allá en las chacras, pues con los animales, con esa cosa, entonces llegué al mismo pueblo y cuando estudié... un primo mío trabajaba donde unos Bendezú entonces me dijo " por qué no te vas con ellos a Lima", entonces esa mentalidad me entró, yo me he encaprichado entonces a mi mamá le dije y lo hablo con Ángel Bendezú, entonces llegué aquí a Lima en un camión, su familia mismo el camión era, me despachó en un camión llegué acá a Chacra Colorada y sin saber nada pues, para mí era Lima pues... hasta las luces apreciaba pues, "qué bonito, como no aparece en mi Puquio, ja, ja, ja" de ahí trabajé como tres años, y el trato era pues para que me compra mis vestidos y para mi estudio nada más, pero nunca me han puesto pues (a la escuela) pero ellos me han enseñado en su casa; entonces regresé a Puquio, como yo sabía leer todo, escribir todo, entonces el Profesor Chavarría estaba de Director ahí, entonces ahí me pidió certificado de primer grado, entonces yo le dije que no tengo que lo he botado, quién va a sacar con esta situación, en primer grado me --antes era pues primer año, segundo año-- en segundo me pusieron, "a ver lee este periódico si sabes" me dicen pues y un libro también lo sacan, entonces empecé a leer...

M - ¿En qué habíamos quedado?

L - Estábamos hablando de que regresaste a Puquio al segundo grado.

M - Ah, regresé, entonces me recibió el profesor Echevarría, entonces estudié con el profesor De la Rosa, pero el profesor De la Rosa era bien recto, nos exigía estudiar, el que no estudiaba pasaba su callejón oscuro, un castigo, entonces teníamos miedo, teníamos que estudiar como sea día y noche, para qué, era un profesor bueno, pero antes cuando somos chiquillos decíamos era malo, que nos castiga, apodos todo le poníamos, pero cuando me doy cuenta ahora que era un profesor bueno, por el habré aprendido tal vez a leer y escribir también más; y de ahí me quedé en Puquio, me mandó nuevamente a la Puna mi papá. Pucha qué. Claro, cuando vine acá a Lima ya sabía usar pues... ya era joven también, sabía usar zapato todo, pero mientras allá pues no tenía que situación económica, mi papá, hay veces hasta sin zapato estuve andando nuevamente. Y en este tiempo, yo me acuerdo para grabar, para poner también "Los Comuneros de Puquio", entonces en la canción dice: "Toro Machay", es una irrigación para Puquio que estuvieron construyendo ese año, yo te estoy hablando del 70 por ahí, y en ese tiempo yo ganaba, porque cada comunero tenían quince días tenía que trabajar en la comunidad, entonces para que avance más rápido sus días se iban dos o tres, si no conseguía (personas) él solo ya los quince días tenía que terminar el trabajo entonces ahí como yo estuve en la Puna al lado de esa obra me contrató pue' para ayudarle, entonces cuando yo trabajaba pasaba dos días, o sea con el trabajábamos entonces hacíamos dos días, entonces me pagaba un sol y con comida cincuenta centavos, entonces en eso gané, me gané quince soles creo que había hecho, no sé no me acuerdo bien; Y de la Puna nuevamente baje a Puquio entonces me reemplazó mi hermana creo, entonces como yo tenía mi plata juntado, entonces pensé escaparme de mi papá nuevamente a Lima, me mandó a regar una chacra y yo no fuí, solo que, claro lo regué pero en la tarde temprano los cerré la irrigación y me vine a la agencia en Ormeño y con un primo más y a mi primo le he dicho "anda saca mi pasaje, aquí está mi plata", entonces nuevamente retornó a Lima y hay ya no llegué donde Bendezú pues, ya llegué a su casa de mi primo y nuevamente comencé, como yo sabía de "Doméstico" empecé a buscar trabajo por San Isidro, ahí comencé a trabajar y en ese tiempo me pagaban mensual creó 250, y estudiaba, para qué buena señora era y me ayudaba a estudiar todo, y de ahí también no me conformé ganando eso, entonces salí con un paisano que vendía leche, era lechero, hace tiempo pues hasta San Borja era chacra pues, unas cuantas casas nomas había, entonces a las 5, no, a las tres de la mañana hasta las cinco de la tarde, entonces a las tres, a las cuatro, me estaba dejando en Nicolás Ayllón por Javier Prado, y dale pues con 10 cajas de leche a ir todo San Borja, y nuevamente regresar por Corpac y San Isidro, ahí recién terminábamos, a las tres de la tarde estábamos cargando el camión, para descargar eran las cuatro, las cinco, ya recién comíamos también bien, llegábamos a su casa. Y un tiempo estuve ahí. Después viendo, viendo todo eso llegue al mercado Todos, en el mercado Todos estaban los chiquillos que cuidaban carros, que limpiaban; entonces vi pues, "qué tal yo me meto en eso", entonces empecé a meterme en eso, pero los chiquillos pues se montaban, me pegaban "Cholo e mierda, vete de acá", y de ahí me fui a La Parada y me compré un lustrabotas, ya era ya joven ya ese tiempo, empecé a lustrar, en eso también me conseguí un amigo que vendía revistas y periódicos, me dice "sabes qué Máximo, si tienes tiempo yo te doy revistas, no te preocupes, después de la venta me vas a pagar", efectivamente me dió, me fui a vender pues al Cine Andalucía, en Cine Andalucía me roban mis revistas, ja, ja, ja, pero yo tenía mis amigas, así amigos que he sabido hacerme querer, claro cómo vivían mis tías también por ahí, entonces hay veces limpiábamos pues el cine, entonces la boletera pue' era mi amistad todo, entonces no faltaba un policía "conoces ese quien te ha robado me dice", sí le dije, "ya ahora va a venir un policía, yo te voy a hacer conocer, lo hablas a él y lo hace chapar", efectivamente lo hice así y me entregaron mis revistas tal como estaba. Y de ahí ya no fui a La Parada ya vendía por acá ya periódico nomas ya, ya no llevaba revistas, vendiendo periódico todo. Y ahí comencé a lavar carro, pero eso sí y yo me ganaba bien ya lavando carro, ya mensual cobraba 750 creo mensual, todos los días tenía que lavar carro, 30 carros tenía, ahí ya tenía, pero ahí ya empecé a agarrar un poco el trago y trago; ahí también conseguí una amistad muy grande que era su compadre de Ormeño --al Ormeño también he lavado su carro un tiempo, pero no era la empresa grande pues ese tiempo-- era personal, una Empresa dice pero yo conozco su casa y yo lo lavaba su carro y me pagaba también, entonces de vez en cuando, nunca he cometido robos algo entonces la señora tenía más confianza, y de ahí pues la familia Navarrete ellos me confiaban su casa todo, hay veces se han ido al extranjero, han demorado tres meses, pero me han dejado mi comida todo, le cuidaba, le iba a lavar el carro y le cuidaba su casa y ahí dormía como una familia pue', cuando no trabajaba también tenía ahí, no me faltaba nada, mi ropa nada, me compraban así la familia Navarrete; y de ahí como era joven ya yo, pucha yo decía: "como no tengo nada" y llego, yo también ese tiempo cuando yo lavaba carros todas esas cosas, antes conseguirme esas amistades yo andaba pues en la calle durmiendo, ah durmiendo así en los jardines en San Isidro, tapao' con un cartón, así...

L - Como un petiso

M - Como petiso yo me acuerdo bastante, entonces cuando llegó mi hermano, para mí pues un orgullo era un hermano acá en Lima, los dos. Pucha que para mi hermano pues, yo no le dejaba trabajar, yo nomas trabajaba le daba su comida todo, pero se aburriría, cómo será, se fue perdiéndome de acá también pa Puquio; entonces buscándole a él vengo para acá para el Parque Universitario y me encuentro con un primo, entonces me dice pues "primo este que el otro", entonces ese tiempo me conseguí pues una chica, no sabía dónde llevarle, entonces, donde la familia Navarrete no lo voy a llevar tenía miedo que sería; entonces alquilé un cuarto por Lince y todo mi casa me vaciaron todito me han robado, entonces tenía que arrimarme acá un primo que vivía acá en Lima pue'; en esos instantes empecé a trabajar en Roggero (EMP de Transporte), trabajando en Roggero tampoco me ha ido mal; y trabaje nuevamente así enmicando, ese tiempo ha salido enmicación, entonces enmicado, trabaje, junte mi plata, empecé a meterme a vender ropas, de ropa y agarré el disco, actualmente que estoy pasando, esa era mi niñez.

L - Ahora dime, nos has hablado de los discos, ¿cuánto decae la venta de discos?, ¿ahora ya no se compra discos no?

M - Ahora ya no se compra mucho disco, porque el que menos, que sea más pobre tiene su grabadorita; anteriormente claro que la situación estaba un poco más cómoda, el que menos se ha comprado su grabadora, hasta en la chacra están con su grabadora, le compran pilas nada más ya. El disco ya se ha quedado a un lado muy poco ya usan disco ahora, ahora es puro cassett.

L - ¿Y desde cuándo es más o menos esto?

M - Ya desde el año 88 eso recién está pasando, porque las fábricas grandes también están sacando puro cassett, muy poco ya discos 45, solamente esos salsa eso nomas ya sacan porque ellos no tienen como nuestro huayno pues es una pasajera, porque sacarían un Long Play canciones para el pueblo, esos pasajeros (la salsa), por eso para que tenga más, para que aprovechen todo sacan 45 y los que le gustan pues compran, pero el huayno no. El huayno también tiene un efecto, un huayno bueno bueno dura unos seis meses para que pueda pegar, pero cuando pega ese huayno es para eterno; hablamos, por ejemplo, de Lira Paucina "Madrecita Linda" ese nunca se olvida de ese disco todo el mundo busca siempre; yo sé que cuando hasta Lira Paucina ya no va a existir, pero ese disco va a seguir como el de Picaflor de los Andes, Flor Pucarina, esos son discos eternos, así es.

L - Por ejemplo, La Estudiantina Perú también.

M - Estudiantina Perú también son buenos.

L - ¿Y tú qué grupo más o menos conoces?, aunque no hayas grabado con ellos.

M - Bueno, no estoy bien relacionado con todos los grupos, pero yo veo cuando graban, cuando tocan buenos, ahí se conoce pues, aunque sea un Conjunto medio bajo pero sacan hay veces en grabación bueno yo considero que son buenos, no sé realmente, cómo te vuelvo a decir pues siempre un apoyo buscan ellos pues, el que conoce música busca los apoyos y yo sé que los sacan lo mejor; bueno si ellos mismos lo hacen de repente como los otros grupos también sacarían un poquito bajo, sí sí, muy difícil es pa' juntarse, para encontrarlos así pa' dominar un instrumento como debe ser, muy difícil, pero hay otros que son artistas ya grandes hasta por la nota estudian ya, arrancan por la nota, pero los otros son solamente por el oído nada más pues, es muy diferente.

L - Yo he visto unos paisanos míos que han grabado un disco, pero no sé, yo no creo que tengan sello, ellos mismos lo están vendiendo; esa es también una forma de grabar ¿no?

M - Sí, ellos mismos se financian.

L - ¿Cuánto como mínimo pide una disquera?

M - Como disquera chica para sacar así nuestro gasto, esta sacando más o menos un presupuesto, un cassett, tienes que vender mil cassett para que te recuperes todo tu gasto desde que tú has comenzado, o mil u ochocientos mínimo supongamos, de ahí recién lo ves tu ganancia.

L - Y las disqueras con los informales ¿algo tienen que ver?

M - Esas son las disqueras informales que me dices, el paisano que te estás hablando.

L - ¿Ellos no pagan impuestos nada?

M - Bueno, no pagan todavía.

L - Y tú ¿tienes problemas de impuestos cuando grabas, qué hacen, las disqueras te preguntan así?

M - No, nunca me han dicho nada, pero todas maneras estoy gestionando mis papeles, sí sí, porque claro cuando tienes dos o tres números no te dicen nada todavía, pero si te agarra la policía fiscal de todas maneras tienes que romperle la mano pues, así es. Pero cuando tiene más números pues ya tiene que pagar, entonces yo también estoy gestionando, seguro este año ya me van a dar ya.

L - ¿Es un problema bien fuerte no?

M - Sí.

L - Y quería preguntarte esto. ¿Y tú frecuentas las fiestas?

M - Sí, a mí me gusta más parte de nuestro folklor, puede ser norte, centro o cualquier lugar, claro yo voy, pero más aprecio son las costumbres del pueblo a verlo, por ejemplo, vamos a nuestro sitio, me gusta ver los Negritos, Danza de Tijeras o los Huaylias, si es de Coracora por ejemplo Los Llameritos, huamanguinos, hay diferentes, cada pueblo tiene.

L - Hablando de eso, dime, yo no sabía que habían grabado esas diferentes canciones del folklor, no solamente huayno, sino Danzas, huaylias, todo eso, ¿ahora hay una gran cantidad de grabaciones de eso no?

M – Efectivamente, pero las disqueras nunca se interesan de ellos, porque es menor venta eso, eso tiene sus sectores, entonces ellos no les interesan de ese personaje, pero como disquera informal o pequeño así que estamos ayudando, yo sé que ellos lo graban, ¿por qué? nosotros apreciamos eso y lo sentimos un orgulloso de sacar pues de nuestro pueblo; pues cuando estamos en nuestra niñez veíamos esas costumbres, que esas danzas. Yo me acuerdo que en Puquio cuando estuve estudiando existían pues Corpus, Danza de Tijeras, despues Wallpa waqay, y a las dos de la mañana Wallpa waqay pasaba pues danzante por atrás de mi casa, en Puquio también se veía una vez al año nomas Danzante, no se veía pues cada momento como ahora acá en Lima todas las semanas, no, no era ahí; entonces para mí danzante cuando escuchaba pucha que me faltaba manos para ponerme mi ropa todo para salir, entonces yo me acuerdo, después también he visto huaylias, siempre pasaba las calles andaba bailando, entonces también igualito hacía, así típicos todo eso me gusta, también tengo acá de Churín "Los Pallas", claro yo no he conocido de chico pero me gusta Los Pallas lo que danzan; y diferentes pueblos tiene sus costumbres.

L - Parece que "Chaski" también ha grabado cantidad de danzas esas cosas.

M - Sí, Chaski también ha grabado, pero últimamente también ya no graba porque ese también el finado, el papá, ellos creo que son de Huaraz, no sé, y bastante le gustaba eso y eso lo grababa, ahora los hijos ya no.

L - ¿El papá ya falleció?

M - Ya falleció pues.

L- Y tú ¿qué disqueras más o menos conoces, sus nombres?

M - Por ejemplo, cuando yo comencé estaba pues la disquera acá, por nuestra ruta: estaba INTI también era de acá de Qeqa de Huaycahuacho, después también Hilberto Delgado discos "OSQONTA" también de Cabana creo que es.

L - Y estos ¿cuántos discos más o menos habrán grabado?

M - habrán grabado 10 cuarentaicincos, antes se grababa 45 pues, entonces, pero para qué Hilberto tiene plata pero no sé porque se ha dejado de grabar y de ahí se incluyeron la chicha y se olvidaron del huayno, se olvidaron del huayno se metieron con grupo "Alegría" con todos esos; cuando estuve trabajando en Horóscopo todavía; no sé qué proyecto ha tenido, creo que el ha buscado la economía, un ingreso para él, entonces se metieron en eso, ni su programa ya tocaba porque ya tocaba, tenía su programa de radio pues, se ha tocado la chicha y huayno ya no; ahora ya no le escucho ni chicha ni huayno. Y otros eran así disqueras así chicas "Almeri" es de Ancash, casi hay mayoría, bastantes disqueras chiquitas.

L - Así ¿de acuerdo a la región así?

M - De todo región tiene, hay veces el mismo artista se lo graba toditito y tienen ahí, no puedo decir que los únicos somos nosotros no, hay diferentes.

L - Y dime, ¿tú crees que las canciones de Ayacucho se han grabado más cantidad que otras zonas?

M - Nuestro huayno de Ayacucho, para mi pensar es, es que llevamos más sentimiento y para mí hasta las regiones, por ejemplo, hablamos de acá de Cajatambo, de ese sitio, ese sentimiento se lo han llevado a ellos para que graben también, y ese rítmico tiene, solamente un poco más de ritmo le han cambiado y siempre se adapta al sentimiento de Ayacucho; entonces tenemos pues Ayacucho más superado de casi todos.

L - Una cosa que quiero preguntar, ustedes compran el acetato para, las mismas compañías disqueras les hacen el trabajo del prensado del disco.

M - No, el acetato diferentes personas pueden ver, pueden ser disqueras chicas u otros personajes, hay venden acetato, pero depende también cuál es a cuenta, hay dos tipos de acetato, puede ser malo también entonces doble gasto, y diferentes por ejemplo antes se hacía... acetato vendían en, por aquí por Av. México la última cuadra allí hay una prensadora, hay te vendía te hacia tu matriz todo, sí, ahora ya está cerrado ya no trabajan tampoco ya; en diferentes partes había el acetato.

L - Cada uno iba y compraba.

M - Si ya conocía el sitio, hay varias partes pues que comprabas.

L - ¿Y el prensado también era en el mismo sitio?

M - Y el prensaje diferentes también había, bastantes prensadores, pero ahorita como no hay trabajo nada todo eso lo han cerrado, sino que algunos creo lo han alquilado creo que para esos discos piratas, esos que están saliendo discos de salsa todos esos, ya eso nomás creo que prensan ahora, ahora disco ya no prensa pues.

L - ¿Y para el cassett es un poco más sencillo ya?

M - En cassett sí un poco más sencillo, pero todas maneras es gasto, porque si sacas un Long Play más gasto es en la carátula, sí.

Gracias.

Entrevista de Ladislao Landa Vásquez

Músicos Influyentes en la Música Popular Andina 1970-1990

En lo correspondiente al cuadro Músicos influyentes en la música popular andina 1970-1990, tiene como objeto visualizar el papel de los músicos en la reproducción de la música popular en el ámbito limeño y sus posibles impactos a nivel nacional, fue elaborado a partir de la revisión de los discos de vinil del Archivo Musical de CEPES, además de una revisión de los catálogos de las disqueras de aquella época.

Músicos Influyentes en la Música Popular Andina 1970-1990

MÚSICO	INSTRUMENTO	NACIMIENTO y/o INFANCIA	CARGO Y FUNCIÓN
Francisco Leyth Navarro	Violín	Huancayo – Junín	Director de Conjuntos Estudiantina Andina – Estudiantina Perú. Acompañante de músicos y cantantes en grabación y escenario.
Eberth Álvarez Salinas	Violín	Pomabamba-Ancash	Director de Tradiciones del Perú. Acompañante de músicos y cantantes en grabación y escenario.
Antonio Gutiérrez Cateriano	Guitarra: "Primera guitarra folklórica del Perú"	Pausa, Ayacucho. Vivió en Lima desde muy joven, estudio en GUE Alfonso Ugarte.	Productor Musical. Técnico de grabación. Miembro de Los Heraldos del Perú y de Los Tres del Perú. Acompañante de músicos y cantantes en grabación y escenario.
Víctor Angulo Llerena	Guitarra	Cotahuasi	Asesor musical. Acompañante de músicos y cantantes en grabación y escenario.
Máximo Barraza Morán	Violín	Huancara, Paucar del Sarasara, Ayacucho	Director de Los Bordones del Perú. Acompañante de músicos y cantantes en grabación y escenario.
Daniel Kirwayo	Guitarra	Paucar del Sarasara, Ayacucho	Asesor musical. Acompañante de músicos y cantantes en grabación y escenario.
Enrique Tani Durand	Guitarra – Bajo		Miembro de Los Bordones del Perú.
Víctor Hinojosa	Guitarra – Bajo		Acompañante de músicos y cantantes en grabación y escenario.
Segundo Guanilo	Saxofón		Acompañante de músicos y cantantes en grabación y escenario.

MÚSICO	INSTRUMENTO	NACIMIENTO y/o INFANCIA	CARGO Y FUNCIÓN
Celso Torres	Acordeón	Aycara, Parinacochas, Ayacucho	Acompañante de músicos y cantantes en grabación y escenario.
Herbert Merino	Acordeón	Ayacucho	Acompañante de músicos y cantantes en grabación y escenario.
Manuel Prado Alarcón	Guitarra	Puquio, Lucanas, Ayacucho	Acompañante de músicos y cantantes en grabación y escenario.
Julio Humala Lema	Guitarra	Coracora-Ayacucho	Acompañante de músicos y cantantes en grabación y escenario.
Daniel Buleje	Acordeón	Ayacucho	Acompañante de músicos y cantantes en grabación y escenario.
Alipio Quinte	Voz		Los Bordones del Perú.
Alberto Martínez	Voz		Los Bordones del Perú.
Orlando Sauñe Lavado	Voz	Huancayo, Junín	Integrante del dúo Caballeros de Huancayo, Estudiantina Perú.
Nicolás Antialón Fernández	Voz	Huancayo, Junín	Integrante del dúo Caballeros de Huancayo, Estudiantina Perú.
Manuel Silva Solórzano	Guitarra	Caraybamba, Apurímac	IEMPSA- Odeón 1976 a1992 Director Artístico en el Departamento de Folklore.
Gilberto Cueva Fernández	Guitarra	Chuquibamba, Arequipa	Director de Producción CBS Columbia. Miembro fundador del Conjunto Los Errantes de Chuquibamba.
Wilfredo Quintana Alfaro	Guitarra	Talavera, Andahuaylas, Apurímac	Director musical de Industrias Musicales El Virrey. Director fundador del Trío Los Campesinos.

www.ingramcontent.com/pod-product-compliance
Lightning Source LLC
Chambersburg PA
CBHW020632220526
45464CB00001B/121